本书系

·2014 年国家社科基金青年项目"理解史视域中的历史唯物主义研究"（14CKS001）的阶段性成果

·2016 年国家社科基金一般项目"《资本论》语境中马克思的社会公正观及其当代价值研究"（1BKZS010）的阶段性成果

·2018 年河南省哲学社会科学规划项目"河南建设生态宜居的美丽乡村研究"（2018JC36）的阶段性成果

良序的公共生活何以可能

——基于唯物史观视域的考察

崔丽娜 ○ 著

**How Can a Well-ordered
Public Life Be Possible:**

An Investigation from
the Perspective of
Historical Materialism

中国社会科学出版社

图书在版编目（CIP）数据

良序的公共生活何以可能：基于唯物史观视域的考察／崔丽娜著．
—北京：中国社会科学出版社，2019.3
ISBN 978-7-5161-9626-7

Ⅰ.①良…　Ⅱ.①崔…　Ⅲ.①社会生活—研究—中国—现代
Ⅳ.①D669

中国版本图书馆 CIP 数据核字（2017）第 005168 号

出 版 人	赵剑英
责任编辑	朱华彬
责任校对	李　莉
责任印制	张雪娇

出　　版	中国社会科学出版社
社　　址	北京鼓楼西大街甲 158 号
邮　　编	100720
网　　址	http://www.csspw.cn
发 行 部	010-84083685
门 市 部	010-84029450
经　　销	新华书店及其他书店

印　　刷	北京君升印刷有限公司
装　　订	廊坊市广阳区广增装订厂
版　　次	2019 年 3 月第 1 版
印　　次	2019 年 3 月第 1 次印刷

开　　本	710×1000　1/16
印　　张	15.5
插　　页	2
字　　数	216 千字
定　　价	68.00 元

序　言

　　在唯物史观视域下，"人的本质不是单个人所固有的抽象物，在其现实性上，它是一切社会关系的总和"。在人类改造自然和改造社会的历史过程中，在日益丰富的交往实践方式下，公共生活已经成为人们不可或缺的主要生活样态。公共生活作为人类社会生活的一种形式，公开性是其突出的标志，而这种公开性也是公共生活与私人生活最根本的区别。"公共生活处于公共领域中，介于国家与社会之间"，具有鲜明的多主体性、开放性、互利性和透明性。

　　自20世纪末以来，随着后工业化进程的到来，出现了领域融合的趋势。公共领域与私人领域之间的界限开始变得模糊，尤其是在公共领域和私人领域之间出现了广阔的中间地带，呈现出公共生活私人化和私人生活公共化的现实图景。当代中国社会正在经历从"熟人社会"向"陌生人社会"的转型，原有规范和调节"熟人社会"的道德机制受到削弱，而规制和调节"陌生人社会"的道德机制尚在建构和完善之中。

　　在经济全球化和市场经济大潮中，人与人之间的交往日渐频繁、多维、多元，公共领域的场域随之不断扩大。而当下中国正处于社会深度转型期、发展加速期、改革攻坚期、矛盾凸显期，公共生活领域的结构性分化以及由此伴生的普遍性规则的解体，为个体寻求自我的发展提供了契机与空间。在这一历史进程中，社会公共生活由于既有结构秩序被打破，新的合理完备的公共生活秩序尚处于孕育和建构中，既有的社会公共生活必定会出现某种失序。与此相应，必然会有一种由无序向有序过渡的内在压力，同时，一种合理、良好的社会公共生活也要有一个生长、发育和完善的过程。

建构公序良俗的社会公共生活秩序是大势所趋。然而，在这个"世界图像时代"，处于社会碎片化的过程中，置身公共生活领域，我们成为无所依托、无家可归的"异乡人"。在现实中，这些问题以各种"社会病态"的面相呈现着公共生活异化的状况。如何重构一种具有普遍约束力的道德行为，来规范良序的公共生活秩序，在道德的有效性与正当性中寻求平衡的张力，不仅是一个理论问题，也是一个亟需解决的现实问题。

在这一现实际遇下，如何重构现代"公共生活"的"规范基础"，寻求并构建适应多元化社会格局的"身份认同"和"共同体价值"，已成为重要的理论课题。于是，在唯物史观视域中，理解"公共生活"并探寻社会主体应该追求什么样的公共生活，什么样的公共生活才是好的公共生活，这是我们当下必须面对并且回答的问题。

针对这一时代问题，崔丽娜经过长时间研究，完成了博士论文——《良序的公共生活何以可能——基于唯物史观视域的考察》，后来又经过认真反复的修改完成此书。该书在唯物史观视域下，深入地探讨了良序的公共生活何以可能，这是马克思主义社会哲学、政治哲学的基本问题。全书主要探究了以下五个层面的问题。

其一，通过对"公域"与"私域"、公共生活与私人生活的内涵与外延的界分，提炼出公共生活的特征。在此基础上，尝试梳理了西方历史上公共生活学理发展脉络，理清从古希腊城邦到中世纪时公共生活的变迁，明确近代资产阶级到现代公共生活的历史演进过程，着重阐述了洛克、卢梭、马克思、哈贝马斯、阿伦特、罗尔斯关于公共生活的主要观点。相应地，作者还从价值性的、领域性的"公"、超越性的"公"三个维度，展现了中国传统文化对"公"的论说。

其二，对社会秩序的内涵进行较为系统的科学的厘清与界定，阐明了社会秩序在社会发展中的作用。立足社会转型过程中社会秩序出现的问题，阐释了社会秩序是社会存在的规范性要件。提出了公序良俗的公共生活是维持正常社会秩序、经济社会健康发展、构建社会主义和谐社会的必要前提，同时也是国家现代化和文明程度的重要标志。凸显了社会秩序是社会的本质与社会有序化需求的价值向度。

其三，通过对中国传统公共生活缺失的背景透视、近代中国公共生活的历史嬗变和当代中国社会公共生活之隐忧的学理分析，将公共生活的变化置于当代中国大发展、大变革、大调整的时代背景下予以考量，指出，伴随体制改革加速和社会转型加剧的步伐，中国公共生活实现了从总体性社会向个体化社会的过渡，与此同时也潜藏着与之相对应的矛盾性的隐忧：公共生活的形式化、私密化与公共化并存，公共权力滥用和腐败的危险。由此，作者对中国公共生活予以全景式剖析，在学理层面推进了对这一问题的探赜。

其四，在现代中国社会个体的崛起语境中，对中国公共生活中的"总体性社会"整合机制的失灵、市场规则对公共生活秩序的作用、工具主义与差序格局的再生产和公共生活中的犬儒主义盛行进行多维阐释，网格化、立体式、全镜头地揭示了中国公共生活危机的生成机理，重构了实现社会个体的人生目标和社会价值，进而形成社会公共生活与私人生活相得益彰的良好格局的学术机理。

其五，观照当前我国公共生活现状及发展中存在的困惑。作者试图从制度规范的建构和完善、道德体系的形成和培育、公共精神的培植与建构、共同体的建构与完善、非政府组织的化育和扶持等方面，对当代中国社会公共生活进行合理化的设计，以期对中国未来的民主政治建设提供重要的理论参考。为达致国家治理体系与治理能力现代化和实现中华民族的伟大复兴做些许理论上的前导，以彰显马克思主义中国化进程中理论对现实的观照情怀。

总之，本书以较强的问题意识透视当代我国公共生活中的突出问题，从唯物史观出发，借鉴西方学者有价值的观点，对"公共生活""秩序"的内涵以及如何构建"良序"等问题提出了具有创新性的观点。书中观点鲜明,逻辑严谨,结构合理,文字流畅,体现了强烈的现实关怀和深厚的理论功底。

　　最后,作为崔丽娜的导师,我由衷地祝贺她的这本著作出版,并期望她在今后的研究中继续展开对马克思主义哲学基本理论的深入探讨,为中国马克思主义哲学的繁荣与发展,作出一个理论工作者应有的贡献。

郭　湛

2019 年 2 月 16 日

于中国人民大学人文楼

目　录

导论 良序公共生活的可能和现实

　　人类学的研究表明，在摆脱蒙昧、野蛮走向文明社会的过程中，人类就产生了政治观念，建构了政治组织。[①] 从此以后，社会中的人们就一直在追求有序、优良、幸福的公共生活。早在"轴心时代"[②]，思想家们就揭示了政治生活的这一"元理论"。那什么样的生活是好的公共生活？柏拉图借助著名的洞穴比喻，言说了公共生活的定义："在一切的事物中，是一定存在正确者和美者的，之所以存在这两种因素，主要的原因就是理念，也就是说，在我们的现实世界中，光及光源的创造者，决定了这个世界上的真理和理性，无论是在公共生活领域还是在私人生活领域中，只要人的行为是合乎理性的，那么其所具备的理念必然是善的。"[③]

　　柏拉图认为，公共生活的统一性正是建立在这种"善的理念"

---

　　① ［美］路易斯·亨利·摩尔根：《古代社会》上册，杨东莼等译，商务印书馆1997年版，第1—17页。

　　② ［德］雅斯贝斯：《历史的起源与目标》，魏楚雄、俞新天泽，华夏出版社1989年版。雅斯贝斯于1949年出版的《历史的起源与目标》中认为，公元前800年至前200年间，尤其是公元前600年至前300年间，是人类文明的"轴心时代"，是人类文明的重大突破期。在那个时代，各文明都出现了伟大的精神导师，如古希腊有苏格拉底、柏拉图、亚里士多德等，古印度有释迦牟尼，中国有孔子、老子等。他们提出的思想塑造了不同的文化传统，并一直影响着人类生活。虽然中国、印度、中东和希腊之间有千山万水的阻隔，但在轴心时代它们的文化却有很多相通之处。雅斯贝斯指出：人类一直靠轴心时代所产生的思考和创造的一切而生存，每一次新飞跃都回顾这一问题，并被它重新燃起火焰。

　　③ ［古希腊］柏拉图：《理想国》，郭斌和、张竹明译，商务印书馆1986年版，第276页。

基础上。在"善的理念"的界域中，单个私人个体的"自私欲望"将被限制在一定的范围内，并剔除可能危害"公共秩序"之"团结"的各种不利因素，进而，获致实现社会"统一性"的诸多要素。事实上，何谓优良的公共生活？不同的时代、不同的人会得出不同的答案，但人们有一个基本的认知共识——即一种有序的生活是优良公共生活的基本要素。这是因为，秩序之于公共生活具有永恒的意义，从本质上来看，良序的公共生活就是指公共生活非常优良。在美国著名学者霍贝尔的理论中，在进行秩序建构时，必须要严整和规范，在此基础上，社会才能实现进一步存续①之结论。美国当代著名政治学家萨缪尔·亨廷顿亦认为：在人类生活中，无论有自由与否，人类都可以进行生活，但是在秩序方面，必须要具备秩序。因此人类趋向于公共生活，在公共生活里，"首要的问题不是自由，而是建立一个合法的公共秩序"②。由经验的世界观之，"秩序是先于其他一切价值的"③，一定意义而言，幸福生活的获得与良好社会秩序之间呈正向亲和关系。有学者这样认为：在此岸的社会生活中，在经验的世界里，在社会公共生活领域，公序良俗的社会秩序与其他社会价值相比具有更大的优先性。④

一　良序公共生活的可能

　　秩序之于政治生活的重要性，是不容置疑的。由此出发，我们需要从理论上来廓清三个密切相关的问题：第一，怎样通过秩序维持优良的公共生活？第二，秩序构建的方法是什么？第三，秩序构

---

　　① ［美］E. A. 霍贝尔：《初民的法律——法的动态比较研究》，周勇译，中国社会科学出版社1993年版，第12页。

　　② ［美］亨廷顿：《变化社会中的政治秩序》，王冠华等译，生活·读书·新知三联书店1989年版，第7页。

　　③ ［美］格伦·蒂德：《政治思维：永恒的困惑》，潘世强译，浙江人民出版社1988年版，第112页。

　　④ 周光辉：《政治文明的主题：人类对合理的公共秩序的追求》，《社会科学战线》2003年第4期。

建要达到何种状态？

　　首先，人类社会生活的基本特性是优良公共生活秩序构建的基础。在人类所具备的属性中，本质属性为社会性，这也决定了人类的生活必须在社会中来进行。在人类的现实世界中，社会生活总是建立在人和人之间的现实性差异基础之上，或者说，由于个人分属不同种族和阶层，有着不同的传统和信仰，在一个较长的历史时段内，个人偏好、个人需求、个人价值观念等都具有较大的差异性，这样一来，社会中人类的生活各不相同。布克勒认为，"共同体在构建的过程中，是将大量的相关的个人力量集合到一起，而并非是包含了每个人的相同特质"[1]。

　　生活在现实生活中的人是个体性与公共性的统一。同时，在一个长的历史时期内，社会生活个体性与公共性的相互协调与补充中，"具备较强的多样性，人类个体在使用的过程中，不仅创造了文明，还促使文明的繁荣发展；与野生动物的多样性相比，人的多样性要更大，这是因为野生动物在生存的过程中，需要改变自己来适应生态环境"[2]。另外，在真实的社会场景中，一个特定时空格局下，资源的总量是有限的。在对有限资源的分配和使用上的公平性、均等性、合理性上的差异，极易导致社会中不同的人、群体和阶级之间的矛盾和冲突——这种矛盾和冲突，在不断地挑战公共生活的既有规则。可以想象的是，在社会个体之间，会存在一定的矛盾和冲突，同时，在社会个体与共同体之间，矛盾和冲突也是一定存在的，有效应答及合理处理这些矛盾和冲突是人类发展过程中所必须要解决的问题；另外，人类社会所追求的公共生活的秩序性、合理性之建构也是同样需要解决的问题。

　　其次，完善的公共权力体系是构建优良的政治生活秩序的支

---

　　① ［美］贝思·J. 辛格：《实用主义、权利和民主》，王守昌等译，上海译文出版社 2001 年版，第 93 页。

　　② ［英］哈耶克：《法律、立法与自由》第 2、3 卷，邓正来等译，中国大百科全书出版社 2000 年版，第 525 页。

撑。在人类漫长的社会发展中，我们是在不断地用秩序和规则来协调矛盾、化约冲突、消解分歧中来获致人类本身的幸福生活，并在这样的秩序和规则不断地修正和提升中，在社会生产方式的不断进步中，实现人类社会的层级跃迁。毕竟，秩序"是建造物，而不是长成物"[①]。鉴于此，在应然层面，我们要做的就是：把创设一套公共权力体系作为建构秩序的第一要义。当然，在这一点上，除了极端无政府主义者外，绝大多数人皆有共识——马克思主义关于公共权力或国家权力产生的经典描述就深刻揭示了其内生于社会需求的逻辑。恩格斯认为，"社会是存在自我矛盾的，而且具备不可解决性，分裂为对立面后，既无法实现调和，也不能摆脱，对于社会的这种矛盾，国家是承认的。这些存在的对立面会进行斗争，实际上，这些斗争是无谓的，然而在斗争中，存在对立面自身和社会消灭的可能，为了避免这一现象的发生，就需要形成一种力量，在表面上，力量是高于社会的，对冲突具备一定的缓和作用，同时，将冲突限定在一定的范围之内，这种力量就是国家"[②]。

　　在这里，"力量"就是国家（公共）权力。我们知道，在人类社会发展史上，国家的出现标志着社会由野蛮步入文明，亦是目前人类创设的最高政治形式——其目的就是保障公共生活的有序性、合理性，并着力把各种社会冲突保持在"秩序"范围的规制内。至此，不难看出，社会中出现了专门的力量和专门人员，以强制力为后盾，在组织化行使权力的基础上来建构有序的社会公共生活。

---

① ［美］罗斯：《社会控制》，秦志勇、毛永政译，华夏出版社 1989 年版，第 4 页。哈耶克认为秩序的生成有两种形式，即"自发秩序"和"建构秩序"，但其自发秩序在本质上是一种市场与社会秩序，而非政治秩序。林尚立认为："政治的基本使命就是通过公共权力创造有序的公共生活，从而促进社会的进步与发展。在任何时候，政治都是人们建构起来的，其内在的使命就是维系社会秩序，促进人与社会的发展。所以，政治发展的最基本任务就是使政治能够最大限度地满足社会发展对政治的基本需求，从而使政治能够在有效而稳定的运行中得到不断的充实和完善"。见林尚立：《在有效性中累积合法性：中国政治发展的路径选择》，载《复旦学报》（社会科学版）2009 年第 2 期。

② 《马克思恩格斯选集》第 4 卷，人民出版社 1995 年版，第 170 页。

杰里米·边沁认为,就有序的社会公共生活而言,以公共权力为核心的政府是人类的不二之选。边沁进而指出:当社会组成的时候,为了保持和维护这个社会的秩序,与该社会相匹配的政府也就必然要产生。[①] 毋庸置疑的是在公共权力构造秩序的过程中,可以通过道德规劝、价值引导、利益衔接、制度调控、规则建构、暴力胁迫等诸多方式来实现。上述方式的使用,各有利弊。

在社会政治生活的建构和维系中,传统社会政治生活的运转和维系更多依靠的是内蕴于社会中的风俗、习惯、道德、信仰等"非正式结构"。相比较而言,现代社会政治的运转、维系则端赖于规则、机制、制度、法律等"正式结构"。正如美国学者文森特·奥斯特罗姆所言:在现代社会运行发展中,政治秩序运转和构造的任务在一定意义上就是为社会良性发展设计一种公平的生活游戏——游戏的规则根植于社会民众共同生活的,体现互敬和互利人际关系原则的利益社群之中。在这种游戏中,当游戏主体间的冲突升级为威胁和反威胁时,就有必要由政府来建立一套制度,并使政府以其制度有效性的方式和尊重人、凸显人文关怀的方式来解决这一冲突。[②] 事实上,由政府制度创设的社会公共性秩序,具有更广泛的主体适用性,即使是在陌生人之间,这种秩序也具备较强的适应性。

最后,民众的政治信任是优良的公共生活秩序构建的前提条件。在人类力求获致的、有序的社会公共秩序建构中,只有那些具有价值合理性与程序正当性的秩序才能称之为文明秩序。所以,从当前的政治领域看,在构建优良的公共秩序时,崇尚弱肉强食的丛林法则并不适合,更不能只靠暴力强制加以维持;而必须以社会成员的自愿合作与普遍信任为理念基础,以大多数社会成员的主观评

---

① [英]边沁:《政府片论》,沈叔平等译,商务印书馆1995年版,第128页。
② [美]文森特·奥斯特罗姆:《复合共和制的政治理论》,毛寿龙译,上海三联书店1999年版,第49页。

价与社会文化心理相一致的契合性为主导价值观念来进行。基于此，在现代的政治生活中，包含冲突态、合作态以及竞争态三种状态。[①]

在人类政治实践中，由于政治主体代表的利益不同及相互缺乏信任而产生的政治冲突十分常见，但这绝不是人类趋向良序公共生活的常态。当然也不否认，在当今国际政治舞台上，即使是存在冲突的各主权国家间也存在一定限度的信任，即对诸如人道主义等价值共识的信奉。在人类政治舞台上，尽管政治主体间的竞争是现代政治领域的主流，但政治主体间的彼此互信是政治合作的重要前提。我们必须要正视的是，在竞争各方的意识中，要非常地认同竞争规则，并且能够自主地遵守，此背景之下的竞争才可称之为正当竞争；否则，背离了竞争规则的竞争就是一种真正意义上的冲突，以至于竞争各方最终同归于尽。

美国学者莱斯利·里普森认为，在人类历史上，合作的时间占据了大部分的比重。他指出，当处于合作状态时，人类将会非常的团结，而且具备建设性的意义；在竞争的状态下，人类很容易制造出分裂，且具备的破坏性比较强。合作促使人与人之间实现和谐相处，而竞争则促使人与人之间建立起对立关系。由此，在社会及政治活动发展的过程中，最为重要的还是合作。[②] 莱斯利·里普森同时阐述道：在人类社会的政治建构中，我们需要记取的是：为了把社会主体间的竞争限制在不构成伤害的范围内，并促进他们间的合作性共事，社会就必须要为社会主体间的竞争与合作搭建起一整套非常安全的保护措施。当秩序、法律及规则建立时，就会存在很多的限制条件，然而与人类因缺席而造成骚乱的情况相比，这些规则

---

① 台湾学者钱永祥有着类似的观点，他认为政治观念有三种类型："敌我的政治观"、对手型政治关系、合作型政治观。钱永祥：《民粹政治、选举政治与公民》，载许纪霖主编：《公民性与公民观》，江苏人民出版社 2006 年版，第 233—234 页。

② ［美］莱斯利·里普森：《政治学的重大问题——政治学导论》，刘晓等译，华夏出版社 2001 年版，第 32 页。

反而更让人高兴，而这应该是社会主体所形成的共识。同时，人们必须把争执双方的裁判建立在合法的程序和公正的裁决之上。①

值得肯定的是，人类永恒追求的良序政治生活必定是渗透着信任的公共生活。一般而言，在政治生活中，当人类的博弈无任何的信任与合作而言时，这种博弈必然是一种零和竞赛，甚至会成为负数，因此，在这种博弈背景之下，人类必将长期的处于"囚徒困境"中。政治生活的核心是公共权力，这种信任本质上指向公共权力，是一种政治信任。在历史上，无论公共权力"在神""在君"还是"在民"，都必须赢得社会上大多数人的信任与支持；不同之处只在于，传统国家权力与现代公共权力获取民众信任的逻辑和基础存在根本性的差异。

综上，在构建良序公共生活时，主要需要解决的问题包含两个方面：第一，构建公共权力体系；第二，公共权力政治信任的建构，即公共权力健康存续的问题。后者与政治合法性理论密切相关。

尤尔根·哈贝马斯曾指出：政治学理论开始对合法化统治兴衰存亡的研究时间，不是从梭伦开始的话，那么至迟也是从亚里士多德开始的。② 事实上，在对亚里士多德学术著作研读的过程中，你会发现，对公共权力合法性问题的思考，始终就在亚里士多德的学术视野之中。他一直认为研究政治学的一个重要使命就是要廓清以下几个问题：在一个既定的社会大背景和环境下，一个政体最初是如何产生和通过什么方式让这个政体长时间地保持下去；在城邦世界里，一种政体若想长期维持并存在下去的话，那么城邦的所有部分都有看到其继续存在和维持的意愿；同时，在城邦中，维持城邦现行政体的愿望必须强于废弃这一政体的愿望——并成为一切城邦

---

① [美]莱斯利·里普森：《政治学的重大问题——政治学导论》，刘晓等译，华夏出版社2001年版，第47页。

② [德]哈贝马斯：《交往与社会进化》，张博权译，重庆出版社1989年版，第186—187页。

或政体都认同的一条普遍性原则①。亚里士多德在此已揭示了政治合法性的核心主题，即民众的认同、信任与支持。承继亚里士多德的传统，人们普遍认为，政治体系的稳固和存续取决于它能否得到大多数民众的信任和支持。无论马克斯·韦伯阐释的"合法性"还是伊斯顿提出的"散布性支持"，都在说明公共权力体系获得民众信任，确立其合法性的重要宗旨。

可能国家政权体系的确立常常是政治冲突的产物，但确立起来的政治体系需要在场者和参与者的互动与合作，更需要广大民众与公共权力执掌者之间的互动与合作，需要一定水平的政治信任与行动支持。如果一个公共权力频频遭受民众的极端怀疑乃至不信任的话，它存在的合法性就会屡屡遭受挑战，以至于危及政治机体的健康与社会民众的幸福生活。由此可得出结论：公共权力体系的建构意味着政治生活的确立，而公共权力赢得信任和支持则决定着政治生活的质量。回顾人类思想史可发现，尽管良序的公共生活在不同时空中存在着不同的权衡标准与结构形态，但人类对其呼求的历史几乎同人类政治发展的历史一样久远。

在西方，从古希腊柏拉图的"理想国"、亚里士多德的"为政应取中庸"，及至中世纪奥古斯丁的"上帝之城"的构想，乃至近代霍布斯对"利维坦"的描绘和卢梭对"人民主权"的全面性预构等；在中国，从孔子的"礼治"为先，到孟子的"仁政"为本，再到康有为对"大同世界"的美丽预设和孙中山对"三民主义"的构思和部分践行，再次彰明着这样一个道理：不同时代、不同国家的思想家都在围绕人类良序的公共生活尽显其政治智慧。他们在理论上表达了基本一致的逻辑：优良公共生活的实现，不仅需要客观上公共权力体系的建立与支撑，而且亦需要广大民众主观上对公共权力的信任和支持，即获得政治信任。

---

① ［古希腊］亚里士多德：《亚里士多德选集——政治学卷》，颜一、秦典华译，中国人民大学出版社 2003 年版，第 122、58、141 页。

二　当代公共生活的现实

对当代公共生活现实之考量，我们不妨从笔者在公共生活中切身经历的一件"小事"说起。2013 年暑假，我乘坐一列从北京开往郑州的火车回家，突然所在车厢的空调不知什么原因停机了。此时，正值半夜，许多人被热醒了，车厢里一片抱怨声，但是，在相当长的一段时间里，并没有人主动去找乘务员反映情况，商量解决办法。于是，笔者起身寻访了两节车厢，找到了当班的乘务员并说明了情况，问题很快得到了解决。时隔不久，笔者在海南的旅程中又遇到了类似的一幕。

为什么每个人都在抱怨却不采取行动？为什么那么多人只愿做一个旁观者，而不愿积极地参与公共生活，争取自己的权利？毫无疑问，现存公共生活秩序中的一种犬儒式的冷漠，导致了公共生活的动力性"缺血"。由于中国人缺乏公共意识，"随大流"的心态，使公共生活趋于形式化。具体表征为以下几个方面：

首先，公共生活中人的自我迷失。随着现代社会生活的复杂和交往范围的日益扩大，人们的生活越来越多元化、个性化、不连续、异质化。生活方式的多元化与个体化，亦使得人的身心随之发生诸多微妙变化，在人的主体性受到重视并逐步得以彰显的同时，工具理性日益膨胀，价值理性渐趋萎缩，人们对物质财富狂热地追求，不断被拖进"物化"的深渊——不难看出，如何获致"人类解放"依然成为时代的主题。正如托克维尔早就觉察到的那样，"让人获得自由会使他们变得对一切漠不关心。他认为个体是公民的头号敌人。对于公共利益、良好社会等方面，个体的关心程度非常低，抱有疑虑，或者心怀警惕"①。

不断加快节奏的现代生活，不断挤压着人们的生活空间，使人

---

① ［德］乌尔里希·贝克、伊丽莎白·贝克—格恩斯海姆：《个体化》，李荣山、范譞、张惠强译，北京大学出版社 2011 年版，第 25 页。

处于不断被"碎片化"的境遇中，人们在孤独、厌倦、空虚和痛苦中，无法寻找到一个可以寄托自身理想和生存目标的整体社会价值；人的主体性的扭曲发展导致极端"个人主义"，人与人之间相互关联的情感纽带也不断弱化，追逐个体价值的思想诉求直接导致个体认同和社会认同危机；社会"达尔文主义"似乎日渐成为人们心中的价值标尺，如此的话，对他人的无视、冷漠，对社会公务事务的远离、漠视、逃避成为一种社会常态——所有的这些似乎传递出这样的讯息：我们生于斯、长于斯的社会，正处于不断迷失自我的病态症状中，由于缺乏根本的"善"的支撑，人们对良好社会秩序的建构失去坚实的道德根基。

其次，社会公共参与意识缺失。从当下中国现实来看，在我们的公共生活领域里存在着许多令人忧虑的现象：从最普通的假酒、假药案，到影响巨大的有毒奶粉事件；从因为职业道德低下而出现医疗事故，到因为见利忘义而造成危害异常严重的矿难；从最初的短信诈骗，到现在的电话诈骗、信用卡盗刷、网络诈骗等。这些现象使公共生活被市场交换原则所侵蚀，无法开展有效的交流对话并形成良性秩序，人类的生存也失去了家园之感。由于公共参与意识的缺失，致使"人们对于公共事务、公共权利等缺乏起码的关注"。[①]

其结果是，对公共生活中的各项事物、各种问题人们充耳不闻、麻木不仁，而公共生活领域中所应当遵守和维护的各种规则便形同虚设。要强化公共参与意识，就要求每一个人作为一个社会性主体，必须具有明确的公共意识，必须以社会共同体共同利益和需要作为自我生存发展的公共基点，对公共生活领域中的各个"场域"、各项实践活动和各种精神现象予以高度关注和积极参与。在此基础上，把公共生活中的各种规则和要求当作自身必须遵守的道德要求，且能在现实中自觉自愿地遵守，从而在推进公共生活的良

---

① 吴光芸：《公民公共精神与民主政治建设》，《理论探索》2008 年第 1 期。

序化进程中发挥每一个社会个体应有的积极作用。

再次，私密化与公共化并存。一般而言，公共生活的私密化是指由于私人生活的扩张而无形中对公共生活的侵蚀。很常见的是，有些公共媒体在商业利润的侵蚀下，一味地以低俗、庸俗、媚俗的方式出现，时不时无端地制造一些自娱自乐性的吸引公众眼球的花边新闻，把原本属于私人空间的问题扩展至公共领域抑或把原本很严肃的社会公共问题牵扯化约为私人领域茶余饭后的谈资。如此的话，容易形成这样的困局，社会公众往往以出世的消极但可靠的政治谈笑取代了入世的政治介入或政治批评。譬如，前几年被热炒的李亚鹏、王菲女儿的兔唇事件，本来它属于影视明星的家庭个人事务，仅限于私人领域，没有太多的公共意义。不可否认的是，这些明星的家庭私事，一旦经过网络媒体在公共领域曝光、放大并扩散后，这些明星的"家长里短"迅速转化成为公众热议的话题——媒体和记者们带着不同的"热情"积极卷入，很多网民同样带着不同的围观和凑热闹的心理对此事予以高度关注。可以想见的是，这件由明星的私人事件转变成公众知晓的公共事件就是当下私人领域公共化与公共领域私人化的有力明证之一。

私人领域的公共化与公共领域的私人化，在学理上折射出在当前的公共政治生活中，公共生活对私人生活过渡性关注的越位或极端缺失的缺位，国家生活对社会公共生活的越位——这两种越位在造成社会生活一定程度上僵滞的同时，又严重地阻碍着社会进一步迈向现代化的步伐。试想，一个私人生活较为缺失的民族是缺乏活力与个性的民族；一个社会公共生活匮乏的民族是社会秩序和自由受到钳制的民族。我们需要正视的是，一个私人生活贫乏与公共生活领域失序的民族，既是一个缺少宽容与个性、缺失创造力与生命力的民族，更是一个法制亟待健全、法治亟须崇尚，自由生活秩序、公序良俗风气需要重塑的民族。

最后，社会公共生活道德缺失。观照当今中国社会道德状况，不难发现，我国现代社会也是一个自由多元的社会，社会结构的异质和分化导致了道德出现分化——映现在现实生活中，既有统一性道德范式的瓦解及现有道德存在样式的多元及多样——出现道德的"领域分化"现象——纷繁芜杂的社会生活诸领域不再仅仅受某种强制性的、统一的道德价值的束缚，逐渐形成了道德的多元化"领域性"趋向。著名学者贺来认为：现代社会主要通过各领域功能的分殊和协作来实现自己的特殊目标和追求，与此相适应的是，社会生活各领域就要求从自身的需求中内生出与各自领域相适应的独立的道德价值和规范，并来获致各领域自身的社会资源。①

在后现代和后工业的历史语境下，伴随"私人生活"与"公共生活"的日渐分离，在私人生活领域萌发和生长的"道德自由"就作为正式的要求被提出并渐趋获得了社会认可。在这样的历史际遇下，作为社会个体的个人品德似乎成了与社会公共生活"无关"的私事，而现代社会中"道德共识"的困境和"价值共识"的难题就应运而生了。

三　研究的意义

近年来，有关"公共生活"的问题越来越受到国内外学者的关注，并取得了一定的理论成果。在这些著作和文章中，从理论的逻辑角度，侧重对公共生活问题的凸显，公共生活的含义、本质、特征，以及当代公共生活的矛盾的研究和诠释的成果较多，而从唯物史观的维度研究公共生活的产生、形成和发展的著述较少。正因为如此，运用马克思唯物史观的立场、观点、方法深入研究公共生活问题，具有重要意义。这是一种新的哲学的主题性话语，是立足于"公共性"视角，将个人的生活和实践提升为公共生活和公共实践的高度，并对公共性价值和公共性理念以及公共性理想的意义予以深度探究。

首先，有助于深化拓展唯物史观的研究视域。唯物史观将社会

---

① 贺来：《"道德共识"与现代社会的命运》，《哲学研究》2001 年第 5 期。

生活划分为经济生活、政治生活和文化精神生活，公共生活理论是对唯物史观内容的丰富、发展和完善。本书的主旨是探讨公共生活理论的唯物史观基础，确立唯物史观的价值维度。唯物史观的当代建构和公共生活的当代建构是相互关联的，两种建构应遵循相辅相成的路径。为此，本书旨在从理论与实践、逻辑与历史的结合上，探讨公共生活与唯物史观的关系：运用公共生活的价值取向对唯物史观做出新的理解，在唯物史观层面上阐释公共生活理论，通过唯物史观与公共生活的视界融合，在历史观的层面上深入解读公共生活的现实和理论问题，并在唯物史观理论中建构公共生活的价值维度。

其次，有助于构筑良序运行的公共生活秩序。当下，中国社会正从传统的封闭式的"熟人社会"，逐渐走向现代的开放式的"公民社会"。无论是公民个体、社会组织还是政府部门，对公共生活的参与和重视都呈现出前所未有的热情。而人们也越来越意识到自己与他人、与社会之间发生着密不可分的关系。正因为如此，公共生活环境的优劣，公共生活品质的好坏，引起了全社会的高度关注。然而，由于传统中国社会延续下来的公共生活氛围的缺乏，以及因此而存在的人们公共伦理观念的匮乏，在面对改革开放过程中短时间形成的公共生活环境，人们一时还难以适应。因而，在公共生活中不可避免地出现了诸多的矛盾冲突以至混乱无序现象。因此，构建一个适合现代民主社会发展的公共生活环境，进而形成和谐有序、公平正义的社会生活状态，是我们需要解决的问题。

最后，有助于"公域"与"私域"的界限明晰化。在探讨公共生活的过程中，必然要涉及"公域"与"私域"的关系问题。有关二者的界分及其相互关系，是近年来学界十分关注的一个热门话题。尤其是在政治学、法学、社会学界，有关该问题的探讨已较为广泛和深入。本书关注"公域"与"私域"的关系及其作用，其目的在于厘清"公共生活领域"与"私人生活领域"的边界所在，以便于进一步探究在当今中国公民社会的建构过程中，不断提升整个社会的公共理性水平和法治化程度。社会公共话语也是在构建过程中所需要构建的一个因素，在此基础上，社会公众的公共生活心态和公共生活感才能更加的健康，以及与之相应的公共精神与思维方式的日渐完备，从而实现良序的公共生活理想。

四　研究的现状

公共生活属于政治哲学研究领域的课题。作为一种思想观念，公共生活一直存在于人类的历史中；作为一种社会现象，出现于近代社会中，并逐渐地发展。不过，当公共生活归属于社会科学，且具备独立的理论话语时，最先提出的就是汉娜·阿伦特，随后，在哈贝马斯的系统论述，以及理查德·桑内特进一步阐释之后，才彻底概念化并获得了独立的学术语境。

汉娜·阿伦特的《人的境况》（上海人民出版社，2009年版）从政治学的立场出发，在对公共生活与私人生活的区分中，看到公共生活对人类生存的价值，为我们理解和建构现代公共生活提供了一种思想路径。她以古希腊城邦政治生活的古典经验为原型，对照现代政治生活的虚假性、"非政治化"甚至"反政治化"的倾向，说明当代社会公共性日益衰弱的重要原因在于古典政治的本真意义失落，人们正日益朝着古典政治学的反向前行，与人类生活的团结、协作、交流、共同行动等公共生活目标渐行渐远。

哈贝马斯的《公共领域的结构转型》（学林出版社，1999年版）全面分析了资产阶级公共领域的产生和发展，把公共领域分为"城邦型""代表型"和近代西欧的"市民型"，并对当前资本主义福利社会中公共领域的"再封建化"过程，以及资本主义社会出现的国家社会化和社会国家化趋势进行了探讨和分析。在哈贝马斯的理论中，公共性的本质意义就是民主原则，换言之，对于社会个体来说，每个个体都具备平等表达自身意见的机会；通过公众批判，个人意见逐渐上升为个人舆论（opinion publique），这时，才能真正实现公共性。在国家与社会不断分离的过程中，产生了公共生活，其功能在于与国家的对抗性。但随着社会的发展，公共生活领域内发生了"结构转型"向"功能转型"的变化——资产阶级的"公共领域的消亡"。伴随着国家与社会间的相互渗透，以及私人性公众集合向组织性社团与政党的转变，公共生活的批判性功能逐渐弱化，公共生活成为"意见的交往网络"，是"在交往行动中产生的社会空间"。哈贝马斯把"生活世界"的概念引入交往理念的研究，认为人与人的交往是在"生活世界"中发生的，社会个体日常交往实践的主要场域与核心发生在"生活世界"——这种"生活世界"是由内嵌于公众的日常交往实践中的文化再生产、社会整合以及社会化相互作用的产物；同时，在人类生活的世界结构中，既包含个体的生活历史，而且也包含共有的生活形式，在生活世界总体化的进行中，这两个方面都参与其中。[①]

伴随着市民社会理论研究的日益扩大，查尔斯·泰勒、约翰·B.汤普森、约翰·基恩、J.C.亚里山大、罗尔斯、雅诺斯基、科恩和阿雷托等人，分别从不同角度和层面对公共生活问题进行了一定的研究与阐释。其中，约翰·基恩在2009年出版了《公共生活与晚期资本主义》一书，他在其中写道：在对晚期资本主义的诸多批判中，以批判社会民主主义促进官僚主义化倾向的话语形式最为突出，并期望主要通过建立和巩固独立自主的公共生活领域来削弱公司和国家官僚机构的权力，来达到和确信晚期资本主义的彻底改革。按照这些批判者的主要观点，如果有两个以上原先单独行动的个人聚集在一起，并来探讨他们之间的相互作用以及他们已经和始终置身其中的更广泛的社会和政治权力的关系的时候，一个真正理论意义上的公共领域便形成了[②]。

桑内特的《公共人的衰落》（上海译文出版社，2008年版）

---

① 倪梁康：《现象学及其效应》，生活·读书·新知三联书店1994年版，第351页。

② ［英］约翰·基恩：《公共生活与晚期资本主义》，马音等译，社会科学文献出版社1999年版，第3页。

从人类学和历史学的视角，展示了 18 世纪以来伦敦、巴黎、纽约等大城市现代社会特有的公共生活现状。在这本书中，桑内特提出，在现代理想社会中，个人生活与公共生活二者之间能够维持平衡；个人生活是社会个体必须进行实践的，在这个过程中，个体同样会在不同程度上参与公共生活；同时，在社会现实中，人们能体认和感受到个人生活和公共生活，它要求人们投入不同的情感、遵循不同的行事规则，表征的是两种完全不同质的生活样态———一般来说，个人生活所具备的范围是比较小的，与人的天性相对应，主要发生在家庭关系或者亲密关系中，对于人的自然需求，个人生活能够比较好的满足；作为个体的人生活在大的社会当中，具备社会属性，与之对应的就是公共生活，交往范围大多在陌生人之间进行，满足的是人对文明的、有教养的、高品质生活的各种社会性需要。不难看出，个人生活与公共生活的界限是比较明确的，这种界限所反映出来的是自然和文明的区别；从某种意义上来说，在人格领域与非人格领域之间，界限也是二者之间的界限。具体说来，在个人生活中，真情表达、吐露心声、袒露人格等更多的是在熟人中进行；而在公共生活中，交往范围大多为陌生人之间的交往，这时的交往与纯粹意义上的社会交往是非常接近的。在当下的现代社会中，普遍存在的自我迷恋，人们越来越不愿参与公共生活、不愿与陌生人进行交往，从而导致公共人、公共生活走向衰落。

学术界对公共生活理论的研究，就国内而言，像张康之、张乾友在《公共生活的发生》（高等教育出版社，2010 年版）中讨论了近代以来的领域分化。他们认为国家和政府是公共生活的载体，古代社会（主要指古希腊时期）不存在公私领域之分，只存在着本能的共同生活，真正现代意义上的公共生活始于现代国家的建立，即近代以后，中世纪神权国家消失之后，才出现领域的分化，形成社会与国家的对立，现代国家的出现才有了真正意义上的公共生活。

但其他学者关于公共生活的范围却有不同看法。晏辉等指出，在现代社会中，资本的运行逻辑把人群依照经济依赖性进行安置，这与血缘和地缘关系是不相同的，在经济纽带下，正在逐步地形成公共交往及生活领域。晏辉在研究中认为：以资本和现代市场为要素而构成的市场社会是最原初意义上的公共生活，在这种原初意义上的公共生活与公共交往中产生了公共精神与公民伦理（《公共生活与公民伦理》，北京师范大学出版社，2007 年版）。秦德君在《公共生活的地平线》（中国社会科学出版社，2007 年版）中，通过对公共规则、公共行动、公共绩效等不同侧面，反映了社会生活中大量的公共问题。焦文峰等著《走向公共生活世界》（社会科学文献出版社，2010 年版）对黑格尔、海德格尔、哈贝马斯、福柯、麦金太尔等西方思想史上的著名人物的理论进行了讨论。徐贲著《通向尊严的公共生活：全球正义和公民认同》（新星出版社，2009 年版），在全球化和民族认同的视野下，讨论现代化进程中的相关问题，并关注公共文化的核心——社会生活的公共性问题。徐贲著《什么是好的公共生活》（吉林出版集团，2011 年版）从教育、言论、政治选举、社区生活、道德与法等不同视角，反映美国公共生活的现状。陈潭著《转轨秩序的阅读：一个学者的公共生活观察笔记》（东方出版社，2009 年版）涉及转轨中国进程中的政治博客、人事档案、防腐反腐、高等教育、奶粉事件、汶川灾变、北京奥运等公共生活的诸多话题。汪建达著《参与还是分离——从超越性维度看中国公共生活的建设》（浙江大学出版社，2010 年版）从政治哲学、政治伦理等角度，分析基督教伦理与社会公共生活的关系。甘满堂著《村庙与社区公共生活》（社会科学文献出版社，2007 年版）深入剖析村庙信仰在社区公共生活中的意义及社会功能。

再者，关于公共性问题的研究。其中，郭湛主编《社会公共性研究》（人民出版社，2009 年版）讨论了公共性概念及内涵、公共性的样态和类型、公共性的历史形态，以及公共性的建设和完善对当代中国和世界发展的重大意义。贾英健在其专著《公共性视域——马克思哲学的当代阐释》（人民出版社，2009 年版）一书中，从人、实践、社会、历史四个维度系统揭示了马克思哲学中蕴涵的公共性问题，在此基础上，对马克思哲学变革中所开启的生活世界这一崭新的公共性视界予以深入的分析，深度阐发和揭示了马克思以社会共同体为价值本位的公共性理念这一唯物主义新质。杨仁忠在其专著《公共领域论》（人民出版社，2009 年版）一书中，在政治哲学视域下，对公共领域的古典传统、中世纪演变、近代生成及其与社会结构变迁、人类文明演化之间的内在关联进行了系统梳理的基础上，试图形成一个关于公共领域独立的论域和自成一体的理论话语系统。廖申白的《交往生活的公共性转变》（北京师范大学出版社，2007 年版）借助历史学和社会学材料对交往生活这一主题的哲学省思，构成对它的一种预备性的研究。内容包括交往生活的公共性转变，村社社会与身份制度的历史变迁，宪政、民主与公民，国家与社会之间——重叠交错的中间领域，公民伦理与儒家伦理等。李佃来在其相关的专著中对哈贝马斯市民社会理论进行了全景式的深入分析，同时对其学理价值与理论限度做出了全面的定位。

　　与此同时，海内外学者们的关注点聚焦在当代中国社会是否存在或能否培育起一个成熟的社会公共领域问题，并围绕这一问题形成了不同观点。第一种持否定的观点。以萧功秦、夏维中、魏斐德（Frederic Wakeman）、黄宗智、孔斐力（Philip Kuhn）等为代表的中外学者认为，公共领域理论发源于西方社会，在近现代以后的中国公共领域问题研究中，采用这种理论所具备的可实施性是非常差的。第二种是肯定的观点。以肖邦齐（R. Keitnscnoppa）、罗威廉（William T. Rowe）、杜赞奇（Prasenjit Duara）、冉再烁（Mary B. Rankin）、玛丽·兰金（Mary Rankin）、马敏等为学者为代表，他们认为，在近现代中国社会中，公共领域具备存在的可能性，或者能够通过培育形成。在中国社会发展的历史长河里，强国家弱社会的现象比较严重，不过，公共领域的现实形态却是真实存在的，比如封建社会的纳谏、近现代社会的抗议游行等，这些行为都是公共领域现实形态的有力明证。因此，在解决中国现实问题时，公共领域或市民社会的理论是具有较好的适用性的。为了证明自身的理论，这些学者以中国某个城市或地区作为研究对象，展开了研究，这是最早的研究，此后，为有关公共领域现实形态问题的研究拉开了序幕。

在论文方面，国内关于公共生活理论的较为详尽的论述的有 3 篇博士论文和 12 篇硕士论文。其中，王维国的博士论文《公共性理念的现代转型及其困境》提出并论证近代西方社会的公共性理念是一种消极的公共性理念，如何运用积极的公共性理念，重塑公共职业精神、重建公共职业文化来解决现代政府的公共性困境。曹鹏飞的博士论文《公共性理论的哲学研究》从人类历史的一般角度阐释公共性的发生和体现，从而把握公共性的人类历史表现形态，说明了人类历史普遍存在的公共性如何在当代世界得到实际增长和表现。论文揭示公共性在经济领域和政治领域的实际发生和发展，并从理论上说明如何按照公共性思想去构建当代人的实际生活，从而把公共性研究和实际地改善当代的生存与发展结合起来。彭斌的博士论文《公共生活的和谐之道》从社会公正、民主与法治和如何培育社会的公民化机制等视角，对如何建构具有和谐意蕴的公共生活进行了全面的论述。而 12 篇硕士论文都只是从公共生活理论的某一个方面予以分析和阐释，在理论阐述上整体显得较为肤浅和单薄。李海青在自己的论文中，探讨了理想的公共生活如何可能的问题，认为现代公共生活的核心理论在于理性在社会生活中的公共运用。并在理性指引下寻求形成社会公共生活的基本规则和正当性共识的合理机制。袁祖社讨论了全球化时代类群本位的公共生活理念与新"公民文化"及其价值观。由市场经济所直接推动的"世界交往"历史形态的生成，标志着人类逐渐进入世界范围内的类群公共生活时代。① 何晔《从"他治"走向"自治"——新中国农村公共生活模式的历史变迁与未来发展》(《内蒙古社会科学》2011 年第 5 期)、邓少海《从伦理政治架构看公共生活伦理形态变迁》(《南昌大学学报》2008 年第 3 期)、卞绍斌《公共生活的批判与重建:从黑格尔到马克思》(《社会科学研究》2009 年第 6 期)、刘铁芳《学生何以进入公共生活之中——基于学生视角的学校公共生活建构》(《当代教育与文化》2013 年第 1 期)等成果,分别从农村、伦理、原著、教育等角度,对公共生活的现实进行了论述。

　　总而言之,国内外学术界对公共生活理论的研究无疑是开拓性和卓有成效的,也是值得肯定的,但也有不足。国外较早研究公共生活问题的阿伦特从服务于复兴共和主义理想的目的出发,着重从政治学层面探讨了公共生活问题,而缺乏自由主义的视角和社会层面的关注。哈贝马斯的研究虽然最为全面并作了试图超越自由主义和共和主义局限而寻求新途径的理论努力,但他的研究具有先验性建构的特征,缺乏社会基础性的分析;同时,他主要探讨了资产阶级公共领域及其转型问题,对平民的和不同社会制度等类型的公共领域的研究则显得缺乏和不足。而从国内研究情况来看,虽然不同学科、不同领域在译介国外公共生活理论过程中也对它进行了学术探讨;但由于译者自身学科背景的局限,著作内容系统性和全面性稍有欠缺,同时,内容描述性和介绍性的居多,而分析性和原创性的则相对较少。而真正从唯物史观的视角研究公共生活则略显不足,一定意义上,将马克思哲学的理论旨趣纳入公共性研究的界域,并由此展开对马克思哲学进行解读,这就一定程度上内在地蕴含了对当代马克思哲学面临的理论、实践双重挑战的多维度应答。

---

　　① 袁祖社:《全球化时代类群本位的公共生活理念与新"公民文化"及其价值观》,《哲学研究》2005 年第 8 期。

五　研究方法和创新

在本书的架构、运思和书写中，笔者准备运用以下几种方法对论题予以展开和探讨。

第一，文本解读与当代审视融通的方法。在本论文的写作中，作者立足于经典文本的阅读，对《马克思恩格斯选集》《马克思恩格斯全集》以及西方关于"公共性"研究的经典文献资料进行研究和整理，并逐一梳理、剔挑、整合出公共生活理论的发展脉络。以达致经典文本解读与现代公共生活内在建构理路的内在融通，并致力于解决现代公共生活的学理性问题，以期寻求当代中国公共生活架构的合理性维度。

第二，比较分析法。在本论文的运思和架构中所运用的比较分析法，不仅包括对马克思与其他思想家有关公共生活的思想的横向比较，分析其异同；还包括对马克思不同历史时期相关思想的纵向比较，力求厘清公共生活思想发展脉络。

第三，历史与逻辑相统一法。在搜集资料和论文书写的整个过程中，笔者始终秉持历史和逻辑相统一的方法，按照公共生活历史脉络先后发生的顺序进行系统梳理、整饬资料，从发生学的视角对马克思公共生活的思想演进予以详尽考察，从历史追踪中抽取出相应的逻辑层次，对公共生活理论的逻辑进路进行了阐述。

苏格拉底曾经说过："人类要过值得的生活，所谓值得的生活，就是指审视过的生活，之所以要进行审视，是因为人类的本质具备双重性，一种是感性欲望，一种是理性本质，这二者并存于人的本质中，且经常处于某种张力之中，另外，对于人类个体来说，都会属于其他人类个体中，对于自身与他人之间的关系，要进行反思。"① 生活在现实的时代境遇下，我们的生活需要审视。不仅我

---

① ［美］N. 帕帕斯：《柏拉图与〈理想国〉》，朱清华译，广西师范大学出版社2007 年版，第 3 页。

们个人的生活需要审视，我们公共的生活更应该审视。同时，两千多年前的亚里士多德关于"人天生是一种政治动物"的论述，即是古代城邦政治生活的真实写照，也表达了人们对过一种公共生活的期待。

两千多年后，人们所处的公共交往领域越来越来宽广，人们的公共生活越来越丰富与多彩，但"人是天生的政治动物"的判断与它的初衷渐行渐远，人的"政治动物"的特性越来越被"社会动物""劳动动物""消费动物"等这样的词语取代，人们的公共生活样式与古希腊罗马时期的古典形态也完全不同。人们究竟应该过一种什么样的公共生活，它才是美好且又符合人性呢？这是一个古老的话题。在现代政治与古代政治完全不同的背景下再次论及这一话题，未必是一种多余。

由于国内学界对马克思公共生活理论的研究还未形成系统性的理论，这在一定程度上，给本书的写作带来了难度。故而，笔者在行文中，不仅试图从大量的马克思经典文本中摘取、凝练和系统梳理其中蕴含的有关公共生活的思想因子，同时将马克思公共生活理论与现代西方社会结构理论予以有机整合，进而归纳、概括、提炼出公共生活的一般性特征。立足于当代语境反思转型期中国的公共生活面临的主要矛盾和困境，并在此基础上，着力建构符合当代中国公共生活良序发展的可能性路径。

在研究中，我深感社会公共生活问题的复杂性远远超出了最初的想象，笔者虽已尽了最大的努力，但也终因积累不足，学养鄙陋，智识浅薄，很难说有什么大的创新。但对于唯物史观视域下的公共生活问题研究，我力图在以下三个方面对前人的已有研究有所突破：

第一，研究视角有所创新。目前，国内外学者对公共生活的研究成果越来越多，但是，以唯物史观的视角对公共生活进行系统研究成果较少。质言之，本书较为系统地对公共生活的内涵与外延进行界分，并提炼出公共生活的特征，一定程度上，拓展了马克思主义基本理论的研究领域，并极大地丰富、拓展和延伸了公共生活的相关研究。

　　第二，研究范式有所创新。本书采取理论研究与实证分析相结合的研究方法。将理论与现实结合起来进行整体分析和系统考察。从当代中国公共生活的现实问题出发，回应了公共生活理论的发展及其当代价值。

　　第三，理论方法有所创新。本书在唯物史观视域下，综合运用唯物辩证法、历史复杂性理论、发生学、系统分析法、比较研究法及历史与逻辑相统一的方法。总之，力求从公共生活的内在逻辑切入，尝试在多学科视野下综合研究该问题的新方法。

第一章 公共生活理论基础和历史图式

第一节 公共生活的界分及其阐释

人类社会生活本质上是一种公共性的生活样态。根据人们的生活内容和性质划分，人的现实生活包括公共生活领域和私人生活领域。从人的类本性来看，人的公共生活领域是人澄明自我、走向自我本真的活动领域。

一 "公域"与"私域"的界说及其意义

在探讨公共生活的过程中，必然要涉及"公域"与"私域"的关系问题。有关二者的界说及其相互关系，是近年来学界十分关注的一个热门话题，尤其是在政治学、法学、社会学界，有关该问题的探讨已较为广泛和深入。本书在此将主要关注"公域"的界定问题，其目的在于厘清"公共生活领域"的边界所在，以便于进一步探究在当今中国公民社会的建构过程中，公共生活何以良序化的问题。

何谓"私域"？顾名思义，即是指私人领域，在这个领域中，个体具备独立的人格，在私人间日常活动范围内，作为社会个体的私人或他们之间的兴趣爱好、教育经历、职业类型、个人情感、生活习俗、日常习惯是形成私人领域的主要因素。"私域"在彰显空间意义范畴的同时，也在言说着一种新的生活范式——在不同的时代中，作为社会主体的个人自由生活的确认与高扬，同时与社会发展进步紧密关联。有学者认为：私人领域得以存在的基础是财产权，没有明晰的财产权归属，没有对于私人财产的平等保护，则没有私人领域。① 在实然意义上，有两点应予以注意：第一，并非所有发生在个体或个体间的，就一定属于私人生活领域范畴。第二，在特定的条件范围内，归属于私人生活领域的活动会发展转移，变为归属于公共生活领域，甚至在某些时候，这些活动会被划分在国家生活领域中。②

公共生活领域是与"私域"相对应的范畴，是指社会民众、大众共同的生活世界。汉娜·阿伦特将其界定为"共同的生活空间"。这里的"空间"应该理解为一种社会大众平凡的生活范式和他们共同的生活世界，而不是与物理学意义上的一维性"时间"相对应的范畴，在此意义上，汉娜·阿伦特的这种界定具有一定的合理性。③ 我们知道，在尤尔根·哈贝马斯看来，芸芸众生在同一个世界中生存，在这个世界中，自由权利是社会大众所拥有的，以交往活动的媒介为对话，以此来构成自由权利。换言之，在生活实践及交往实践过程中，社会大众会产生一定的交往关系，在日益多样和复杂的交往关系中，社会大众共同遵守规则和寻求身体归属与灵魂皈依的生活世界则更加丰富多彩。在这个生活世界里，无论是社会大众，还是公共交往的参与者，都具有发表自身意见和建议的自由，同时，当自身的合法权益受到侵害时，有权去进行捍卫。在公共生活领域中，具有共同性，调节和管控社会大众行为的除了在公共生活中形成的风俗习惯、价值观念、道德规范之外，还有在交往实践活动和"对话"中逐渐形成的契约规范及与之相适切的成

---

① Hannah Arendt：*The Human Condition*. Garden City & New York，1959.

② 诸如，恋爱婚姻一般说来属于双方私人生活领域，他人无权也不应当干涉，然而，一旦其中的一方侵犯了另一方的正当权益，那么，被伤害方并不因为原先的私人生活领域缘故，而被剥夺要求社会伸张道义与维护正义的权利，他人与社会也并不由此而被剥夺伸张道义、维护法律尊严的权利。

③ Hannah Arendt：*The Human Conditon*. Garden City & New York，1959.

文法规范。①

　　纵观人类社会发展史，一定意义上，公共生活从私人生活界域里分化出来，是传统社会向现代社会转向的外在表现形式。实际上，如果公共生活领域未实现分化、转变，就很难形成真实的社会个体独立人格，也难以化育出现代意义上的社会。在漫长的人类社会发展史中，公共生活与私人生活的分化与界分，是人类社会发展中的巨大进步——在人类社会发展之初，没有私人生活与公共生活的区分，随着生产力的发展，阶级产生，国家出现，私人生活与公共生活之界分日渐澄明——在社会生活中，各种交往关系渐趋复杂，公共生活以胚芽的形式在社会上逐一呈现。但事实上，在整个前现代社会，社会个体的个性独立并不是普遍存在的，即使在公共生活中有所存在，也是以零星和碎片化的形式出现，并没有在社会大众中广播开来，而是统治者利用其来维护和服务统治阶级；对于公共生活来说，其存在并不是严格意义上的，而是相对的。

　　随着现代市场经济的肇始、确立与运转，人们的平等意识、竞争意识、人格独立意识亦渐趋凸显，伴随着近代民主政治制度（哪怕是形式的）的逐渐建立与完善，公共生活逐渐从纷繁芜杂的私人生活中分化并独立出来，与此相伴生的是个性的解放、个人自由权利的最终确立和相对独立的社会个人的存在。在社会个体逐步分化和独立性渐趋增强的过程中，也在一定程度上助推和化育着社会公共生活的成熟和完善，同时也对社会生活和国家生活产生重大的影响。

　　随着私人生活从社会公共生活中逐步分化出来，在社会公共生活内部，这种分化的趋势也有逐渐扩大的趋势——在政治生活领域

---

　　①　公共领域的行为调节需要成文法，这基于两个理由：一是公共领域本身还有一个广义与狭义的理解，或者说公共领域自身还有一个再分化的问题，广义的公共领域中就包含了国家生活；一是即使在狭义的公共领域内，也还有一个普通民众的普遍自由权利需要国家必要保护的问题，如宗教团体及其活动属于公共领域内的事，但对一些邪教的反社会行为必须有成文法的严格限制。

中，国家是政治生活领域中的主体，在分化的过程中，国家也界分在一般社会公共生活之外。事实上，这种分化及界分的时间是比较长的，在这个时期内，社会与国家的关系变成相持，当国家的能力上升时，社会自治能力也相应增强。另外，在对社会的管理和控制中，国家过分僭越的行为逐渐消失，公共权力变得越来越小。不难看出，国家就被涵括在广义的公域范围内，而我们惯常所说的市民社会（或民间社会）就是狭义的公共领域。[①] 如此的话，就形成了由私人生活、市民社会、国家生活所构成的两界域三层次的现代性的社会基本结构。这个基本的社会结构之间持存着恰当的张力，但彼此又并不绝对的对立与拒斥，相互间以一种张力、和谐、共生的方式架构起现代性社会的基本结构。[②]

　　国家虽然是一个极为复杂的概念，但在抽象的意义上可以在总体上理解为政治生活共同体。它是人类为了组织自己的公共政治生活而形成的一个政治共同体。[③] 虽然对于国家可以作出诸多实质性的理解与规定，虽然历史上各种具体实存的国家有其特殊内容，并事实上成为某些人或某些集团的统治工具，但是国家作为人类政治生活的共同体，其基本特征是公共权力。在现代化日益进入社会生活的各个方面的历史进程中，更加凸显了国家在公共领域中的作用。[④] "公共性"是"公共权力"的最佳表征，这种公共性体现在

---

　　① 值得一提的是，社会文化领域所理解的"公共领域"虽然在一定意义上与西欧某些历史现象如公共社交场所的出现相一致，但是，这种理解将经济生活理解为私人生活而不是公共生活的做法，事实上就是将市民社会理解为私人领域而不是公共领域，这无论是在逻辑性还是在历史性上都欠妥。此外，这种理解将"公共"只是理解为一种实在的空间，而不是生活范式，至多是抓住了"公共"的表象，并没有抓住其本质，离开了私人生活领域从社会生活领域中的分化与社会生活领域自身的再分化，对于人类近代以来的历史就难以作出深入的洞见。

　　② 高兆明：《中国市民社会论稿》，中国矿业大学出版社 2001 年版，第 28—40 页。

　　③ 参见钱乘旦《现代文明的起源与演进》，南京大学出版社 1991 年版，第 118—120 页。

　　④ 高兆明：《公共权力：国家在现时代的历史使命》，《江苏社会科学》1999 年第 4 期。

权力本身内蕴的公共性因子；不难看出，公共性的目的与内容均是公共的，是为了公共的善与正义。① 这种公共性由民主政治本性所决定。②

公域与私域二分为现代社会结构奠定了基础，进而也为现代社会的基本权利—义务关系，以及权利间关系确立了基本范式与合理性范围。正如前述，私域与公域是人的两个生活界域，且公域又可进一步区分为民间（或市民）社会与国家生活两个部分，在实然意义上，社会结构是由私域、公域两个界域及私域、民间社会、国家生活三层次所构成。同时，一定程度上，国家权力包含权力盲区、消极权力以及积极权力三个方面。所谓积极权力，就是指国家的主动行为，比如保护、干预等诸多方面，促使社会的基本运转；所谓消极权力，是指国家在行使公共权力时，采取"不"的态度，比如不干涉、不出现等，基本维持国家的最低限度的运行和发展；国家的权力盲区是指在常态下，国家权力保持对某一生活空间的拒斥、远离和不可介入。

国家权力在积极、消极与盲区之分中，也表征出国家权力在理性界域中运用时应有的三种功能状态。换言之，国家权力使用的盲区、消极之间并不是贬谪，积极权力亦不是褒扬。在私域的框架下，常态下的国家权力属于盲区，在法律和习俗允许的情况下，个人的情趣爱好国家权力不应去干涉。就民间社会而言，国家权力则属于消极权力。国家法律具有一定的许可范围，在这个范围内，无论公民是何种行为，国家权力并不会去干涉，只是冷静的旁观。在

---

① John Rawls, *Political Liberalism*, Columbia University Press. New York, 1996, p. 213.

② 国家权力的公共性决定了它应当平等地为所有公民服务。然而，由于社会成员事实上分为强势群体与弱势群体。一般说来，平民是社会的弱势群体。强势群体能够通过自己的强势更有效地维护自己的利益并从社会争取到更多的资源，弱势群体由于自己的弱势易使自己本应享有的平等权益受到某种事实上的伤害，因而，国家权力的公共性，在要求其平等地为所有公民服务的同时，更应当要求其重视为平民服务。这种要求与国家权力的公共性规定并不矛盾。

公共生活境遇下，国家则应当积极使用其权力，努力提供社会公共服务、打击犯罪、维护社会安全与稳定等等。权力盲区是国家权力的无为性界域，消极权力与积极权力则是国家权力的有为性界域。

在现实的社会交往实践中，私域中的个人间关系及民间社会（社群）关系，其链接纽带靠的是主体间的契约关系来维系。契约关系所表征的是相对独立私人利益主体间的权利义务关系。在现实的社会生产和实践中，契约所凸显的是一种私约。① 在正常的社会生产生活实践中，契约是不同社会主体在诚实信用的前提下，所进行的缔约行为。在维系正常的社会公域和私域运行的架构中，诚信在社会交往中的作用和地位日渐显现。诚为真，为义，为自律，为互信。然而，作为一种现实的契约关系，至少有三要件：主观诚信、保证践约的客观强制力量、宏观社会框架契约背景。这三要件关系，在历史与逻辑上表现为一个权利间关系生长展开的过程。

值得注意的是，私域中的这种契约关系本身也在法律与革命文明的历史进程中发生了重大变化。在自由资本主义之初，基本盛行的是私人间契约，这种私人间契约还没有受到社团、行业协会、国家政府较多干涉。但在社会交往日益扩大、科学技术高度发达的今天，情况则发生了重大变化。② 自从 20 世纪上半叶凯恩斯主义出现后，在自由主义与凯恩斯主义的激烈争论中，西方发达国家对社

---

① 参见 ［美］ M.E. 泰格 （Michael E. Tigar）、［美］ M.R. 利维 （Madeleine R. Levy） 著《法律与资本主义的兴起》，纪琨译，学林出版社 1976 年版，第 237 页；［美］伯尔曼《法律与革命》，袁瑜琤、苗文龙译，中国大百科全书出版社 1996 年版，第 40 页；［美］贝勒斯《法律的原则》，张文显等译，中国大百科全书出版社 1996 年版，第 172 页。

② 早在 1931 年，英国法学家 C. 亚伦就指出，梅茵关于个人自决、契约自由的"这些文句在它写成的当时是适当的、可以接受的——那个时候，19 世纪个人主义的全部力量正在逐渐增加其动力"。"我们可以完全肯定，这个由 19 世纪放任主义安放在'契约自由'这神圣语句的神龛内的个人绝对自决，到了今日已经有了很多的改变；现在，个人在社会中的地位，远较著作《古代法》的时候更广泛地受到特别团体，尤其是职业团体的支配，而他的进入这些团体并非都出于他自己的自由选择。"参见 ［英］梅茵《古代法》，沈景一译，商务印书馆 1984 年版，"导言"第 17—18 页。

会经济生活过程的宏观调控干预明显加大，一定程度上"侵犯"了自由资本主义社会内的个人所有权和契约权。人类走向现代化的历程表明：个人自由活动在越来越多地受到社团、行业协会自律控制的同时，也越来越多地受到政府宏观调控的制约。今日，社会基本制度体制的公正、公平，已是实现个人权利平等自由的先决条件。个人平等自由权利实现的程度，与社会基本制度体制的公正度有重大关联。

私域起直接调节作用的是私人的情趣爱好、情感友谊、承诺信誉、习惯等。因而，私域的健康存在除了要有基本正义的社会基本结构及其制度安排这一背景性存在外，还有赖于作为私人的个体的人格健全、精神健康。独立人格、平等基本自由精神之下的文明教养、修身齐家，既是一个社会得以健康稳固的基石，又是私人领域健康、有序发展的催化剂。一个善的制度，不能没有私域，不能没有作为私人的文明教养、修身齐家之美德。

私人领域的相对独立，私人的文明教养、修身齐家；私域部分地向公域过渡，公域对私域的宏观制约；民间社会自治的普遍化，国家权力对社会宏观控制作用的加强；民间社会对国家权力监督的自觉意识，国家权力对民间社会法律制约的客观效果等，基本涵括了当代社会公域与私域的基本特征。在这些基本特征中，存在着二者双向互动的作用关系，亦是各种权力间关系的调适。

国家权力为私人契约关系以及民间社会活动提供了一种宏观的制度背景并仅扮演裁决纷争之仲裁者角色，这是一种消极权力功能。这种消极权力功能，一则保证了社会的自由活力及其公正秩序，二则又凸显了国家积极权力方面的作用：集中于社会公共政治生活秩序，是对社会公益的强力保障。

私权与公权关系是私域与公域关系的核心。此处的"私权"指的是私人权利。由于公共领域以公共性为其特质，且这种公共性有两个颇有区别的方面（作为类整体利益的公共权利或公共利益，以及作为公共利益代理人的公共权力），因而，此处的"公权"就有二重含义：公共权利与公共权力。如此一来，私域与公域或私权与公权关系，相应地就有两个方面：私人权利与公共权利关系，私人权力与公共权力关系。这是两种具有极重要差别的关系。

私人权利与作为类整体的公共权利关系，是一个一直困扰人类理性及其实践的重大问题之一。它深深植根于人的社会性与个别性这一存在本体的内在矛盾与张力之中。当代个人主义与社群主义之争，所折射的正是私人权利与作为类整体的公共权利的内在矛盾与紧张关系。

在一般抽象意义上，公共权利是私人的公共权利，离开了私人权利，就无所谓公共权利。这亦是黑格尔倡导并被马克思认可的所谓虚幻集体与真实集体思想中所包含的最为深刻的内容之一。一个不能包含私人权利、私人权利不受到充分尊重与保护的公共权利，不是真实的公共权利，因为这种公共权利缺乏存在的正当性、合理性根据。专制集权主义及其思想之所以没有存在的理由就在于：它以为存在着一种可以绝对脱离私人权利（或利益）的公共权利（或利益），这种公共权利（或利益）可以绝对凌驾于私人权利（或利益）之上。

曾在相当长时期内存在并盛行于中国大地上的极"左"思潮及其实践，任意地割裂了私人权利与公共权利的内在统一性，无视私人权利的正当性与合理性，并以公共权利（或利益）的名义任意地侵犯私人权利（或利益）。在这种所谓公共权利（或利益）面前，私人权利（或利益）事实上是极为卑微渺小的。这不仅造成了私人权利（或利益）与所谓公共权利（或利益）的虚幻性——须知，一种拒斥特殊性的普遍性不具有普遍性的品格。正由于这种拒斥私人权利（或利益）的所谓公共权利（或利益）不具有普遍性品格，因而，它必定是要被否定的。这正是当代中国以改革开放为标识的现代化历史进程之必然缘由。

从这个意义上说，以改革开放为标识的现代化建设实践，就是要确立起这样一种社会权利关系及其精神：公共权利（或利益）

与私人权利（或利益）的统一性，公共权利以私人权利为基础，私人权利的普遍实现正是公共权利的现实实现。① 改革开放 30 多年来，我们这个民族所取得的伟大进步与成就，所具有的活力与生机，在世界上与日俱增的地位与影响，均以一种历史事实证明了私人权利对于公共权利的基础性意义，以及基于这种基础之上的二者的内在统一性。

然而，公共权利（或利益）又是一个相对于私人权利（或利益）的概念，公共权利并不等同于私人权利，亦不是私人权利的简单相加。在纷繁芜杂的日常生活境遇下，具体的公共权利有可能与私人权利发生冲突。当发生这种冲突时，二者关系的处理应秉持何种价值原则精神？在一般意义上，二者在价值序列上是否具有某种价值优先性？公共权利对于私人权利是否具有优先性？如果回答是否定的，那么这将意味着什么？如果回答是肯定的，那么这种价值优先性是否无条件的？它在何种范围内才能存在？或者说，公共权利对于私人权利的优先性保持在何种范围内才可能是合理的？这是一系列无法回避的理论与现实问题。

个（私）人自由权利对于社会而言，不仅具有基础性价值，而且具有独特性价值。在此意义上，个（私）人权利须被充分尊重与保护。然而，一方面，由于自由权利本身就是一个社会性概念，只有在伦理实体中才有可能谈及个人的自由权利。另一方面，由于个人自由权利的真实实现有一个摆脱偶然性、获得必然性的问题，只有具有普遍性的个人自由权利才是真实的。此外，由于个人存在的社会性特质，由于现代性社会前所未有的风险性，社会成员相互间联系的空前紧密性，个人对于社会的依赖也达到了空前的程度。

---

① 人们曾习惯了的以所谓"大河与小河"关系比喻说明私人权利（或利益）与公共权利（或利益）关系的做法，值得认真质疑。至少这种比喻隐含着的合理性有其严格限度，不能无条件、绝对化。如果从源头的意义上讲，则是小河之水汇聚成大河，小河有水大河不干，没小河就没大河。

因而，作为自由权利的普遍社会性存在的公共权利，对于私人权利具有价值上的优先性。如果公共权利不具有这种价值优先性，那么，个人就是一种单子式的存在，社会就是离散的堆积物，自由权利本身就是一种空幻物。这种价值优先性，正是社群主义以其特有方式所提示的合理内容。自由主义价值精神经历了漫长的探索以后，已由绝对的个人自由权利演进为共同体中的现实个人自由权利。

不过，公共权利对于私人权利的这种价值优先性并不是无条件的，它必须与平等的基本自由权利这一现代性社会的基本特质及其价值精神相一致，甚至这种优先性本身就是私人权利的真实实现方式。公共权利对于私人权利的价值优先性有其现实规定性，它只有在具备了以下三个基本前提性条件时才是真实合理的：其一，公共权利（或利益）的真实性，即不是假借公共权利（或利益）名义谋取特殊集团或个人的利益。在这里，任何所谓国有、城市形象、整体利益等习惯性理由，都不能无条件地成为侵犯私人利益的充分根据。其二，私人利益必须得到有效尊重和保护。除了非常情况以外（如国家为了抵抗外敌入侵的临时紧急征用），在通常情况下公共利益的价值优先性并不意味着私人权利或利益就可以任意受侵犯。相反，这种公共权利或利益的优先性，并不否定私人权利或利益必须得到充分足够的尊重、维护与补偿。其三，公共权利或利益的这种价值优先性实施通过法律的方式，以免由于随意而伤害私人权利或利益。① 这三个前提性条件，不仅缺一不可，且具有逻辑上的先后次序。

公共权力与私人权利的关系是公权与私权关系所内含着的另一层关系。公共权力与私人权利关系也有两个维度：其一，在一般意

① 物权法正式通过后，引起人们广为注意的重庆市拆迁"历史最牛的'钉子户'"事件，将会与孙志刚事件一样在中国法治史上具有标志性意义。无论此事件的具体详情及最终结果如何，对此事件的学术分析却无法回避这三个基本方面。

义上，公共权力与作为抽象、普遍存在的私人权利关系。这是现代民主政治中的委托人与代理人关系。法治社会的精髓之一就在于：不是以宪法解释公民私人权利的来源，而是相反，以公民私人权利解释宪法的来源；作为公权力拥有者的政府的一切权力，来自于人民、为了人民、服务于人民，并受人民的有效监督。在这个意义上的公权力与私权利关系，是通常所说的仆人与主人关系。其二，作为公共权利代理人与个别私人权利。这是日常生活中所说的公权力与私权利的关系。公权力具有的公共性品格，进而具有权威性与强制力。这种公权力对私权利除了法律法规所赋予的权力以外，对于个别私人权利没有干涉的理由，且这种干涉也应当是依据一定规范程序的。法治社会的国家权力，并不是一个能渗透一切角落、无所不能、无所不揽的权力。

二 公共生活的内涵与外延

要理解公共生活，就必须首先理解"公""公共"的含义。"公"的理想与价值观念，在东西文化思想史中皆有深厚的底蕴。在《辞海》中，把"公"解释为"公共，共同"，是与"私"相对的。在《尔雅》中"公"训诂为非私。随着时代的进步，"公"的概念发生了较大变化。它的原初意义是指在原始氏族制度内对公有资源、重大利益及与之相关的制度和事务的管理。在远古的、较为原始的社会观念中，对于凡没有明确规定隶属于某一个私人所有的无主资源，都可以称之为属于"共同体集体共有的资源"①。而《礼记·礼运》所言的："大道之行也，天下为公。"所述即为此意。实言之，在现代汉语中，"公共"的中文语义想表达的就是多数人的"共同"、"公用"或"公有"。

---

① 参见 William T. Rowe，"The Public Sphere in Modern China"，in *Modern China*，vol. 16，no 3（July，1990），p. 317。罗厄（Rowe）在那里引述的是日本学者 Mizoguchi Yuzo 的观点。

　　一般意义而言，在词语属性上，"公共"是与"私人"相对应的概念，尽管"公共"仍然是以凸显个体的存在为基础，但更看重的是人的存在的非排他性、共享性、公平性、公开性及人作为一个类的总体性的诸多含义。在西方，古希腊语汇中的"公共"一词，有两个主要起源。一个起源是"pubes"或"maturity"，即指的是一个人在生理、智力、行为或情感上的一定的成熟程度和社会实践能力——这种能力体现在一个人在社会实践中，能否超越自我，把对自我关心、自我实现的能力转化为打破自我的藩篱，并正确处理他人与自我关系的能力。第二个起源是古希腊词汇（Koinon），后来衍化为英语世界的词汇"共同"（common），意指社会个体自身的存在，在实现自身的利益和需要的同时，更要把自己的关注点向实现其他社会主体需要、利益的可能性，更要在向外寻求社会主体自身与他人利益和需要实现与满足的条件和可能性。这里所强调的更是同一场景中多元主体之间在互补、互助、利益整合与实现中凸显的人文意蕴。自有人类社会以来，就存在群体的共同生活，就有人与人的关系，因此，"公共"在这里可以被看作与"社会"是一致的。

　　在相当多的情况下，人们是在同一层次上使用"生存"与"生活"这两个概念。根据《现代汉语词典》的解释，"生存"是表征生命体存在状态的概念，即"保存生命"（与"死亡"相对)，亦即"有生命的物质使自己活着"。"生活"是指"人和生物为了生存和发展而进行的各种活动"，与"生存"不同的是，"生活"仅指人和生物以活动的方式存在着，其内涵不仅包括人和生物"存在着"，而且还包含着它们是"怎样存在着"。严格意义而言，这种解释并不准确，因为除人以外，其他生物没有活动的目的性，它们只有生存的本能。基于上述分析可知，生活有广义和狭义之分，广义的"生活"是"人或生物为了生存和发展而进行的各种活动"，泛指一切生命体的存在方式。狭义的"生活"是指与其他生命体相对的人的生存方式。"生活"是一个属人的概念，其内涵是人满足自己生存和发展需要的对象性活动。人的"生活"是指"衣、食、住、行"等活动，但这并不是生活的全部。生活的全部远远超出了"衣、食、住、行"这些日常生活所能涵盖的意义和范围，它囊括了人的生命活动的所有领域和方面，而且其内容和形式从来都不是固定不变的。社会的发展和生命过程的展开会进一步扩大人的生活领域，生活的内容和形式也会进一步丰富和发展起来，只要现实生活中具备了满足需要的条件，人们就会围绕着各种需要展开自己的生活。故而，在此意义上，生活是指人满足自己生存和发展需要的一切活动的总和。

"公共生活"是个很宽泛的概念，它跟人们的私人生活、职业生活、经济生活、政治生活、宗教生活等各个层面的生活有区别，与通常所讲的"公民社会"（civil society，也译为"市民社会"）的生活息息相关，有时甚至是在同一层面的意思上来说的。当然公共生活与各具体层面的生活也不是隔绝的，比如私人生活也会面临如何处理与他人的关系问题，这就涉及公共领域。像作为医生的职业生活，固然有繁杂的专业问题需要处理，但诸多医学伦理、公共医学的问题，必定需要人们进入公共生活，在公共空间的舞台，医患之间才有可能展开有意义的对话。讲公共生活，在理论来源上，我们是要突出其公共性，是更具有包容性的大平台。就像霍伦巴赫（David Hollenbach）认为的那样，在某种意义上并没有严格意义上的私人领域，"因为人是关系的存在，其某种意义上并没有严格意义上的私人领域：因为人是关系性的存在，其身份、价值和尊严需要通过与其他人的互动而获得，人类的繁荣通常是在公共的或社会性的社会场域中而获致的"①。

在学理上，"公共生活"又分为狭义和广义，广义的公共生活是指以国家、政府为主要载体的政治生活；狭义的公共生活指除了

---

① David Hollenbach, *The Global Face of Public Faith*, Washington D. C. : Georgetown University Press, 2003, p. 153.

包含国家和政府层面的政治生活外，还涵括了日常社会经济、文化、精神生活中的那些带有"公共性"的部分，换言之，亦指在社会公共生活中表现出的以共在、共识和共享等为特征的社会大众间彼此相互影响、交互作用的生活领域。① 就笔者而言，我更倾向于从相对宽泛的角度来看公共生活，把它理解为一种重要的平台，突出这是在公共空间内的生活，与公共领域密切关联，是不同生活的公共性和相关性，而且其中政治生活、国家生活具有特殊的重要性。在有关中国公共生活的讨论、参与、建设等方面，人们都还没有得到足够的动员，关注公共生活，应当鼓励人们有更多参与公共生活的时间、兴趣和习惯。

我们在此不是简单地给公共生活下个定义，而是把这个概念作为考察问题的基本出发点和背景。在这里，我们主要是解释一下为什么要如此理解公共生活，换句话说就是从不同角度来说明公共生活的重要性。

第一，为什么要在一般性意义上突出公共性、公共领域、公共平台？

从西方政治哲学传统看，公共生活使人类开始超越私人生活，具有更高的社会价值，受到众多学者的推崇。公共生活就是要突出公共性、共同性、公开性。比如阿伦特对公共领域、公共生活的理解就突出其是共同的，她认为：公共生活中的"公共"最主要的是信息在公共场域传播的公开性，并能够被任意一个公众所知晓。对社会公众而言，这种信息的公开性不仅被他人可以看到，而且我们自己也可以看到和听到。② 我们不难看出，在汉娜·阿伦特看来，与公共生活相比私人生活是不重要的，私人的亲密关系等即便有巨大的力量，但毕竟还是属于主观和个人的领域。恰如阿伦特所

---

① 胡朝：《公共生活的"主体间性"探讨》，《实事求是》2011 年第 3 期。
② ［美］汉娜·阿伦特：《人的境况》，王寅丽译，上海世纪出版集团 2009 年版，第 32 页。

言：在一个公共领域里，公共生活的参与者，才能感受到自己被完全真实地呈现出来。这样，在公共生活的场域中，事物走出被遮蔽的存在之黑暗并一展其貌，如此的话，正是公共领域中汇聚的更加灿烂、耀眼的光芒，来照亮和关照着我们私生活与亲密关系中的微光。① 当然，阿伦特也提醒人们，这不是说私人关心的东西是无关紧要的，其实许多重要的东西只有在私人领域才能幸存。比如爱情一旦被公开地展示，它就容易失去其本真意义而黯然失色了；爱情如果被用于政治目的，如用来改造世界，就会变得虚假或扭曲。

汉娜·阿伦特认为，"公共"一词要表达的意思是，在现实世界里，我们所有人拥有这个共同的世界，而且与私人空间相比，世界是完全不同的。不过，世界的概念与地球或者自然的概念是不能等同的，从空间上来看，地球或自然的空间是有限的，对于生命的存在，地球或自然提供基本的保障条件。人类居住在世界中，人与人之间的关系、人手的创造物等都与世界相关。在公共交往的生活世界里，共同生活的公共事物世界（a world of things），就内嵌于共同生活在这个公共世界的人们中间，人们就类似于围坐在一张桌子周围一样和睦相处。在公共生活的世界里，人们既相互联系又彼此分开，就像每一个"介于之间"（in‑between）的东西一样。② 公共领域应该是一个既把我们聚拢在一起，又把我们分开的世界。人们对尘世不朽的向往，是与公共生活、共同世界密切联系在一起的。在这个共同世界里，不因此在的社会主体的存在而存在，而是已经存在于此在主体之前而存在的公共世界，在历时性的社会主体参与的过程中，每一个历史主体的短暂停留，都不能阻止公共生活滚滚前行的历史步伐。公共生活空间及其样态的存在，不仅与我们这个时代的人一并存在着，也在客观上与我们的后人接续存在着。

---

① ［美］汉娜·阿伦特：《人的境况》，王寅丽译，上海世纪出版集团2009年版，第33页。

② 同上书，第34页。

并且，在社会生产力不断跃升的历史更迭与演进中，公共生活的方式及样态会逐步提升。而作为社会历史中的一个微观分子，我们只是公共生活领域的一个匆匆过客。正是公共领域的公共性、公平性、公开性，在人类历史的演进中，洗尽铅华，包容错误，留下经典，并使公共性在逐渐扩大的人们交往实践和生活实践的界域中，更加熠熠生辉。在历史上，人们看到了公共领域与持久性、不朽的内在契合关系。私人、家庭的生活无论多么丰富，其角度毕竟是单一的、处于狭小范围内的。

公共领域、公共生活是理解现代资本主义生活的重要视角，也可以说是理解现代生活、现代性的重要窗口。哈贝马斯认为，现代资本主义社会的产生和逐步成熟的过程，也是与现代公共领域的逐步产生及其完备的进程密切相关。从公共领域的历史发展过程观之，资产阶级公共领域的产生是其典型的形式。在历史上，代表型公共领域随着封建领主特权取代了等级特权后便逐渐萎缩了，这为现代意义上的公共领域——公共权力领域，腾出了一个空间。常设的管理机构与常备的军队是这种公共权力的具体表现；商品交换和信息流通中的永恒关系（交易所和出版物）对从一定的角度去寻找其确定性的人们来说，公共权力便成为一种可以控制的对立力量。由于这些人是没有承担公共职务的纯粹的私人，因而被排除在公共权力领域以外而无法参与其中。这种较为狭义的"公共"与国家是同义词，其特点是与靠权威建立起来的、具有代表性质的"宫廷"不再有关联，真正有关联的是国家机器的运行潜能，这种潜能需要依赖合法的垄断，来进行统治和武装。基于此，"公共治安"就成了封建领主所有制；在公共领域中，个人就形成了公众，享有公共权力①。

就公共领域的具体内涵来说，资产阶级性质的公共领域开拓出

---

①　［德］哈贝马斯：《公共领域的结构转型》，曹卫东等译，学林出版社 1999 年版，第 17 页。

了一个更加广阔的空间，这种空间处在国家公权领域与私人领域之间。它产生了真正的公共，把平等性、世俗性、公开性等理念注入到社会生活中。哈贝马斯认为，现代社会出现了一个新的阶层，即市民阶级，它是随着现代国家机器的形成而产生的，作为"公众"的核心部分，主要由政府官员，特别是法官组成，除此之外，医生、教授等也包含在内，在"公众"层中，这些人均处于顶端，在与"民众"相连时，需要通过教师、撰稿人来实现。①

这里对社会有了新的理解，它与国家形成了对立的关系，一方面，营造出了一个私人领域，公共权力不可对其进行控制；另一方面，个人家庭的束缚被打破，私人领域对公共事务的关注度提升。这样一来，该领域将长期的受到社会契约的控制和支配，进而形成"批判"领域，即对它进行合理批判则是其对公众的要求。只要新闻媒体的工具性作用有所转换，公众就完全能够接受这一批判性要求的挑战。政府当局借助于新闻媒体已经把社会领域变成了一个严格意义上的公共事务②。

哈贝马斯非常重视从讨论、批判、信息交流的角度来看待公共领域。他认为，资产阶级公共领域首先可以被视为一个由私人集合而成的公众的领域。但私人由于要与公共权力就多方面的问题展开协商讨论，便要求这一受上层支配的公共领域反对公共权力机关自身。因此这种政治讨论手段，即公开批判（das oeffentliche Raeson-nement）的确是过去从未有的。③

英国著名学者约翰·基恩在面对晚期资本主义社会的问题时，也是从现代社会的公共生活的角度加以批判，并希望建构一种他所理解的公共生活，具备社会主义的特征。基恩著有《公共生活与晚期资本主义》，在这本书中，他认为自己的这些论文具有突出批

----

① ［德］哈贝马斯：《公共领域的结构转型》，曹卫东等译，学林出版社1999年版，第21页。

② 同上书，第23页。

③ 同上书，第32页。

判社会民主主义，促进官僚主义化倾向的特征，认为要实现对晚期资本主义的彻底改革，关键在于建立和巩固独立自主的公共生活领域才能够削弱公司和国家官僚机构的权力。根据基恩的这些论文的观点，公共领域的形成依赖于这样的情形：只要两个以上原先单独行动的个人聚集在一起，讨论他们自身之间的相互作用以及他们已经和始终置身其中的更广泛的社会和政治权力的关系[①]。

　　在基恩看来，晚期资本主义的制度至少有两类无法摆脱的困境和由来已久的紧张状态。这些困境都是由于福利国家计划破产而产生的。一方面，在战争之后，资本投资和积累仍具备较大的规模，不过，已经出现了停滞。另一方面，国家决策的类型变得越来越混乱。福利国家的计划大概到了生死存亡的转折点，如何面对晚期资本主义的危机呢？基恩分析了至少有三种相互矛盾的干预方式。

　　其一，按照最有影响的新自由主义运动的看法，官僚主义的福利国家肯定在妨碍和限制私人企业。新自由主义断定自己是被看作任何政治安排的首要目标——抽象的、专为自己打算的（并不总是合理的）个人的自由——的保卫者。

　　其二，一种新的阶级合作主义的看法。他们的问题并不涉及晚期资本主义的社会生活是否必须由官僚主义的国家来管理，而涉及官僚主义的国家及其政策如何才能重新稳定下来。国家必须宣传克制的原则。为什么要审查某些集团和个人而不是其他集团和个人的各种需要？这些至关紧要的问题都没有得到解决。在晚期资本主义的现阶段，大量独立的、可能是民主的运动所提出的种种激进要求突出了这个决定性的缺陷。随着福利国家计划的危机倾向而来的种种迹象表明，过去关于权力和民主的争论正在重新成为所有晚期资本主义社会的中心话题。

　　其三，依靠独立自主的公共领域。现在，当代公民的积极性大

---

　　①　［英］约翰·基恩：《公共生活与晚期资本主义》，马音等译，社会科学文献出版社1999年版，第3页。

大加剧了，产生了一种被称为"公民不服从"的社会。官僚主义福利国家内部自相矛盾的运作方式是这种不服从行为的主要根源之一。一方面，福利国家宣称其政治任务是要对各种社会诉求作出反应（即反应性解决问题）；另一方面，由于非政治化的官僚主义战略是其长期以来的国家治理方式（即依靠给问题下定义和控制机构），这与前者相矛盾。历代官僚主义机构由于通常不受下级监督、不经公开讨论就决定了国家的一切事务，因此被视为民主的公共生活的对立面。在各个层面和一切领域里，官僚主义结构产生对立的公共领域，后者不断地倾向于反对并改变前者的运转方式。①因此基恩的结论是：

"各种独立自主的运动构成公共领域里的某种多元性。尽管具有分散的局部的性质（这种性质实际上可以起到挫败传统国家所作出的招降纳叛和镇压等反应），这些运动却标志着一种新的政治主旋律在晚期资本主义福利国家条件下的出现。这种主旋律采取两方面接近全面对抗的形式，一方面是官僚主义的行政机构试图（得到新自由主义和阶级合作主义的支持）为资本主义积累和国家权力的新阶级改组福利国家和社会生活，另一方面是对于自身的主张，独立自主的运动想最大限度地表达出来，以便于使日常生活的政治化再次命中，并且所形成的社会和政治关系呈现出新的特点，在这新的关系中，处于支配地位的是能够讨论、关心具体需要的公共领域。"②

第二，为什么要突出与公民社会的关联？

公民社会论题也是近年来中国学术界的关注点之一，人们对该论题的理解也有很大的争议。该论题在今天还值得进一步发掘，我们在此要探研的是突出公民社会与公民身份、公共生活、公共领域

---

① ［英］约翰·基恩：《公共生活与晚期资本主义》，马音等译，社会科学文献出版社1999年版，第15—23页。

② 同上书，第15—26页。

的关系。

杨仁忠曾提出，有关公共领域的研究是从市民社会、公共社会理论在当代的变迁中开始的。不过他认为市民社会的理论范式很有局限性。在历史的追溯中，他认为，随着市场经济的发展与国家、社会的相互分离，国家与社会二元对立的理论模式逐渐成为学者们思考如何解决社会现实问题的基本理论路径。①。在历史上，黑格尔的经典理解是："市民社会是一种差别的阶段，在家庭与国家之间，国家形成之后才形成市民社会。实际上，只有国家形成了，市民社会才会形成，对国家具备一定的巩固作用，而这也是市民社会存在的价值。"② 黑格尔认为国家是高于市民社会的，而马克思的看法是这里的关系应该来个颠倒。因为黑格尔认为，市民社会主要是指私人生活领域，介于家庭和国家之间的经济交往领域，它具有种种缺陷，只有依靠国家才能加以克服。而在马克思的理论中，市民社会的形成和发展并不是由国家决定的，相反，国家需要由市民社会来决定。

马克思通过对黑格尔思想的批判，揭示了现代性条件下"公共领域"与"私人领域"分离的根源和资本阶级"共同体"的真实面目，从而勾画了未来"公共生活"的愿景。对未来"公共生活"，马克思认为："在控制了自己的生存条件和社会全体成员的生存条件的革命无产者的集体中，情况就完全不同了。在这个集体中个人是作为个人参加的。它是个人的这样一种联合（自然是以当时已经发达的生产力为基础的），这种联合把个人的自由发展和运动的条件置于他们的控制之下。"③ 对于此种思想内涵，可以从以下几个方面来进行准确的理解。

第一，物质生产力条件是构建未来"公共生活"的基础。在

---

① 杨仁忠：《公共领域论》，人民出版社 2009 年版，第 2 页。

② 同上。

③ 《马克思恩格斯全集》第 3 卷，人民出版社 1960 年版，第 84—85 页。

一定的历史条件下，物质生产条件不断地发展进步，促使原来的共同体生活逐渐的出现了阶梯，同时，公共领域与私人领域的分离趋势变得越来越明显。另外，当物质生产力条件发展到一定程度时，可以化解和消除社会关系中存在的片面性，这样一来，普遍交往的现象才能真正的形成，进而真正的实现建立起新的自由人联合体。因此，马克思进行了如下阐述，在社会物质生产力不断发展的过程中，逐渐地建立起了普遍交往，在此种意义上的普遍交往中，包含两个方面的含义，一方面，普遍竞争作为一种事实，实际上同时存在于一切民族中，同时，每一个民族的变革与其他民族的变革都具相互关联性；最终，原来地域性个人这种狭隘的概念会被完全的替代，进而变成世界历史性的、真正的、普遍的个人①。

第二，对于生产条件，共同体联合中的个人可以对其进行控制。即在变革资本主义生产关系时，外在的生活条件、生产关系等对个人的制约将消失，另外，其生产调剂可以自由地得到支配，从而使自身的全面发展需求被满足，并且得到社会生产的服务。这样一来，私有制就逐渐的走向消亡，同时，通过共产主义，对资本主义生产进行调节和管理，在此种背景之下，供求关系的统治完全的被取代，共同体中的个人有权对交换、生产等关系进行支配。② 未来社会将消除这种过去历史发展的一种共同特点，即个体受外在物质力量的奴役与控制。对此马克思这样描述：在全部的社会活动中，会逐渐的形成一种物质力量，这种力量我们无法进行控制，并且我们将受其统治③。

第三，实现个人的自由而全面的发展是重建"公共生活"的目的，与将个人重新依附于共同体有着本质的区别。在古代，共同

① 《马克思恩格斯全集》第3卷，人民出版社1960年版，第39页。
② 同上书，第40页。
③ 同上书，第84页。

体中具备一定的人身依附关系，对于此，马克思进行了充分的了解，同时，在资本主义社会中，共同体具备虚幻性，奴役和压迫个体自由，对此马克思也进行了揭露，基于此，在马克思的理论中，人们将会感受到，在未来的共产主义社会生活中，个体的自由发展将会被充分的尊重和对待。在公共生活中，这种个体的资源并不会出现矛盾和冲突，这是因为在马克思的理论中，个体的自由在处于集体的背景当中。因此，人们之所以会期待公共生活，其目的就是要实现个体独立和自由。由此可知，在未来的共同体中，个人在开展活动时，将不会受具体范围的限制，同时，也不会有任何的统治存在，进而充分地将自身所具备的价值实现。这与马克思曾经说过的话相契合：在真正集体的条件下，包含多个个体，通过个体之间的联合，使自由得以实现①。

综上所述，在马克思所构建的公共生活中，与其早期的"类生活"阐述具备很大的关联性。随后，在对政治经济学的科学性进行研究时，马克思对未来的公共生活存在状态不断的进行描绘，进而形成了其关于公共生活的理论。不过，与早期的梦想相比，马克思构建的未来公共生活并未实现超越，更多的是对未来美好社会的强调。因此，关于"公共生活"思想的本质内涵，应将马克思早期的"类生活"观念囊括进来。

在马克思的类生活观念中，当其处于特殊或者普遍的方式时，个体生活方式就会存在，同时，类生活本身就是一种特殊或者普遍的个体生活，这二者之间并不矛盾，相反，具有极强的统一性。由此可见，个体所具备的特殊性是比较强的，也正是因为这种特殊性的存在，使人能够成为个体，真实的存在于现实社会中。同时，观念的总体也是人，人在社会中存在时，能够进行思考和感知社会，具有自为性。在社会中，人是现实存在的，能够直观的感知社会存在并享受社会现实，同时，对于人的生命表现，作为

---

① 《马克思恩格斯全集》第 3 卷，人民出版社 1960 年版，第 84 页。

总体而存在①，也正是在这种类生活中，在占有个体的本质存在时，才能具备全面性。②

根据上述的分析不难看出，马克思通过"社会"概念，描绘出了一种完善的社会生活，适应一切个体存在，可以进行批判和期望，在马克思的理论中，现实的社会生活中包含了公共生活的价值旨趣。我们知道，人类是群居的动物，这是在生存规律的支配下而形成的不得不面临的基本现实状况。虽然人们的生活方式只有群居一种，不过，在马克思的理论中，人与人的统一是建立在人们现实差别的基础之上，而这与群居方式相契合。因为个体的人之间不但有差异，而且还具有互不相同的个体生活③。一方面，"有生命的个人的存在"，在一定的社会关系中，可以充分的满足个体生活的需求，进而有效地实现个人所具备的价值。在进行人际交往的过程中，逐渐地形成了人们群体共同生活的方式，而这就是公共生活。这里所谓"公共生活"与"社会"这一概念具有相同的涵义。马克思认为，社会是人们交互作用的产物，人是一种矛盾统一体，个体性与公共性并存，受此影响，人们所面临的问题不仅仅归属于个人领域，同时，也归属于公共领域，换言之，在面对问题时，既需要考虑个人生存的方法，还需要考虑维系公共生活。在对社会生活变革、将资产阶级观念中的合理性取消抽象之后，才形成了马克思的公共生活；同时，在现实生活的基础上，构建了这种公共生活。

杨仁忠也看到，像 20 世纪的葛兰西、哈贝马斯等，把市民社会理解为建构公共理性和生成公共伦理的社会文化批评领域。但随着西方福利国家概念的流行，人们对此并不重视。当然随着东欧、

---

① 《马克思恩格斯全集》第 42 卷，人民出版社 1979 年版，第 123 页。
② 卞绍斌：《马克思的"社会"概念》，山东人民出版社 2010 年版，第 118—121 页。
③ 高清海等著：《社会发展哲学——中国现代化的理性思考》，高等教育出版社 1999 年版，第 361 页。

南欧的一些变化，还有西方福利国家所遭遇的一些挑战，这种市民社会的理论在全球又重新引起了关注。不过杨仁忠认为这些都"没有改变市民社会话语的自由主义理论向度"。他引用邓正来论文中的概念为该概念的主要内涵，即市民社会是外在于国家并与其相对的实体社会，它是在保护个人自由的思考、反对政治专制的近代自由主义思想、对市场经济基础的弘扬、对国家干预活动的应对的近代自由主义经济思想的基础上逐渐产生出来的①。在肯定其巨大价值的基础上，他认为市民社会理论现在遭遇很多困难。首先，市民社会理论并不是一个尽善尽美的理性神话，它自身的理论缺陷和内在的矛盾是难以克服的。同时在实践中，市民社会理论遇到了如何重建个人与国家联系纽带并实现社会团结的巨大挑战。其次，市民社会理论范式的国家社会二元对立的理论框架缺乏现实的社会基础，因此它面对着来自当今社会理论与现实的双重挑战。最后，用传统市民社会理论已无法有效解释与解决现代社会问题，因其赖以存在的社会基础和实践背景已经发生了巨大变化。②

　　不过我们认为，考虑到中国的公民社会（市民社会）的发展还很不成熟，现在提倡建设健康的公民社会还是很有必要的。相对国家政府的强势影响而言，公民社会是一个具有相对独立性的领域，特别是一个介于家庭与国家之间的大平台，其中有各种各样的志愿社会团体。在中国关注公民社会的建设，有助于我们培养具有良好品德的现代公民，克服现代社会往往难以避免的官僚主义倾向，为建设良好的政治文明提供坚实的基础性平台。

　　第三，为什么要突出政治的重要性？

　　一般而言，对政治这一术语本身的理解很有争议，我们认为，要重视政治在人类生活中的作用，在对政治本身的理解上，会有新的侧重点，比如可以更关心人与人之间关系的和谐、政治生活的非

---

① 杨仁忠：《公共领域论》，人民出版社 2009 年版，第 3 页。

② 同上书，第 4—6 页。

暴力性、超越性的维度，由此产生一种新的政治伦理。

我们知道，亚里士多德把人视为政治的动物（zoon politikon），后来在托马斯·阿奎那标准的翻译中，变成了"人在本性上是政治的，即社会的"。阿伦特认为："社会"一词对在无意识的状态下，完全的取代了"政治"一词，这也充分暴露出希腊时期人们对政治概念原初理解的丧失程度。这涉及人的个体自身理解的差异性。按照希腊思想，人结成政治组织的能力不同于以家庭为中心的自然联合，而且与后者直接对立。私人生活之外的第二生活，即政治生活的出现是以城市国家的出现为标志的。在现代社会中，每个公民同时从属于两种存在秩序，但他的私人生活和公共生活之间存在一道鲜明的分界线①。

资本主义生产方式打破了传统的生活习惯后，整个社会便在官僚主义的管理下运行，官僚主义便成为现代生活中对人们的命运影响最大的一种现实力量。官僚主义化的进展彻底摧毁了个人能够清楚地理解整个现实的神话。因此，对现实的全面了解可以被理解为按了解者片面的、特殊的观点形成的片面的、主观的了解。显然官僚资本主义社会的老百姓命中注定没有能够分配神圣的价值和揭示宇宙真正含义的知识的可能性。

尽管对官僚主义的实质上不合理的结果感到担忧，但韦伯还是坚信官僚主义的必要性。由于作为一种技术手段的必要性，"官僚主义是那些最具破坏性的社会结构之一"。韦伯当然承认，普遍地用民主的、权力分散的和形式不太合理的机构取代官僚主义是可以想象的，但这样会降低技术的效率，在各个方面导致倒退。"因此，放弃不切实际地争取民主的公共生活的斗争就变得绝对必要。……韦伯坚持认为，'群众的物质命运越来越取决于私人资本主义日益官僚主义的组织的稳定和正确运作。消灭这些组织的

---

① ［美］汉娜·阿伦特：《人的境况》，王寅丽译，上海世纪出版集团 2009 年版，第 15 页。

想法变得越来越像乌托邦。'"①

　　基恩对韦伯的批评是，韦伯对官僚主义的透彻分析反倒是对社会主义公共生活理论的严重妨碍。站在这种为独立自主的公共生活而斗争的高度来看，韦伯的观点显然被用来为官僚主义机构辩护。韦伯傲慢地假定进一步怀疑官僚主义的统治是多余的。相反，他想当然地认为，压制独立自主的公共生活越来越必要，这种描述压制了人们对官僚主义的进一步的讨论。

　　实际上，公共生活远比其字面意义复杂得多。"美国著名汉学家黄宗智（Philip C. Huang）认为，在哈贝马斯所定义的公共生活概念中，体现出了两个方面的内涵：第一，特指资产阶级的公共生活，这里的资产阶级是在特定的时间出现的，一个是 17 世纪后期的英国，一个是 18 世纪的法国；第二，此方面的内涵非常的广泛，社会中的某类现象就是公共生活，当某类现象出现变数时，才形成资产阶级公共生活。"② 哈贝马斯自己也没有将公共生活讲得非常清楚，他说，公共生活的不同含义源自于不相同的各个历史阶段，当这些不同含义一同运用到建立在工业进步和社会福利国家基础之上的市民社会关系当中时，其相互之间的关系变得模糊。③

　　哈贝马斯看到了问题的复杂性，他从历史的角度分析了公共生活这个概念，认为它包含了以下意思：一种是古代雅典城邦广场上的民主生活和决策过程，人们通过广场上的谈话和讨论解决公共生活中面临的问题，以及各种由国家和公众发起的活动。我们在很多场合讲这种方式，尤其是第一种方式成为治理活动，第二种更像我们现在所谓的公共服务和公共产品。这些哈贝马斯所谓的公共生活

---

　　① ［英］约翰·基恩：《公共生活与晚期资本主义》，马音等译，社会科学文献出版社 1999 年版，第 60 页。

　　② 李佃来：《公共领域生活与生活世界——哈贝马斯市民社会理论研究》，人民出版社 2006 年版，第 79 页。

　　③ ［德］哈贝马斯：《公共领域的结构转型》，曹卫东等译，学林出版社 1999 年版，第 1 页。

在古代处于萌芽状态，随着社会经济的发展不断扩大，成为当代我们看到的公共服务、公共物品和社会治理。公共服务更多的是提供人们需要的各种服务和物品，而社会治理更多的是指对这些服务的分配和使用，以及人们在其中的社会生活。这些社会生活既包括各种团体的活动，也包括各类团体的组织方式。与其他领域比较，公共服务相对应的是私人服务，公共治理对应的是管治。哈贝马斯和我国的学者们更多强调了公共治理，在政治学意义上给予了分析和研究。实际上，公共领域是具有多种功能的，包括经济功能、政治功能、文化功能等。

尽管学者们对公共生活、公共领域的认识角度不一，但我们可以看出，有关公共生活的问题确实得到关注，为应对现代社会众多的政治、经济、文化困境，公共生活是一个不容忽视的重要环节。

第二节　公共生活的特征

我们知道，人类总是以群体的、社会的形式存在，组成各种形式的人群共同体。正如马克思说过："对于人与自身的关系，成为客观、现实关系的基础就是与他人之间的关系。"① 基于马克思的论述可以得知，个人的私人生活不能只处于自给自足的状态中，还需要走向公共生活中。在与私人生活比较的视角，我们可以得出公共生活以下几个特征：

一　公共生活的主体是普遍的他者

公共生活的主体是"陌生人"或者"普遍的他者"，而不是"熟人"或某个"特殊的人"。众所周知，在私人生活中，交往主体之间往往是熟人的关系，以某种特殊的身份或角色参与到交往过程之中，比如父母、子女或者亲朋好友之间的交往，交往一方一般

---

① 《马克思恩格斯选集》第 1 卷，人民出版社 1995 年版，第 49 页。

具有较深的血缘、亲缘或情感关系，这种交往是典型的"熟人交往"，也是私人生活的主要形式。但是，在公共生活中，交往双方一般并没有血缘、亲缘或情感等方面的特殊关系，相互之间往往是"陌生人"，只是把对方当做一个"普遍的他者""一般的公民"来看待，而不涉及特殊的情感关系。

在现代性社会中，陌生人之间，公民之间的交往已经变得越来越普遍，同时也变得越来越重要。公民社会的发展和进步需要公民个体在公共生活中能够理性地对待"陌生人"（公民他者），与陌生人形成良好的公共伦理关系。正如齐格蒙·鲍曼所发现的，"一个人人都彼此认识""人人都是熟人"的社会已经悄然消逝，城市人群的交往大多不再是熟人交往，而更多的是陌生人之间的交往。在陌生人的交往中不存在血缘、亲情等方面的牵涉，因为"陌生人之间的相遇不同于亲戚、朋友或者熟人之间的邂逅相遇"①。

陌生人的交往是公民与公民之间的交往。公共生活的典型形式就是"个人同陌生人的交往关系"②。在与陌生人的交往中，对方是一个无差别的、可普遍化的公民他者，交往双方的身份具有普遍性和无差别性的特征。"这种无差别性使一个具体的交往对象失去个性而显现为无差别的对象整体，即一般的、复数的他者。"③ 这种普遍的、无差别的身份即是"公民身份"，公民身份的基础是法律制度和公共伦理规范，而非血缘、情感关系。因此，陌生人的交往关系遵循的是公共性的伦理准则，而不是熟人之间的人伦关系和情感关系。也正是因为如此，公共生活可以诉诸普遍性的伦理规范，寻求公民与公民之间的公共理性的公共伦理准则。

---

① ［德］齐格蒙·鲍曼：《流动的现代性》，欧阳景根译，上海三联书店 2002 年版，第 147 页。

② Richard Sennett, *The Fall of Public Man: on the Social Psychology of Capitalism*, New York: Vintage Books. 1978, p. 39.

③ 廖申白：《交往生活的公共性转变》，北京师范大学出版社 2007 年版，第 231 页。

二　公共生活是协商性、对话性的活动

在公共生活领域中，基本原则包含两个方面，一个是普遍的公共道德，一个是理性原则的讨论，在私人生活领域中，基本原则同样包含两个方面，一个是伦理关系，一个是情感关怀。当人们参与到公共生活领域中时，身份并不是"私人"，而是"公民"或者"公众"，因此，在公共交往中，必须遵守公共道德以及公共秩序规范。在公众互动的过程中，各个公民都处于相同的地位中，公民在参与公共生活时，要在平等、自由、理性等原则的基础上来进行，公民在进行沟通时，要以理性讨论原则为准则，进而和谐解决各种公共问题。

在公民的沟通协商中，沟通双方的地位是平等的，而且在他人的眼中，公民与"我"完全平等，在此基础上，协商对话才能平等而又顺利的展开，在协商对话的过程中，沟通双方往往基于相互识别，并对对方的公民身份有所了解，另外，对于自身的公民权利及义务，也是十分明确的。在此基础上的协商活动体现着平等性、协商性、对话性的基本原则。这些基本原则也正是公共生活区别于私人生活的重要特征。

在公共生活发展的早期，"公共空间有剧院、音乐厅、咖啡馆等，这些场所保证娱乐和对话正常的开展。这些早期的公共领域逐渐沿着社会维度发展，并且包括越来越全面的主题；关注点由艺术和文学转到了政治"①。随着现代公共生活领域的迅速发展和完善，以重大的政治问题和伦理问题为中心的公共对话已经越来越占据了核心地位，它使得公共生活领域成为了一个具有突出作用的、以理性商谈为基本原则的公共政治领域。

而在私人生活领域中，关于公共政治问题的对话并不是私人生

---

① ［德］哈贝马斯：《关于公共领域问题的答问》，梁光严译，《社会学研究》1999 年第 3 期。

活交往的重点，私人生活交往中的对话也并一定要遵循理性的商谈原则，甚至私人生活交往还允许某种程度上的不自由和不平等。在私人生活中，父母和孩子之间的关系并不平等，在孩子的自由与父母的权威之间，存在冲突的情况比较多，在私人道德中，这种情况是允许存在的，这是因为公共伦理准则是无法制约私人道德的，对于私人之间的情感关系，无论是亲密或是疏远，都需要通过私人道德来进行维持。

我们由此也可以归纳出公共生活领域的显著特征，即公共生活领域基本伦理原则是以普遍性的公共伦理和理性商谈为目标，它倡导公民之间就公共政治问题、公共伦理问题以及各种公共事务展开理性的商谈和对话，由此而形成公民共识或公共舆论，以促进社会公共生活的有序发展。

三　公共生活是遵循公共伦理的交往活动

在私人生活中，私人之间具备伦理关系，无论是温情关系，还是友爱关系，抑或是关怀关系，其衡量标准均不是公共性，因此，对于公共道德规范，私人之间的伦理关系是不需要进行遵守的。如果在私人生活中过多地渗透了公共伦理的规范，以公共伦理来主导家庭生活、私人生活，反而会给人以不适应的感觉，进而会使家庭私人生活丧失其温情的亲密情感关系。

由于私人生活和家庭成员之间的关系是以情感、友爱和关怀为首要原则的，并不是公共生活中的"公事公办"。并且，在私人生活中公共伦理的规范性要求也是不适用，只要个人没有违反法律规范，那么在私人生活中个体选择自身的生活方式时，具备很大的自由性，而且自身喜欢做的事情也由自己来决定。

但在公共生活领域中，个人的人际理论是无法处理公共关系的，必须要通过公共的道德来对公共关系进行处理，这是因为人们在公共领域中进行交往时，关系就变为了公民与公民的公共交往，这使得接触和交往必须要以公共道德规范为依据。

在公共伦理中，必须要遵守的基本准则是：无论交往的对方与自身是何种关系，都需要将对方作为一个公民，因此，就需要平等的对待对方，尊重对方所享有的权利，尊重彼此的公民人格。双方之间的交往需要遵循公共伦理的普遍性原则，以公共目标和公共利益作为终极旨归。基于此，人们在进行公共交往时，超越了私人的、热情的、友好的沟通关系，而转向了认同和支持公共价值、公共利益以及公共道德。

四　公共生活是基于公共理性的交往活动

在公共生活中，公民不以感性的方式来思考、对话和行动，而是作为理性的主体来思考、对话、批判和行动的。私人生活更加重视感性的经验和情感的体验，注重私人之间的情谊和人际关系的协调。因此，私人生活一般是以人际关系的协调和个人需要的满足为首要目标。这就与公共交往生活形成了显著的差异。在公共生活中，公民不是以感性的方式来思考问题，也不是以纯粹的个人利益为出发点来以与交往生活的。公共生活是公民通过理性的方式来思考公民问题，来追求公共利益和公共价值。

在与其他公民（个体或组织）进行对话时，公民的思考要具备公共理论，这样才能保证协商达成的共识具备理性。通过理性对话，实现促进社会发展的目标，同时，公众所能享受的福利也会更多，而且公民个体的权利将会得到有效的保护，另外，还可以敦促公民主动地履行自身应该承担的责任。在对公共问题进行协商时，要以理性的方式来进行沟通和协调，切忌采取争吵、责骂的方式。

对于公共问题，当需要进行批判时，公民也要保持理性，并采取理性的行动，基于此，无论是何种类型的公共问题，公民理性的批判和行动都具备合法性，是公民行使基本权利的体现，也是履行维护社会秩序责任的做法。通过理性，对于公共社会的发展，公民可以提供意见或舆论，同时也可以在参与行动中改造公共社会，为公共社会的发展做出积极的努力。通过理性的思考、批判、对话和行动来促进公民社会的逐步变革。

五　公共生活：以追求公共利益为基本目标的生活领域

公共生活的首要目标是公共利益，公民在公共生活中的协商、对话与交往都是以公共利益为基本目标的。私人生活则是对追求私人利益为基本目标的生活领域。当个人仅仅是一个"私人"的时候，他（她）所追求的显然主要是自我的私人利益的满足。但是，当私人因为公共问题而聚焦在一起成为"公众"（公民），参与公共事务的讨论、对话和行动的时候，个人就成为了"公众"中的一员，成为了公民社会的公民，他（她）能够自觉地做出应有的贡献。

在公共生活中，尽管公共利益是公民的最大追求，实际上，个人利益的追求公民也并没有放弃，因此，公民在追求利益的过程中，实现了公共利益和个人利益的融合与统一。古典经济学理论认为，人类在发展过程中，以自身利益的最大化为追求目标，但是进入公共领域之后，人类的公共利益意识就会被唤醒，并清楚地认识到，只有实现公共利益，才能实现个人利益。因此，人类会为了公共利益的实现而贡献自身的力量。

基于此，尽管公民在公共生活中无法真正地做到无私奉献，但是他们在追求个人利益时，能够从公共的角度出发，从而愿意为了公共利益而舍弃一部分私人利益，而这最终也将有助于提升私人利益，从而实现公共利益与私人利益的共赢。

相反，私人领域的生活，人类的身份是"私人"，并非是"公民"，在对公共利益和私人利益的关系进行理解时，他们会从自身的角度出发，最大限度地追求个人利益，公共利益直接被弱化。之所以会出现这种特别"私人"的现象，是因为私人心中过分地重视个人利益，进而错误地定义了公共利益与私人利益之间的关系，认为只有冲突，而没有统一和交融的关系，从而选择放弃公共利益的追求，而沉沦于私人利益的满足。

　　但是，公共生活中的"公民"，更愿意追求公共利益，这是因为公众充分认识到了公共利益与个人利益的统一性，明确在公共利益实现的基础上来追求个人利益。在公共生活中，个体以"公民"的身份参与进来，在进行公共交往时，公民会自觉地提升自身的公共意识，并明确了自身应该承担起公民角色，并且愿意为此付出自己的努力。换言之，当公民主动进入公共生活中时，自身享有的权利和承担的责任都已经得以明确，公民也会积极地主动履行责任，同时，公民自身也会自愿地为了共同体的利益而展开思考、批判和行动。

　　这时，处于公共生活中的公民，在看待问题时，更多的是以公民的思维方式来进行思考，以维护社会的整体利益为目标，并将个人的利益、情感等放置在从属地位上。因此，在公共生活中，个人并不是私人生活领域中的私人，而成为了"公民"，变成社会中非常重要的组成部分。对于公共政策、公共事务等公共问题，公民在进行思考、批判和行动时，从理性的角度出发，追求的是公共利益，而公民的个人目标，并不是其追求的主要目标。

第三节　公共生活的历史图式

　　在社会生产力不断跃升的历史前行中，人类的公共生活不断发展。在原始社会，生产力极其低下，人们不得不过着以血缘为纽带的群体生活。在这样的历史条件下，集体与个体的关系是同构的，私人生活与公共生活是同一的。后来发展起来的分散管理、独立的生产活动，是不可能产生紧密的社会联系，导致社会交往受到很大影响。此时的公共生活只能是有限的和局部的公共生活。

　　由于生产力水平的提升和分工的加剧，特别是出现了私有制和阶级之后，原始社会中的血缘关系被彻底打破。在这样的历史境况下，一定程度上扩大了社会交往的范围，也促使了公共生活领域的拓宽。基于现代大工业基础之上的生产和交往方式，使人类进入普遍交往阶段。工业的现代化，使社会领域分化为公共领域与私人领域，社会生活分为公共生活、私人生活。在后现代社会中，社会生活领域以系统性再分化的逻辑在分离与融合中再生产着社会生活的主体、生活领域以及公共生活本身。

在当今世界，经济全球化趋势明显，生产力得到前所未有的发展，人的需要更加多层次、丰富和复杂。所有这一切都客观上使人与人之间的交往活动变得更加频繁、多样、多维，如此一来，公共生活在社会生活领域的作用就日渐凸显出来。随着现代交通、通信工具的发展，人们的出行和通信变得更加便捷，这使得社会大众间的实践交往的活动范围变得更广、频率更高，人类公共生活随之进入了一个崭新的阶段。

所谓公共生活，是指在一个公共空间里，人们共同生活在一起，相互之间进行联系和影响，同时，开放性和透明度的独特性比较强，对他人和社会有更直接、更广泛的影响。所谓私人生活，主要局限于家庭内部，同时也包含个人活动，封闭性及隐蔽性都比较强。对于公共生活理论的科学内涵，为了更加深入地说明，笔者需要对公共生活理论做一些必要的思想史意义上的历史梳理。

一 西方公共生活历史检视

1. 西方古代的公共生活

在古希腊，城邦生活有公共与私人之间的边界，虽然在进行划分时，并不是有意识的观念形态，但是在历史中，这种边界却是确实存在的。阿伦特曾经说过，在组成政治组织时，人的能力不是来自以家庭（oikia）为中心的自然联合，并直接对立于后者。城邦的出现意味着人们在私人生活之外的第二种生活，他的政治生命。"现今，任何一个公民都存在于私人生活领域及公共生活领域中，并且在这两个领域之间，分界线是非常鲜明的。实际上，这种观念不仅仅属于亚里士多德，同时，这也是一种真实存在的历史现象。"①

在古希腊人眼里，家庭属于私人生活的境界，公共生活的领域是城邦，公共领域只开放给公民，质言之，有权进入到公共领域中的只能是公民。在公共生活中，公民具备参与公共事务的职责，亚里士多德曾经说过，"在进行法庭审判及行政统治时，公民必须参与其中，除此之外再无其他"②。在公共领域中，占据主导地位的只能是自由。在公共领域与私人领域中，二者具备一定的联系，在私人领域中，公民自行进行各项日常活动，而公民在参与公共活动时，前提和条件就是有参与私人活动的权利。在古希腊的城邦中，规定是非常明确的，公民必须是财产自由民，也就是说，当公民不再为生计而发愁时，才能有时间参与到公共活动中。

对此，汉娜·阿伦特做出了如下解释，"对于公民的私人生活，城邦并没有侵犯，同时，对于周围的任意一份财产的界限，城邦都将其视为非常神圣的，城邦之所以会有这样的行为，与它尊重私有财产认识并没有关系，不过，在社会中存在这样一个事实，当公民并不拥有房子时，世界事务他是不能参与的，这是因为在这个世界中，并没有属于他的天地"③。由此可见，公民在参与公共活动时，私人领域起到了基础及保障的作用。

即使这样，雅典并不重视私人活动，他们认为，公共活动具备的高贵性、自由性以及荣耀性非常强。在古希腊，公共领域所代表的就是自由和永恒，不过，必然王国和瞬间世界隐藏在私人领域

---

① ［美］汉娜·阿伦特：《人的境况》，王寅丽译，上海人民出版社 2009 年版，第 15 页。

② ［古希腊］亚里士多德：《政治学》，颜一、秦典华译，中国人民大学出版社 2003 年版，第 72 页。

③ ［美］汉娜·阿伦特：《公共领域与私人领域》，载汪晖、陈燕谷：《文化与公共性》，生活·读书·新知三联书店 1998 年版，第 63 页。

中，在私人领域中，公民会满足自身的愿望，会获得生活的必需品；同时，在公共领域中，个人将会具备非常广阔的发展空间，由此可见，从价值层面上来看，私人活动并没公共活动层次高和涉及面广。

以理性的眼光观之，希腊城邦"公共生活"具有一定的局限，希腊作为西方文明的摇篮，令人心驰神往。许多学者把雅典城邦生活想象得无比完美。但是，雅典仍然存在着公民与非公民之间不平等的待遇，城邦作为一个共同体，只属于公民，女人和奴隶被排除在共同体之外。但作为历史上首个有详细记载又兼具现代意蕴的"公共生活"原初经验，孕育了民主的意识、平等的观念、自由的精神、法治的精神、权力监督和制约观念等一系列公共理性，在一定意义上，为欧洲中世纪代表型公共生活的出现提供了一个较好的遵循模式。

如果说古希腊社会的公共政治生活孕育了公共领域的古典传统的话，那么，进入中世纪情况则有了变化。封建分封制度抹杀了公与私之间的严格界限："公有"意味着领主的占有，普通人变成了私人，国家所代表的是其所有权而非民众。在中世纪封建社会中，不存在作为与私人领域相分离的公共领域。它只有在特殊时间和公共场所代表和象征个人地位的"高贵"行为的繁文缛节，也没有成为一个独立的社会领域。它既没有准确的时间和地点，也没有固定的内容和形式，所以它表明的是一种社会地位和道德的象征，而不是一个政治交往领域。如果说还有一种公共领域存在的话，那也只是展示贵族阶层（由领主、骑士和教士组成）身份地位和权势的象征性仪式罢了。

中世纪公共领域活动的目的不是为了满足公民的公共政治生活诉求，而只是为了展示王权、宫廷和贵族的地位、权势和精神气质。哈贝马斯指出："代表型公共领域在节日和神圣的日子，确切地说，出现在朝圣日，所以不是一个政治交往的领域。作为封建权威的光环，它表明是一种社会地位。"① 导致这种变化的原因是欧洲中世纪分封制下的领主所有制。哈贝马斯指出，这种代表型公共领域"依附于现实中的领主，从而赋予其权威以一种'神光灵气'"，领主"在民众'面前'所代表的是其所有权，而非民众"②。

在封建领主看来，自我利益包含了领地内所有成员的利益。但是，这一包含关系的合法性还必须通过其他多种政治形式才可得到揭示。"生产关系直接与政治形式相关联，也就是说，通过合法权力来调节经济关系。"③ 于是，在封建权力被层层分割的分封制下，权势只能采取出行、庆典、对人犯的判决和行刑等场域的隆重仪式来展示。事实上，国王和贵族就是通过公共领域里这些展示性的"繁文缛节"来营造王权与贵族的尊严和权势气氛的。

中世纪代表型公共生活的参与主体不是广大平民群众而是贵族集团、贵族阶层。中世纪的欧洲，平民阶层主要是由农民和市民组成的，他们虽然占社会人口的大多数，但因其身份、教育水平、经济地位和政治态度的限制而无缘参与公共生活。而由领主和僧侣构成的贵族集团虽然不在社会人口中占多数，但因为身份的特殊、享有更高层次的教育水平、强大的经济实力和社会管理领域的能力等方面而成为公共的参与者。贵族集团虽然人数较少，但他们占据大量的土地和居民，直接关系到国家政治和个人利益。他们占据了重要的位置，并可以以集体形式分享君主政治权力。由于他们之间共同利益的需要，使之相互能够平等相待，容易形成社区意识和集体行动，不仅可以联合起来反对国王，并且可以联合起来镇压平民，因此他们有强烈的参与意识和社会责任，自然成了公共生活的参

---

① ［德］哈贝马斯：《公共领域的结构转型》，曹卫东等译，学林出版社 1999 年版，第 8 页。

② 同上书，第 7 页。

③ ［德］哈贝马斯：《合法化危机》，刘北成、曹卫东等译，上海人民出版社 2000年版，第 27 页。

与者。

总之，由于中世纪的代表型公共生活实际依附于封建贵族而不是广大平民阶层，因此缺乏由广泛民众支撑的理性商谈空间，公共生活的内容也只是贵族阶层个人地位、权力的一种展现，平民充其量只是作为其背景而已。所以，如果说它还有一些"公共性"的话，那也只是封建贵族的"公共性"而已，而并不是具有广泛社会意义的公共性。但是，从另一方面来看，中世纪西欧的封建庄园系统、多元权力格局和文明结构是一把双刃剑，它在消解古典文明的同时，使得中世纪变得"黑暗"，却又潜伏着现代宪政民主、自由主义和个人主义的因子，文明的种子把圣贤创造的古典文明创造性地转换到现代。宪政、自由、民主、法治、人权等观念为近现代文明基础的产生提供了思想土壤，因此产生了现代西方的资本主义文明。

2. 近代公共生活的奠基

丹尼尔·贝尔指出："现代主义精神为主线，从 16 世纪开始贯通了整个西方文明。它的基本内涵是：群体、行会、部落和城邦不再是社会的基本单位，它们都逐渐让位给个人。这是独立于西方的理想的个人，他们拥有自觉意识、并获得完全的自由。"[1] 列奥·施特劳斯的《政治哲学史》中称：意大利著名思想家马基雅维利，"现代政治哲学的创始人"，是他从政治理论界向神权政治理论开了第一枪。

对于政府的起源和本质，马基雅维利进行了解释，从人性的自私与利己主义的角度出发，得出政府产生与存在的原因——满足人们的需要。这种论断将政治与道德、宗教之间的关系彻底切断。马基雅维利认为，权力与财产是人类产生自私的外部根源，不过与人的自私欲望相比，这种外部根源是有限的，为了限制人无限的自私

---

① ［美］丹尼尔·贝尔：《资本主义文化矛盾》，赵一凡等译，生活·读书·新知三联书店 1992 年版，第 61 页。

欲望，政府应运而生。此外，在国家中，政治权力不应该归属于任何的个人，对于个人的财产，国家也无权剥夺。

基于此，在选择国家的统治者时，最佳的办法就是选举。在选举中，所有公民的参与是必要的，人们有选择好官员的能力，有权力推翻残暴的统治。西方政治在发展的过程中，以这些思想为基础，同时，在现代政治思想史发展的历程中，这些思想也具备"政治学鼻祖"[①] 之作用。基于此种理论，就可以发现马基雅维利是霍布斯、孟德斯鸠等人老师的理论的正确性。[②]

霍布斯建立了现代化的政治制度——社会公共生活理论的"资产阶级政治科学之父"。[③] 他的政治思想是基于"在本质上每个人都是追求自身利益和升迁的"。[④] 对于政府权力的来源和性质，霍布斯在进行讨论时，他预设的角度是"信约"，托付、转让权力，是人们对统治的信任。

霍布斯在《利维坦》一书中，多次指出"公共权力""公共安全""公共利益""授权人""委托人""代理人"等概念。这表明，霍布斯已经对政府的本质属性有着科学的认识，他认为人民的授权都是无条件的，只有代理人们行使权力才能成为真正的主权者，才能享受绝对的权力，任意地做出各种行为。不难看出，从霍布斯的思想中很难得出民主的结论。

在社会公共生活中关于公共性的问题上，作为现代自由主义的英国启蒙思想家洛克对其有独特的贡献。洛克强调在公共生活中，要维护个人的自由和权利，为此，他提出：（1）自由、平等是人的自然力量，对此，每个人都同意，并以此为基础形成了社会契

①　参见邹永贤《国家学说史》（上），福建人民出版社 1999 年版，第 302 页。

②　郑振铎：《文学大纲》第 3 卷，商务印书馆 1927 年版，第 12 页。

③　[印] 穆霍帕德西亚：《西方政治思想概念》，商务印书馆 1982 年版，第 215—216 页。

④　[英] 霍布斯：《利维坦》，黎思复、乘廷弼译，商务印书馆 1985 年版，第 146 页。

约，同时，政府应运而生，政府的权力来源于人民的授权，政府只是拥有了人民一部分的权力，承担着保护人民合法利益不受侵犯的责任，政府的主权掌握在人民手中，政府没有至高无上的权力。（2）立法权与行政权之间采取分离的措施，再加上对外权，形成了国家的权力。从地位上看，立法权处于最高的地位，其他权力处于低一级的地位上，在行使立法权时，要通过专门的组织来进行，通过选举，确定国家的议员。此种人民选举的方式，与洛克期望的政府形式是相吻合的，具备较强的思想深刻性。（3）在上帝与亚当、亚当与后代之间，存在着权力赐予以及权力继承的问题。对此，洛克进行了深入的分析，并对君权神授和权力世袭进行了揭露，并得出最后的结论，人与人之间享有的权力是相同的，这种揭露对于封建专制来说，有着釜底抽薪的作用。

关于公共性——社会公共生活的本质问题，卢梭对其进行了突破。从社会契约论发展到人民主权论，卢梭也变成了人民主权论的引导者。从理论上来看，人民主权论是公共性理论的前提条件，由此一来，政府在建立公共性时，所具备的科学性比较强。基于此，公共性具备科学性始于启蒙运动。站在自然权利的角度上，卢梭得出了这样的结论，从人类诞生之日起，自由、平等就与其相伴，人民始终将主权掌握在自己手中。卢梭认为，公意的运用所代表的就是主权，而人民所拥有的主权将会伴随其一生，转让、分割都是不允许的。因此，卢梭总结出了五点规律：第一，政府与君主的权力在建设时，必须要在人民同意的基础上进行，人民拥有国家中至高无上的权力，政府在获得人民权力的授权之后，必须要接受人民的监督，当出现不负责的行为时，人民有权罢免君主。在国家发展过程中，私有制和不平等现象逐渐出现，在这一历史过程中，人们逐渐形成订立契约的习俗；同时，卢梭还认为，契约关系成立之后，人们的全部权利就交予国家，因此，国家要高于个人，公意高于众意。第二，人民的主权至高无上，包括统治者在内的所有人都必须要服从，并且在法律面前，任何人都没有特殊的权利。第三，对于政府来说，权力的赋予要比形式重要许多。第四，立法权是实现人民主权的重要手段，与其他的权力相比，立法权最高，立法权的行使者就是人民，对于洛克的分权理论，卢梭持反对态度，卢梭认为，主权的统一性会受到洛克分权理论的损害，此外，卢梭还反对代议制。第五，对于霍布斯的"订约方式"，卢梭选择了放弃，对于洛克的"委托政府"，卢梭进行了充分的吸收和借鉴，由此得出结论：政府在进行创制时，实际上是法律、是委托、是任用等，但是绝不可能是一纸契约。① 当然，卢梭放弃的是霍布斯关于只有代替人民行使权利者才是主权者，主权享有绝对权力的观念，而保留了关于人们在订约时交出全部权力的观念，为其思想留下了政府应该拥有的空间。

　　卢梭提出的观点综合了前人的研究成果，对公民的权利以及公民权利的获得方式进行了阐述，并且在某些方面，卢梭的思想具有很大的影响力，称之为现代公民权利的思想来源。但卢梭忽略了一个基本的道理：任何主权都须由具体人来行使。由于行使主权的人是有私利的，因而，一切有人行使的绝对权力都是危险的，民主方式不可能保证个人利益不被绝对权力侵害。"权利应该是有限的，并且受到人民的约束，法律应该以公民意志为主。"② 罗素说得更直接："希特勒是卢梭的直接结果，丘吉尔是孟德斯鸠的直接结果。"③ 卢梭主张人的天然自由与权利的全部奉献，以及崇尚"永远是公正的，而且永远只着眼于公共的利益"的"公意"的假象，必然便利于代理人"以人民的名义"侵犯到委托人的权利与自由。即使卢梭理论的出发点与归宿皆为自由，也无济于事。但无论如何，卢梭对政府公共性问题上的贡献是不可否认的。换言之，虽然卢梭认为，在政府体制的设计与公共权力的行使上存在问题，但却

---

① ［法］卢梭：《社会契约论》，何兆武译，商务印书馆 1980 年版，第 50、128、132、77 页。

② 转引自李强《自由主义》，中国社会科学出版社 1998 年版，第 67 页。

③ 参见河清《也谈卢梭》，《读书》1997 年第 6 期。

阐述了权利的归属问题，为日后政府的公众性理论，建立了基本的理论框架，后人的研究是基于此进行补充与完善的。

与早期启蒙思想家相比，穆勒对公众权利的解释更近了一步，它认为政府应该以实现公众权利为目的建立，"实现所有人参与国家管理的"。①启蒙思想家穆勒说过，政府的出现，是以行使公众权利的形式出现的。但是政府的出现，在行使权利的时候又造成了特权阶级的出现。权利的产生来自于公众，那么权利的行使自然也应该由公众一起来完成。公众因为某种要求加入到政府，行使着公众权利，体现了政府的公众权利，这种参政形式，是最好的政权组织形式。但这种参政议政的方式，不过是少数人在行使着公众权利，以少数人的意志为转移。但要想让所有人一起参与到公众权利行使当中，这个想法又根本无法实现。所以，代议制则是最好的实现公众权利的政权形式，能够很好地体现出政府在维护公众权利方面的作用。所以，不难看出政府想要实现其公共性，可以从多个角度进行考虑，其中最主要的方式就是以公共性为权利行使的基本出发点。

伴随现代性社会生活的发展，黑格尔感受到了"个体"与"共同体"之间关系的疏远、私人生活与公共生活的分离，呈现出前所未有的深度和广度，并试图以理念的总体性运动来重建现代生活的规范基础，以解决现代社会的矛盾和困境，从而实现社会生活的统一。黑格尔在洛克的基础上把市民社会与国家关系的理论推进了一步。他重新建构了市民社会与国家的纽带，并从绝对理性的辩证思维出发，把私人利益集合的市民社会演绎成为公共利益代表——国家的外在形式，似乎私人利益的集合与满足是为了社会的整体公共利益。马克思对黑格尔的法哲学理论进行批判，认为黑格尔正好颠倒了市民社会与国家之间的现实关系，用主观观念来

① 浦兴祖：《从〈理想国〉到〈代议制政府〉——西方政治学名著释评》，四川人民出版社1990年版，第391页。

解释现实生活。事实上，并不是国家外在化而生成家庭和市民社会，而是家庭与市民社会的存在构成国家产生的现实基础。他说："决不是国家制约和决定市民社会，而是市民社会制约和决定国家。"① 马克思在国家与市民社会二元分立的理论框架中，对体现私人利益的市民社会进行批判，探讨如何超越这种私利性以获得国家公共利益的实现。

马克思主义认为，市民享有参与政治的权利，因此市民社会具有私人社会和公民社会的双重结构。作为私人社会它反对国家对私人生活的干预，想要脱离国家的统治。但作为公民共同生存的社会，则需要参与国家的政治生活。

由于市民社会与国家的对立，作为私人的个体与作为公共人之间是二元分立与彼此分离的，使自身分裂为二种对立的状态，导致人的异化状态。马克思说："市民社会和国家彼此分离。因此，国家的公民和作为市民社会成员的市民也是彼此分离的。"② 一方面作为市民他是私人利益的代表存在于市民社会中，另一方面作为公民他是公共利益的代表存在于政治国家中。作为市民的个人是"现实的人"，作为公民的个人是"抽象的人"，二者之间的分离造成人的异化。马克思认为，现代市民阶级的解放只是这种"抽象的人"的解放，还没有触及市民社会中现实的人的异化情况，因此现代解放不是人的真正解放，只不过是纯政治的部分的解放，只是抽象的形式上的解放。从政治解放到人的全面自由解放还有漫长的道路，这条道路就是深入到市民社会的"现实的人"的批判，即对市民社会进行政治经济学上的批判，才能真正揭示出人的自由解放的条件。由此，马克思对市民社会的剖析由政治的意义转入到经济学上的批判。

从政治经济学的视角来批判市民社会，主要从资本和劳动之间

---

① 《马克思恩格斯全集》第 21 卷，人民出版社 1972 年，第 247 页。
② 《马克思恩格斯全集》第 1 卷，人民出版社 1956 年版，第 340 页。

的关系入手，马克思认为市民社会的本质就是资本主义社会，就是资本统治人的社会。作为私人利益集中代表的市民社会一方面体现了国家的经济现状，另外一方面又代替了国家公共权利的行使。"市民社会强调了物质基础，强调了资本在社会中的巨大作用，这种理论其实就是资本主义社会的资本统治社会的理论。市民社会是商业生活和工业生活发展的进行阶段，以生产创造的财富值，以及市民手中拥有的资本和财富来决定最终的公共权利分配，最终以经济上占据优势的人代替公众来行使公共权利。"①

同时，马克思从生产劳动与分工来分析市民社会，它一方面与资产阶级兴起密切相连，同时也造成私人利益与共同利益的分离。马克思在《德意志意识形态》中认为："个人利益以及家庭利益的不同，主要是社会分工不同所造成的，并且这种现象也造成了特殊利益的出现。可以说，特殊利益是个人财富膨胀发展的一个基础，是个人利益与公众利益的一种对峙。"② 因此要实现真正的公共利益，就要批判和消灭市民社会中的异化力量，即分工与资本导致了阶级分化。因此，马克思的分析进入到对资本主义社会的剖析，认为现代市民社会是被资本全面异化的社会，本质上就是资本主义社会。

如何超越市民社会与国家的二元对立，真正实现私人利益与公共利益的结合？马克思提出了人类解放的口号来解决这一问题。马克思在对法国革命史的研究中，认为市民社会与现代国家的矛盾是市民阶级革命的产物，但市民阶级解放的只是政治方面，并没有真正的彻底解放，马克思认为市民阶级的政治解放只是通往人类解放的一个过程与阶段，人类真正要实现的目标是人的全面自由解放。既然现代政治解放是以市民社会利己主义的个人为基础，那么人类的解放应该是所有公民利益的实现，从人类社会着眼，实现每个人

---

① 《马克思恩格斯选集》第 1 卷，人民出版社 1995 年版，第 130—131 页。
② 同上书，第 84—85 页。

的全面发展，达到私人利益与公共利益的自由联合。

由此，马克思提出未来社会共同体的构想来超出当下二元分立的社会现实。马克思认为，个人力量以及个人在这个社会上的存在，主要以个人在社会中的劳动分工来实现的。这个社会要想没有共同体，是根本不可能的。所以，个人的发展只有在集体当中才能实现，个人的权益也是在公共权益当中体现出来的。不过，马克思所说的共同体并不是当下社会的利益共同体，而是一种新兴的共同体，这种共同体的组成是由所有劳动者构成的。新兴共同体以实现个人自由发展以及独立为前提，与市民社会是完全对立的。

这种新兴共同体，就是马克思提倡的"共产主义"，这种共同体与以往不同之处在于消灭了人的异化力量，把物对人的控制转为人对物的控制。共产主义的发展，以推翻旧的生产关系为目的，实现所有劳动者的自由发展。这种自由发展，就是马克思主义的核心内容，共产主义社会。要达到这一目的，就必须把个人与社会联系在一起，让生产力产生总和效应。但要拥有所有的生产力总和，就必须在世界历史的范围内消灭市民社会，从而摧毁国家。马克思由对市民社会的批判指向人类解放的方式：消灭国家、消灭统治阶级，实现人的自由全面的解放，实现每一个人的权利自由和权益自由。

3. 当代公共生活的拓展与深化

自哈贝马斯在其 1962 年的著作（J. Habermas，1962—1973）里面论述公共生活以降，公共性成为了西方社会研究的一个热门话题，关于公共性问题，经过长时间的研究，形成了三种不同看法。

其一是受法兰克福学派（Frankfurter Schule）影响的所谓"批判理论"（Kritische Theorie）的观点。哈贝马斯可以说是其主要代表。哈贝马斯认为公共生活应该像是古希腊的民主生活一样，是一种公共性的群体生活，应该有法律约束，在法律约束下，实现一种自由、平等的群体生活模式。在这样的生活模式当中，人们共同解决问题。除此之外，哈贝马斯还提出了欧洲中世纪的公共生活，体现了当时"绝对君主"体制下所形成的公共生活居民。所谓近代西欧的公共生活，是指所谓"市民"能够自由生活，这种自由生活主要包括言论自由、行动自由等多个方面。哈贝马斯认为，只有在这样的生活环境下，才能体现人的自由权利。哈贝马斯的观点，在很大程度上批判了当时西欧资本主义的社会制度，表现了追求真正公共性的思想。

其二是所谓"合法至上"论者的观点。持这个观点的主要学者是 N. 卢曼，"合法至上"的观点注重法律在人们生活中的重要地位，讲究凡事都要以法律为行动依据，法律是公共性的表现。卢曼的这个观点，注重行政机关的法制性，任何事情都必须按照法律为准绳。卢曼的观点与哈贝马斯的观点相左，后者认为法律阻碍了人们的自由生活，二者就这一问题展开了较为激烈的争论。

其三则关注于自然法则。自然法则以价值等级为判断依据，具体表现则是罗尔斯的社会正义理论。罗尔斯的社会正义理论在促进社会发展方面，起到了一定的积极作用，他反对功利主义造成的社会不平等现象，同时注重个人在社会生活中的价值实现。公共权力的行使，要以价值等级为主，自由平等的原则也是建立在价值等级基础上的。他认为通过这些原理形成的社会制度才是具有社会正义、公共性的。

不可否认，无论是"批判"型还是"合法至上"型还是"自然法则"型的理论，其根本出发点都是以社会共识为基础的。三者之间，有着很大的差别，但又存在着很大的联系。例如"自然法则"注重价值等级，认为公共权力必须以价值作为体现标准，这与"批判型"的公共性论有着很大联系。同时，"合法至上"的公共性论对于实现"自然法则"有着极大帮助，它在很大程度上规范了社会人员的活动准则，为社会的发展创造了必要条件。但这三种公共性论都因为过分强调与社会达成共识的过程，很难真正实现社会公共性。

总之，公共生活伴随着历史发展的不同阶段具有不同的意义。

自从人类社会产生以来，人们就过着一种群体性的生活，随着阶级社会的出现，国家产生，人们的公共生活并没有就此停止，而是进入到一种有序化的发展过程当中。随着社会经济的发展，公共性渐渐沦丧，统治阶级开始掌握了公共性的使用权利。随着人类发展进步，进入文明社会以后，人类生活的基本样态通常被划分为三种基本形式：家庭的、个体日常形态和社会（近代以后主要是国家）政治的公共生活形态。西方思想家对公共生活问题的把握，经历了一个从早期初步认知与中期迷失，经由近代的回复、确立，再到现当代的拓展与深化这样一个艰难、曲折的螺旋式上升的漫长过程。

二　中国传统文化对"公"的论说

中国传统文化中对"公"的释义源远流长。随着历史的推进，这个概念不断分化、演变。如《辞海》中列出了 13 项语义，① 归纳起来有四种语义：一是君国（的）、政府（的）、官方（的）；二是公正（的）、公平（的）、无私（的）、守法的；三是共同（的）、普遍（的）；四是公开、开放的。

1. 领域性的公

领域性的"公"是政治范畴，指朝廷、政府或政府事务。根据学者的研究，"公"在甲骨文、金文中表示祖先、尊长、国君等义。（周法高《金文诂林》）这里的第三义"国君"，这是作为抽象概念的"公"的最初源头。《尚书》中的"公"大多指专有名词，如代指周公、召公，但有两种情况系泛指诸侯。《诗经》之中提到的"公"，可以说有多个方面的意思，一般来说，《诗经》中"公"在社会中的地位较高，大多数指统治阶级，是上流社会人物的一个代名词。关于"公"这个词，我们可以从很多古文中见到，并且每一篇古文当中，"公"都指的是上流社会的统治阶级。

随着时间的发展，"公"在春秋后期的时候，才具有一定的指

---

① 《辞海》，上海辞书出版社 1999 年版，第 756 页。

向性。《左传·昭公三年》有一个句子："公事有公利"，两个"公"字，指的都是国家或政府，而不是说封建主的事涉及封建主的利益。《左传·昭公二十六年》称："大夫不收公利"，意思是大夫不侵犯政府或公众的利益，"公利"也不是指封建诸侯的个人或家族利益。《论语》记载子游赞美澹台灭明的语言："行不由径。非公事，未尝至于偃之室也"（《雍也》)，意思也更加明显。不过，"公"字亦有明确的非个人性的政府语义，也不会早于春秋中晚期太多，封建政治鼎盛的时候，封建主与抽象的政府是很难区分的。《左传·襄公二十九年》记载，宋国发生饥荒，子罕请宋平公"出公粟以贷；使大夫皆贷"。此外的"公粟"可以理解成公家的谷物，但从下文同时请大夫捐粮食看来，"公粟"也意指国君个人所能控制的谷粮。

简而言之，"公"渐渐成为了一个社会概念，主要是统治阶级或是当下政府的一个代名词，例如现今社会当中的"公务员""公事"等称呼，其实主要延续了以前的历史，随着历史的发展，"公"的意思也随之改变，并渐渐成为专有名词。"枵腹从公""力疾从公""欺公罔法"的"公"，都是指政府或政府事务。

2. 价值性的公

价值性的"公"指的是"公平"和"公正"，而"私"含义为"偏私"和"曲私"。王中江先生认为，"公平""公正"之"公"体现在政治共同体事物行为当中，以全心全意为人民服务为主，不存在任何利己自私主义，主要体现在经济行为上，即如何分配利益和财富。他又说："当下'公'和'私'最大的体现则是财富的分配上，这主要是由于社会经济发展造成的。但之前的公私，则是一种对待政治和经济的道德准则。"[1] 公的这种含义，在《论语》中已见端倪，《荀子》中则开始大量出现。

---

[1]　王中江：《中国哲学中的"公私之辩"》，《中州学刊》1995 年第 6 期，第 65 页。

　　《说文解字》对于"公"的基本定义，就是"平分也"。《论语·尧曰》有"公则说（悦）"之说，皇本作"公则民悦"。孔曰："言政教公平，则民说（悦）矣。"① 当指政治生活中排除个人私心，具备公平、公正的德行。《论语》中又记载，孔子称赞公叔文子"可以为'文'"的原因，在于文子能与自己的家臣"同升诸公"（《论语·宪问》），即《四书章句集注》所说的"荐之与己同进为公朝之臣也"。《四书困勉录》引吴因之曰："人臣之病有二：一忌后业之贤此后功名出我之上，一自尊卑人，不肯与若辈同列。此皆暧昧私情。文子休然有大臣风度，光明俊伟，故曰可以为文。"② 吴因之的评述是否完全符合孔子本意姑且不论，但就公叔文子将家臣举荐为公朝之臣并与之同列的事实来看，孔子所称道的，的确是文子的不"暧昧私情"。由此可以隐约触摸到观念发展演化的逻辑，即价值性的"公"很有可能从领域性含义的基础上慢慢衍生而来。

　　而从经济方面来看，"公平""公正"的含义有时候并不一定要出现"公"字，如《论语·季氏》的"丘也闻有国有家者，不患寡而患不均，不患贫而患不安"，可为明证。在《荀子》中，"公"和"平"已颇有同称并举的情况。"公道通义""公平"等词语，以及与"公义""公正"相对的"私欲""曲私"等词，使人感觉到公与私是不能单单归于政治上的力量关系的，而具有某种道义性，至少具有在政治学上把它引申到道义水平的意向，而这恐怕是时代的意向。我们至少可以指出，道义因素浸透公与私这一情况。③《战国策·秦策一》有言："法令至行，公平无私"；《韩诗外传》卷七则说："正直者，顺理而行，顺理而言，公平无私。"

---

　　① 程树德：《论语集释》，程俊英、蒋见元点校，中华书局1990年版，第1367—1368页。

　　② 同上书，第997页。

　　③ ［日］沟口雄三：《中国的公与私·公私》，郑静译，生活·读书·新知三联书店2011年版。

3. 超越性的公

这里公是一个规范性的概念。其核心含义是指"普遍""全体""公共"的意思。从对领域性的公的超越角度看，它突破了国家的"公"限制，获得以"天下"为关怀的文化身份；从其与价值性的公的关系角度来看，它被认为是公平、公正的价值来源。"公"在中国历史发展过程中，一直是一种对理想社会的追求，它体现了无私的思想，即在政治和经济生活当中，要求统治者能够以百姓利益为主，也就是为了实现公共利益而进行统治。公是一种统治的理想标准，统治从公心和公正出发，实现社会稳定以及天下为公的政治思想。

纵观中国古代的发展历史，先从先秦时代说起，虽然那个时候的政治理念与后代有所不同，但其根本思想也在于"公"。学者们的理想社会，是实现天下公正、公平，这一思想，在古代的历史文献或是一些诗歌当中多有体现。"公"的这一思想在中国历史中得到了很大发展，上古先贤们，都以"公"作为理想社会实现的基本标准。

有关"公"这一思想的理想状态，《礼记》中就有所阐述，它说"公"是社会发展的大道，天下要以公正的思想去治理。人才的选拔，要任用贤能，统治者要注意诚信。"男有分，女有归。货恶其弃于地也，不必藏于己；力恶其不出于身也，也不用为自己。"这段文字希望人人都有普遍的现实关怀，能够照顾他人的家庭，为他人出财出力，可以说是中国古代"公"的理想最浪漫的表达。《庄子·天下》又说："公而不当，易而无私，决然无主，趣物而不两，不顾于虑，不谋于知，于物无择，与之俱往。古之道术有在于是者。"在这段话里，物我不分、不事计较的"公"也是道家圣人的素养。"公"不仅有"普遍"的涵义，甚至还接近绝对真理了。《荀子》中与"公"相关而具道德色彩的词语，还有"公道通义"和"公平"。

在春秋、战国之交或战国初期，当"公"的伦理意涵萌芽不久时，除了公事与私务应当有所区别的意念产生，似乎也出现了普遍、全体的意涵。《论语·尧曰》："宽则得众，信则民任焉。敏则有功，公则说"；《墨子·尚贤上》："有能则举之，无能则下之，举公义，辟私怨"，都是这方面的例子。"公则说"虽见于《论语》，《尧曰》篇应当是晚出，时代或许和《墨子·尚贤》相去不远。总而言之，经过相当长期的发展，到了战国末年，已经形成了强烈的公有思想，"公"这一观念，已经被人们广泛接受。

从以上的讨论可以看出，超越性的公没有特定的范围。它可以大到指称天地所负载的一切，或是"天下为公""四海为家"等意念中想象的人类全体，也可以小到战国法家所指称的个别邦国或君主的意志与利益。除此之外，"公"有"公开"的意思，如"诗以言志，志诬其上，而公怨之，以为宾荣"（《左传·襄公二十七年》），"盗贼公行"（《左传·襄公二十七年》）的"公"，杨树达先生释为"公然"①，亦即"公开"之意。

---

① 杨树达：《词诠》，中华书局1954年版，第105页。

第二章　公序良俗:社会存在和发展的基础

在人类社会发展历程中，一定的社会秩序具有永恒的性质。在人类历史演进中，任何国家或者地区的发展过程，也都伴随着秩序演化的过程。人类社会作为有机的整体，通过人们的相互联系组成的以从事社会生产活动为主的复杂综合体。秩序对于社会发展和稳定而言是重要的，俗话说:没有规矩不成方圆。一旦社会失去秩序，则会陷入失序或无序的状态，此时，社会则不能正常、有序地运行。在社会生活中，秩序作为公共生活规范，具有一定的约束性与规范性，一定意义而言，它是社会存在与发展的基石。

第一节　社会秩序的涵义及其发展

一　社会秩序的涵义

秩序一词是由秩与序组合而成的，两个词的意思均表达有常规、次第之意。在古代文学作品中，秩序一词经常出现，如:左右秩秩、不知其秩等，其中秩序与秩的意识均为常规。西汉学者指出秩为常度，十年一秩;而东汉学者指出序为次序，长幼有序。西晋学者指出秩序为常规与次第，秩序一词作为独立的词语，最早出现在汉语中，与观念、规矩等均有着直接的联系。在历史长河的演进中，秩序一词虽然在不断地演化，但均遵循着最初的含义。

在《现代汉语词典》中"秩序"一词，是指有条理、不混乱的情况；在《辞海》中对"秩序"一词的解释为：它是指人或者事物所在的位置，含有整齐、守规则之意。可以看出，在现代汉语中，对"秩序"的解释依然遵循着古代汉语对"秩序"的界定，这种解释具有一定的权威性与通俗性。在汉语中，大部分词语在演化过程中，其含义都有一定的变化与演变，而"秩序"的解释基本具有一致性和承接性。不难看出，"秩序"是中国传统文化一直追求的一种理想状态，并对传统文化有着深远的影响。一定意义而言，良好的"秩序"成为解读中国传统文化与中华民族社会发展、沿革与赓续的一种方式。

二　社会秩序的发展

从结构主义角度出发，社会秩序被理解为某一社会领域或整个社会的各种要求之间由客观规则界定的结构和关系；从行为理论来看，社会秩序是社会活动者在各种社会空间中通过行为的重复形式的相对稳定的社会主体之间的关系。社会制度是社会秩序的要素，社会秩序是社会制度的配置和组合形式。①

在中国古代，诸多思想家均对社会秩序展开了研究与阐述，其研究成果具有深入性与全面性。老子研究了社会秩序的形成，在其研究过程中，主要描述了理想化的"小国寡民"式的社会秩序，同时，这种社会秩序彰显的是"无为而治"。孔子从传统儒家思想论说了社会秩序的制度建构，在其研究过程中，主要阐述了奴隶主贵族等级制与宗法制度，后者的核心是奴隶主贵族的血缘关系。他研究的主要内容为：以周礼为正名的尺度，以"君君、臣臣、父父、子子"为正名的内容，同时，孔子倡导仁爱，旨在发挥礼治的作用，避免礼崩乐坏对周天子的影响，并旨在用秩序来调节当时的社会矛盾。

---

① 汪行福：《现代社会秩序的道义逻辑对中国改革价值取向的思考》，复旦大学出版社 2013 年版，第 2 页。

在战国时期，建立了封建制度，在思想方面，形成了百家争鸣的局面。此时，思想活跃，论说迭出。战国时期的古圣先贤广泛探讨了社会秩序的问题，如：墨子、韩非子与孟子都对秩序予以了阐释。墨子提出了"兼爱、非攻"的思想，此思想为墨子的主要政治主张之一；荀子提出了"礼法并举"的思想，此思想为荀子的主要治国方略；韩非子提出了"法治"的思想，关涉到当时统治者的统治方略；孟子提出了"民贵，君轻"的思想与"仁政"的主张，旨在维护当时统治阶级的统治地位的同时，减轻被统治阶级的负担，使社会形成一定的、良好的统治秩序。

春秋战国时期，百家争鸣促进了思想的融合与交流，此后，建立了中国封建大一统国家，并且形成了封建专制文化。在此背景下，对于社会秩序问题的研究，其主题为维护封建统治者的统治。在中国的古代思想中，"贵一轻多"的倾向较为严重，老子、庄子、荀子等均对其进行了阐述，如：圣人故贵一、执一而万物治。在魏晋时期，诸多学者论述了"贵一轻多"思想，如：一以统众，一以治多。在中国传统思想中，对社会生活的统一性进行了过多的、片面的强调，旨在维护封建社会的统治秩序。此阶段的统一性思想，满足了封建统治者的统治需求，同时也符合封建社会转型发展的需要，再者也体现着传统社会人们的真实生活。

在西方社会思想发展史中，亦对社会秩序进行了许多有益的探讨。在公元前 8 世纪，古希腊学者便对社会秩序的问题进行了叙述，他们认为社会秩序的基础为公正，在人与人关系进行处理过程中，要借助公正。在此基础上，人类社会的正常秩序才能够得到维护。古希腊学者在对社会秩序问题研究过程中，也探讨了世界统一的本源、世界发展的内在规律等，其中较为著名的学者有毕达哥拉斯、柏拉图、亚里士多德等。

柏拉图从政治秩序的角度，对秩序进行了研究，在《理想国》一书中，他设计了一个理想的国家，该国家追求正义，因此，可以说正义的国家便是秩序的国家。他主张的正义，其依据为人的自然天性，根据天性的不同，进而分配不同的权利与义务。统治者拥有着智慧的天性，武士拥有着勇敢的天性，而农民与技工等拥有着欲望的天性。在《理想国》一书中，柏拉图强调秩序保证着国家的长治久安。因此，要始终保持一个国家一定的政治秩序。此时，秩序的含义分为两方面：一方面为，国家的各个阶层均要有明确的秩序；另一方面为，秩序不能混乱。通过对秩序的理解，以此为思想基础，从而实现了其理想国家的建立。

亚里士多德从社会政治秩序的角度，对秩序进行了研究，其秩序观为和谐。一方面，对于公民来说，要服从国家的管理、遵守国家的控制。那就是，"公民都应遵守一邦所定的生活规则，让个人的行为有所约束……"[①] 另一方面，国家要赋予公民权利和义务。他不同意柏拉图的观点，柏拉图只讲国家的整体利益，不讲社会个体利益。亚里士多德十分关注权利和义务二者间的和谐，国家、个体均要明确自身的权利与义务，在此基础上，国家才能够更加稳定，其发展也将更加和谐。亚里士多德这一思想在欧洲社会发展的文明史上具有深远的意义。

在欧洲的中世纪，关于社会秩序的研究掺杂宗教神学的因素，经院学者们更为关注的是上帝在秩序建构中的作用。经院哲学从维护封建等级制度出发，认为世界上的一切都是上帝安排的，天意要对一切事物贯彻一种秩序。如同上帝创造的自然中具有等级秩序一样，上帝所创造的人类社会也存在严格的等级秩序。整个社会就是上帝创造的等级有序的协调的统一体。

随着文艺复兴运动的兴起并走向高潮，思想家们对中世纪的神学宗教秩序和世俗社会秩序发起了强有力的冲击，为资本主义的社会秩序的形成做了舆论准备。17—18 世纪，西方资产阶级思想家的思想得到了解放，宗教神学对其影响不断削弱，对社会秩序的研

---

① ［古希腊］亚里士多德：《政治学》，吴寿彭译，商务印书馆 1981 年版，第 276 页。

究主要借助了理性研究法与经验研究法。此时，著名的思想家有霍布斯、洛克、卢梭等，他们阐述了国家的起源，主要利用了社会契约论，同时也研究了人类社会文明秩序的形成。尽管他们的观点从本质上说代表了资产阶级的根本利益，具有历史唯心主义的特征，但这些思想克服了古希腊罗马时期自然哲学关于自然秩序和中世纪关于宗教秩序理论的缺陷，在从人类社会和世俗的角度阐述社会秩序问题方面作出了重要贡献。

近代欧洲资产阶级的思想家在为自身利益作理论阐述时怀着矛盾的心理对待秩序问题，革命前后对待社会秩序的态度迥然不同。但是，他们的秩序观有一点是相同的，主要体现在秩序的和谐性，为了保证秩序的有效维持，要借助第三者的力量，因此，秩序的实质便是调控。他们从人的本性出发，认为没有契约调控的社会即自然状态就只能是混乱。契约论是他们的核心思想。洛克和霍布斯的契约论虽然有很多不同，但是他们都相信，没有契约，即国家、法律的调控，就谈不上秩序。他们赋予了法律极高的权力。霍布斯认为，要结束"人和人是狼"的混乱局面就要依靠法律。

总的来说，西方思想家关于秩序问题的探讨，主要围绕个人和社会二者之间的关系框架展开的，他们研究的出发点为资本主义个体自由价值观，在此基础上，建立的社会秩序具有一定的自由性，同时重点阐述了个体自由与社会秩序二者关系的相关问题。此时研究的代表主要为洛克、斯密、边沁、斯宾塞和密尔等。

德国古典哲学家康德在其"星云假说"中对整个宇宙从混沌的无序走向有序的过程进行了探索，他说：我认为物质是受某种必然性的规律所支配的。物质通过分解与分散，在此状态下将逐渐形成有秩序的整体。[①]康德阐述了秩序的概念，他指出秩序是一种整合，它具有常规性，通过此概念可知，无论是西方思想，还是中国

① ［德］康德：《宇宙发展史概论》，上海外国自然科学哲学著作编译组，上海人民出版社1972年版，第13页。

古代思想，均对秩序的常规性进行了强调，因此，中西方的思想具有一致性；同时，在社会历史发展中，秩序是一个整合的过程，并非简单的相加，整合的秩序体现了内在的统一性，此时的统一性参与了主观行为，而非自然形成的。

现代西方学者对社会秩序的研究更加深入。施米特、博登海默、韦伯、哈耶克等人的思想最具有代性，他们从政治、经济、法律等各个角度展开对社会秩序的研究。秩序是当代西方学者极为关注的一个问题。当代著名法学家博登海默认为：社会的发展在很大程度上遵循了自然规律，二者是相辅相成、共同促进的关系。

马克思主义对社会秩序的相关问题进行了研究，但其研究缺少专门性。通过研究，系统地阐述了史前社会秩序，分析了其基本特征，并且结合了国家起源，进而认识了社会秩序与国家发展二者的相互联系。伴随着社会秩序的发展，国家随之出现，同时国家作为暴力机器，高于社会秩序，进而推动了社会经济的发展以及统治阶级秩序的稳定。马克思主义揭示了社会发展的客观规律，指出在社会基本矛盾运动的作用下，社会形态不断更替，其更替的实质便是社会秩序类型的跃升变迁。

马克思主义对社会秩序研究的基点是建立在对当时资本主义社会秩序的批判基础上的。马克思主义之所以与同期和后来的西方学者不同，就在于马克思主义不是对当时社会秩序的维护问题而是对社会秩序的批判问题进行研究。这不仅是由马克思主义本身的阶级性和革命性决定的，更主要的原因是资本主义发展初期的严重失序的社会状况。马克思、恩格斯代表的是世界无产阶级的利益，他们所关注的是如何变革现存社会，为无产阶级指明获得解放和建立新的社会制度的基本途径。而西方资产阶级学者是为了维护资产阶级的根本利益，自然要探讨使统治者长治久安的方略，以保证西方社会秩序的稳定和长久。

另外，尽管西方从市场经济的传统社会向市场经济的现代社会的转型肇始于 16 世纪，但是直到 18 世纪才在英国率先实现了从农业文明向工业文明的过渡。19 世纪上半叶马克思主义创立时，西方各国社会转型的程度并不一致，而且各国社会矛盾非常突出，阶级冲突日益尖锐，正是在这种历史背景下，马克思提出了无产阶级通过政治革命变革社会的历史使命。而以后的其他现代西方社会理论家则是处在西方社会转型业已实现和无产阶级与资产阶级斗争相对缓和的历史时期，他们主要关注和探讨的是在社会转型已经实现的际遇下，社会如何正常运行的问题。

第二节　社会秩序在社会发展中的作用

社会秩序是社会发展的客观基础，一旦失去秩序，社会结构便失去了合理性，社会关系也将更加混乱。在此背景下，社会的发展将呈现出无序状态，社会的生产也不能正常运作，同时人与人之间的关系将丧失稳定性、和谐性与可预测性，因此，社会的存在与发展需要社会秩序。但社会秩序在一定的条件下又会阻碍社会的发展，社会的发展又必须冲破原有社会秩序的束缚才能前进。社会发展与社会秩序的这种关系贯彻在人类历史之始终。

一　社会秩序是社会存在的规范

社会作为人类生活的有机整体，其基础为物质生产活动。马克思主义认为，生产和生活决定了社会的存在，"人是社会发展的基础"①。在我国，古代书籍中曾指出，社为土地之神或者祭祀之所，同时，社为志同道合者的集会之处，如：诗社、学社、武社等；社也为古代地区单位，如：二十五家为社；会主要是指集合。在唐朝，社会才得以联用，主要是指集会庆典，如"村间社会"（唐）、"乡民社会"（宋）。② 在西方，拉丁语的社会为 socius；英语与法

---

① 《马克思恩格斯选集》第 4 卷，人民出版社 1995 年版，第 532 页。
② 赵震江：《法律与社会》，时事出版社 1985 年版，第 13 页。

语中的社会均源于拉丁语，与其具有词源上的一致性；德语中的社会为伙伴，随着时间的推移，德语社会转变为人与人间的结合关系。在辞源学中可知，社会是指人与人之间的相互联系与有组织的共同活动。

在历史唯物主义视域下，人的本质是一切社会关系的总和，社会是人们交互作用的产物。可见，人是构成社会的基本组成元素。人存在的群体形式是自然历史过程。早在未进入人类社会之前，童年时代的人作为"过渡时间的生物"，基于生存的需要，便以群体的形态存在了。那时，一切都因袭动物的习性，群体的秩序也靠动物的习性维持。然而，人是社会的政治动物，也是社会性的生物，人类的群居生活，完全是一种社会本能。

群体性生活是人类进行生活生存的基本要求，主要是由于人生存的最初阶段，社会生产力极低，唯有群居，在群体的作用下，才能够实现人类自身对其生活的基本要求，人类才能够满足生存需求，例如抵御野兽的侵袭，获取生活所需的食物，同时还要进行繁衍生息。渐渐地，随着人类群居生活的日渐丰富，随之产生了人类生活的社会性，人类与动物界的区别亦更加明显。

可以说，人类起初的群居生活主要是为了满足物质需要，并且在这种情形下，渐渐形成了社会组织。随着人类群体生活的发展，为了满足生存和发展，人们开始进行相互间的交换，与此同时，人类在这种社会生产实践中，实现了对自然条件的改造，同时也提高着自身素质，使其具备了良好的社会认知能力，从而产生了文化，一定意义上，可以认为文化是一切思维方式和行为方式的总和。

从构成社会的基本因素的交互作用和实质内容出发，马克思给社会下了一个深刻的定义，指出：在生产关系中，无论是特殊的、还是历史的，其本质均是完成生产与交换，从而实现人类的发展，促进了社会的形成。① 马克思的社会主要是从社会经济结构角度出

---

① 《马克思恩格斯全集》第46卷，人民出版社2003年版，第927页。

发的，其中包含着生产承担者、自然关系与人与人之间的关系，不同生产关系的总体便是社会。

马克思主义注重从物质生产以及生产关系方面来分析社会，这与以往的社会学家、思想家、政治学家和法学家区别开来。社会是人们在生产活动中交互活动的产物，无关其形式与缘由。社会关系主要是指各种生产关系的总和，在这种总和的关系中便构成了人类社会。此时的社会位于一定的历史发展阶段，因此，它具有一定的独特性。为了实现对社会本质的全面把握，要明确社会存在与发展的原因，社会存在与发展，主要是生产关系的发展满足不了生产力发展之需要，这种满足，以社会变革为主，从而在解决生产力和生产关系矛盾的同时，也在很大程度上促进了社会的发展。

马克思主义认为人类在发展过程中，从事着不同的实践活动，在不同的实践活动开展过程中，人类活动的基本目的便是生存；而要想生存，就必须对社会中的不利条件加以改造，让生产关系适应生产力发展，以此实现对世界的改造。在这一长期的历史过程中，人类具备了改造自然的能力，该能力便是社会生产力。但人类的欲望是无限的，而资源是有限的，因此，二者存在根本的冲突，为了促进人类的可持续发展，便产生了人类社会的生产关系。

在人类对各种资源进行获取过程中，每个人在社会中的地位不同，并且因为在生产关系中所处的地位差异，从而导致了贫富差距的出现，社会的不稳定，也是因为贫富差距的原因，处于统治阶级地位的人为了获取更多利益，对资源进行着索取，此时，急需社会秩序的建立，在此秩序下，人们对资源的获取规则将更加明确。社会秩序不仅规定着个人利益与共同利益对资源获取的规则，同时还协调着个人利益与共同利益中人们之间的关系。

马克思对社会进行了科学的分析，此时，社会最显著的特征便是：社会关系是由生产关系总和构成的。在物质资料生产过程中，人们以生产关系的形式实现了相互的交往，它便是社会的根本特点。社会的本质特征说明，人与人的交往构成了社会，一旦交往不存在，社会也不复存在。在人与人交互作用过程中，呈现出了一定的层次性与秩序性，主要是由于人类群体生活的基础为物质资料的生产与再生产，人类社会通过劳动使其有别于动物界——"人类与动物最根本的区别在于人类能够进行劳动"①，并且通过这一行为，人类的衣食住行均得到了满足，此时人类生存的基本需求也得以满足。由此可知，人类为了获得生存，不断与自然环境打交道，从中获取了生活资料，在此过程中，人与人的交互作用具有必然性。马克思曾说，人类在生产过程中，影响着自然环境，同时也影响着人类本身，人类遵循一定的方式，实现了共同生活，在相互交换的活动中，促进了生产的推进。在生产过程中，人与人发生了不同的关系与一定的联系，此时的关系与联系均属于社会关系，进而实现了对自然环境的影响，保证了生产的有序进行。

在历史唯物主义视域下，社会主体在日渐增多的交往实践中，逐渐形成人与人之间的较为固定的社会关系，在这种社会关系的基础上，就形成了以生产关系为主要纽带的社会生活。人的各种交互性活动就成为社会关系发展和延续的重要支撑。因此，社会发展的第一要素便是人，同时，人也是社会活动的主体。

在生产过程中，人们在日常的交往实践中有意无意间要求生产活动的过程有序化。同时，在漫长的人类社会发展中，人类为了满足自身的生存需求，就要不断地与自然界进行交互式的活动，在改造自然中，要有序地尊崇自然规律，并与自然界进行物质与能量交换。如果这种交互式活动，无视自然规律，使人类从自然界索取的物质处于无序状态时，则人类的活动会受到自然规律的惩罚。在生产过程中，人与人之间的关系及其他各种关系均表现为社会生活的内容，体现着社会自身发展的历程。在此基础上，社会自身出现了秩序化的要求，同时，各种社会关系具有了相对的稳定性、可靠性与有效性；一旦秩序化丧失，社会生产则不能有序进行与合理组

---

① 《马克思恩格斯选集》第 4 卷，人民出版社 1995 年版，第 378 页。

织，生产关系与其他各种关系的建立与运行也将失去意义，进而亦
会危及人类社会的存在与发展。

在人类社会早期，原始社会中拥有可靠的、持续的合作生产秩
序与分配秩序，这种秩序的建立，便于原始社会的人类在极其恶劣
的自然环境下生存。在阶级社会中，一种较为稳定的、有效的政治
秩序，使统治阶级能借助这种政治秩序，实现对各种利益冲突与阶
级冲突的有效控制。如果政治秩序未能有效建立，在阶级冲突中，
各阶级有可能同归于尽。同时统治阶级也建立了等级秩序，此秩序
使社会各阶级都确立了各自的生产地位，并且以此决定了他们各自
在分配中享有的权利。通常情况下，在阶级社会中，位于较高阶层
的人拥有、占据和垄断着较多的生产资料，并且他们在资源的使
用、获取与分配等各个方面均居于一定的优势地位；而位于较低阶
层的人，其丧失了诸多权利，如：资源的使用与占用，此时的等级
秩序缺乏合理性。社会秩序是一种社会固定化的形式，它融合着一
定的生产方式与生活方式，其中生产方式决定着生活方式，随着其
中偶然性与任意性的摆脱，逐渐形成了合理的、必要的方式。此时
的社会形态符合相应的规律，满足了秩序化的需求。与此可知，社
会满足了秩序化的要求，而秩序是社会存在的基本标准与必要
条件。

一个社会的良好存在与运转需要一定的社会秩序的维系，主要
是由于社会的维持需要借助稳定的社会秩序。在社会交往过程中，
由于各种原因，人们会出现各种矛盾与冲突，此时矛盾与冲突的防
止、抑制、调解与解决等均需要社会秩序的有力维系。在此基础
上，社会管理部门和权威机构要对各种规则进行制定，以此保证社
会的控制，并且维持社会的秩序。通常情况下，社会的规则是由阶
级、政党、阶层与利益团体等进行制定的，此时规则的建立主要是
为了协调各方的利益与矛盾，通过秩序体系，旨在增加各方利益的
最大公约数。整个人类社会的发展唯有在秩序的轨道上运行，社会
各方力量的角逐才不至于造成毁灭性的结局。在社会历史发展过程

中，一旦社会秩序缺少稳定性，社会系统则会出现混乱，严重情况下，社会系统会发生瓦解。在此作用下，人类社会环境将出现巨变，社会统治变迁也随之而来。随着社会统治秩序的变换和更迭，人类社会也在发生着层级的变迁和跃升。

二　社会秩序是社会发展的条件

随着人类社会的发展，人们对秩序化的要求也在逐渐增多，此时的秩序化要求，其本质便是反映着人类生存和发展的诸多需求。

人类社会早期阶段，建立的社会秩序主要是为了满足人类的不同需求、协调相互间的关系，其目的为了实现对社会的公共管理。早期维持社会秩序的组织形式与组织结构主要有氏族、部落、联盟等，此时的社会秩序为社会活动的控制提供了相应的规则。在当时，不同的人类群体其结构也存在差异，其中最有特色的便是氏族。

在原始社会，其生产方式直接影响着人们的思想意识和社会行动。当时，原始社会的生产资料公有制，决定了原始社会的生产劳动与社会生活的特点分别为集体性与群体性。在生产与生活过程中，人需要依赖氏族组织，在此基础上，才能够获得生存，进而满足人类的各种需求。此时第一利益为集体利益，在自然状态下形成的集体主义意识，使人们具备了质朴、单纯、公正、刚强等良好的品质与坚韧的性格；在此意识的作用下，即便氏族内部出现冲突与个体矛盾，也均具有偶然性和小范围性，社会自身可对其进行有效的协调。因此，在原始社会，群体氏族成员借助民主制，对氏族社会实现了有效的管理。此时，氏族社会不需要公共权力机构，如：宪兵、监狱、总督、法官等，氏族组织可以对社会内部的矛盾、冲突等进行有效的解决。

在原始社会，其基本的规范为习俗与习惯，作为人类社会的第一个社会形态，原始社会也需要秩序化。原始社会的秩序主要是习惯，以此实现了对人们行为的规范。在社会存在与发展中，社会规范对社会中的生产、分配、交换、婚姻与权力等均进行着组织与调整，一旦其中出现冲突，则借助社会规范对其进行管制、调控与解决。氏族部落中的所有争端与纠纷，可以由他们自己进行解决，也可以由各个氏族进行协商解决，其中也存在少数的威胁手段，但通常情况下，纠纷与矛盾依照习惯与习俗等便可得以解决。

原始社会中没有国家，也没有法律，但具备社会习俗与管理机关，在此基础上，保证了社会运转的秩序性。随着社会的发展，原始社会的共产制逐渐瓦解，社会关系、经济基础等均发生了质的变化，此时社会习俗与管理机关的作用也在不断削弱，面对社会的改变，急需社会秩序的变革与之相适应。在此背景下，法律的作用日渐凸显——对于社会秩序的维护，具有重要的作用。一定意义上，随着法律在维护社会秩序中作用的逐渐显现，社会秩序也在法律的框架下得以良性发展。正常的人类生活，是要在一个长的历史时段下的连续性的生活。故而，维护一个社会正常的运行，必须要注重对既有社会规则的遵循，而法律恰恰给人的行为规制了需要符合的各种规范。在社会生活的发展与变迁中，遵守行为方式的规则化，使人们的生活与社会的发展均具有了稳定性与有序性。同时，社会发展的水平越高，对秩序化的要求越多，在原始社会后，人类步入阶级社会，人类社会迈入新的文明时期，对社会秩序有更高的要求。此时，位于统治地位的阶级为了保证自身的统治、实现对社会资源的占用，提出并制定了一系列的社会秩序要求，进而制定了相应的社会规范。以此规范控制着社会成员，对其中的冲突与违规等进行着调节与制裁，在此背景下，社会成员都纳入到了社会秩序之中。在人类社会发展过程中，社会制度在不断变迁，根据社会制度不同，可以分为原始社会、奴隶社会、封建社会、资本主义社会，社会制度的不同对社会秩序的要求呈递增趋势，一定意义上，社会发展促进了社会秩序的健全与完善。

在历史唯物主义视域下，随着社会的发展，社会秩序亦随之逐步完善，如果社会秩序不能同时建构起来，社会的进步则会丧失稳定环境的支撑，进而阻碍社会进步。在人类社会发展进入现代化的进程中，这种情况更为常见，特别是后发型的现代化国家。通过对各个国家现代化进程问题的总结与经验的吸取，我国社会的发展，在改革开放时期十分注重社会的稳定，在稳定的环境下，才更加有利于社会的发展和进步。邓小平同志高瞻远瞩地指出，在改革开放中，稳定压倒一切，最终使我国的社会主义建设事业取得了举世瞩目的成就。由此可知，社会发展对社会秩序有着较强的依赖性。换言之，一定意义而言，社会秩序为社会发展服务，社会秩序也是保障社会发展的重要力量。

随着社会层级的不断跃升，社会中蕴藏的问题愈加复杂。一方面，在社会利益方面，产生了严重的冲突，此时的冲突具有了普遍性与广泛性，原有的社会规范未能实现对冲突的有效调节与合理控制，因而，原有的社会规范不能适应新的社会关系。基于此，阶级社会要采用新的社会规范、建立新的社会秩序。另一方面，社会民众对社会秩序的要求在不断增多，并且日益强烈——此时的秩序化更要求满足人类生存与发展的进一步需求。在这样的历史条件下，一种新的社会规范——法，便应运而生了。与此同时，其他社会规范大都发生了分化，以适应不同阶级或具有不同价值观的人们的需要，自然，这部分社会规范中也有一部分会演变为法规范。这时，虽然不能一般地否定法以外的其他社会规范在建立社会秩序上的作用，适应统治阶级的那部分社会规范在建立新的社会秩序上，往往起着极其重要的作用。但是，有足够的理由认为，自从法出现以后，在建立阶级社会的秩序上，法有着更大的价值，因为法是顺应阶级社会秩序化的需要而来到社会上的。①

纵览人类社会发展历史，我们可以清楚地看到社会秩序是重要的，它直接影响着社会的存在和发展，它是社会良性发展的可靠基础与必要条件。质言之，社会秩序保证着人类社会的生存与发展，没有社会秩序就不可能有社会的存在和发展。同时，社会秩序也是

---

① 马新福：《法社会学原理》，吉林大学出版社 1999 年版，第 73—80 页。

人类行为方式的主要特征，它构成了社会。人类对社会秩序要求具有一定的客观性，因此，对于人类来说，社会秩序的作用是显著的。具体体现在以下几个方面：

一方面，从社会角度看。社会秩序最为显著的作用是维护社会安全、消除社会混乱，在此基础上，社会秩序才能呈现出有序性、合理化、包容性。社会历史是由价值观不同、利益主体不同、不同文明程度的社会个体组成的，在此过程中，形成了错综复杂、多元包容的社会有机统一体。通过统一与协调人们的个人行动，逐渐生成了社会制度与社会关系。在协调与统一人们个人行动的过程中，社会中具有的共同价值与信仰，在规制和统摄人们一致性与整体性的行为中发挥着最大的作用，并最终助推社会构成了有机统一体。

由辩证唯物主义视角观之，任何事物均是矛盾的统一体，社会自身和社会秩序亦属于矛盾的统一体。进而，在社会秩序方面，社会对其要求具有客观性，但社会也破坏着现存的秩序。如果社会秩序被破坏后得到有效的抑制，则社会将在自我修复后，恢复到有序状态；如果社会秩序被破坏未能得到有效的抑制，则社会将呈现出失序的状态，此时的失序状态分为局部失序与整体失序两方面，但任何方面的失序，均会影响到社会的稳定性，社会混乱状况就不可避免。

在社会生活过程中，对于社会混乱的消除，要借助社会秩序。社会的存在与发展需要对暴力冲突与各种矛盾进行控制，通过控制，秩序的作用日益显著。在人类社会中，人们面对利益的诱惑，不同社会主体，极易出现各种冲突，在社会冲突不可避免的情况下，要对其进行有效的调节。在此情况下，社会才不会因各种冲突产生的巨大的破坏性而毁灭。为了实现对各种冲突的有效消除，要积极发挥社会秩序的作用。

另一方面，从个体角度看。社会秩序对于个人而言具有预测性，预测着自身与他人的行为。当社会呈现出有序状态时，人们的行为也将具有规则性，此时，在同样的条件与情况下，人们的行为表现具有一定的稳定性、一致性、重复性与相似性。此时社会民众的行为，其发生、后果及影响等均能够被有效判断与预测。

秩序作为一种状态，其中涉及着诸多因素，各个因素相互制约、相互影响、相互联系，组成了一个复杂的秩序综合体。因此，社会民众可以根据其熟悉的秩序部分，对秩序的其他部分进行有效的、正确的预测。此时的预测，使人们明确了自身及与他人之间行为的发生、后果与影响。在社会秩序有序的状态下，每个行为主体可以根据预定的行为方式、结果与影响等实现自身的社会活动，在这个意义上而言，社会秩序是个体活动开展的前提条件。

在社会发展中，还存在行为规则意义上的秩序——是人们行为的可靠依据，它发挥着对社会个体行为的预测、抑制、比较与激励等作用。社会秩序控制着人们的行为，具有一定的理性，在此情况下，社会个体可以判断自身行为的积极性与消极性。同时，社会秩序最为显著的特点，便是其为人们的社会交往和实践提供了一定的安全感。在良好的秩序环境下，人们可以根据现有的秩序与规则等开展活动。此时，人们在社会规则的规制、管控、约束下，可以根据自身的目标、愿望与理想等去实施自身的行为，故而，社会秩序是人类实践活动开展的可靠保障。

社会的存在、发展与运行需要借助社会秩序，此时的秩序要保持必要性与合理性，在此基础上，社会结构才能够更加合理，社会关系也将呈现为有序状态。一旦社会秩序失去作用，社会结构、社会生产、社会关系将缺少稳定性、有序性与可预测性，进而社会将呈现出混乱、无序的状态，此时的状态是人类所不能承受的，即使在人类的史前时期，无序也是不可想象的。在我国当代社会转型时期建构良好的社会秩序显得尤为重要。

第三节　社会转型过程中社会秩序的问题分析

社会的存在和发展需要社会秩序的强力支撑，在社会转型时期这种作用尤为凸显，如果缺乏有效的社会秩序，社会转型的成功率将大为降低。换言之，一定意义上，社会转型可以称之为社会秩序的重建。如果原有秩序中的糟粕不及时摒弃，就会阻碍新的秩序的建立；如果新的秩序建立时不吸收原有秩序中的精华，就会出现断裂，同样不能实现社会转型。在社会转型中，极为复杂的是，原有的社会秩序和新的社会秩序不可能在较短的时间内完成交换。因此，在一定时期就必然存在一个社会秩序的"黑洞"——无序状态。这个状态的特点是社会呈现出一种"杂乱"状态（汤因比语）。这种状态严重的话，可以导致一个政权的更替，一种文明的消失或倒退，社会转型的失败。所以，如何在社会转型时期保持社会秩序的稳定，就决定了社会转型的成功与失败。

在一个大的时代际遇下，对于社会历史时代、社会生活方式来说，存在一定的差异性，在此基础上形成的交往方式、关系结构与社会秩序等也具有较大的不同；同时，针对不同的社会利益集团、群体来说，其社会交往方式、社会关系结构与社会秩序等也存在区别。在一个历史时代，社会生活秩序是否起支配或主导作用，看它主要能否满足利益集团或者利益群体的需求。基于此，在我国社会主义建设过程中，要构建具有中国特色的社会秩序、交往方式及关系结构。在社会急剧转型期的当下，要发挥原有社会秩序的积极作用，同时要构建新的社会秩序，通过二者的有效结合，使社会秩序满足我国转型时期社会发展的实际需求。

我们强调社会秩序在社会转型时期的重要性时并不否认社会秩序对社会的存在和发展也会有负面作用。因此，对社会秩序的评价，要站在历史唯物主义的宏阔视域下，对社会秩序的作用评价要做具体的、历史的分析，其消极作用主要体现在以下两个方面。

一　社会秩序制约社会进步

社会秩序具有一定的保守性，社会秩序通过对社会现状进行维护，从而保证社会的稳定与发展。社会秩序如果缺少内在积极力量的冲击，社会发展则拥有较大的惯性，此时，社会秩序便会制约社会的进步，其消极性则较为明显。在社会生活过程中，存在着不同程度的矛盾与冲突，其存在具有必然性，但其消失也具有偶然性。面对社会历史进步中的冲突与矛盾不能单纯地予以排斥，而过分地强调维护既有社会秩序，在此情况下，社会发展将呈现出僵化的特点，并成为阻碍社会进步的羁绊。在社会发展过程中，矛盾与冲突虽然具有消极作用，但也具有一定的积极意义，在社会权威控制过程中，主要的对象具有瓦解力量与破坏性的冲突与矛盾。

现阶段，我国在宏观层面要积极利用社会冲突与矛盾，使其逐渐转入到改革与发展的顶层设计的制度化之中，在此基础上，积极诱导和合理解决这些矛盾和冲突，进而，促进我国社会的改革取得长足发展与持续进步，促使社会改革更加深入与彻底。对于社会中存在的冲突与矛盾，要挖掘其中的制度性缺陷，通过对其改进与完善，使我国的改革更加高效与全面。在此过程中，要注意到冲突与矛盾自身并不具备推动社会发展的作用，而是对其处理时站在多元的角度、采取灵活有效的举措，不能过分地夸大社会冲突与矛盾的作用，特别是在社会转型时期，要对社会矛盾与冲突进行有效的控制，汲取纾解社会矛盾与冲突中积累的有益经验，在此基础上，把这些经验与做法，上升至社会改革与发展的制度性层面，从而，多维度、立体化地架构转型时期的良好社会秩序。

二　社会秩序阻碍个性发展

对于任何社会个体而言，社会秩序均属于既有的社会力量，人们的社会生活与交往模式等均要满足社会秩序的要求，而不同的社会秩序其作用存在差异，因此对人们的控制力与约束力也存在不同。社会秩序要保持适度性，如果其过于严格，人们将不能实现自由的发展，进而也未能满足社会发展的目标。因此，社会秩序的建立不能要求所有人遵循秩序从事，此时的社会秩序是不科学的、不合理的。同时，社会秩序也不能完全充斥自由主义，在自由主义中，过分强调人的自然发展，该观念也不利于社会的发展与人的个性成长，此观点较为极端，主要是由于人的生存与发展均要借助社会秩序的力量。人的存在要依存社会秩序，通过社会秩序才能够彰显社会个体自身的个性，同时随着社会的发展，社会个体的需要与发展也将得到满足与提升。

社会秩序具有一定的稳定性，主要是指其借助法律、道德、习惯与风俗等，对人们的生活进行指导与规范，进而呈现出有序的状态。对于任何统治阶级来说，在国家治理过程中，均十分注重社会秩序的稳定性，但社会有序化的作用是通过社会结构的实际情况所展现出来的。如果社会结构推动了生产力的发展，社会成员则会拥有稳定的、正常的生活，在此情况下，社会秩序的稳定性对于社会的运行有着积极的意义，是社会进步的良性条件与积极因素，因而，社会秩序也满足了社会成员的目标需求。

但如果社会结构阻碍了生产力的发展，社会成员则不能获得稳定的生活，因此，需要对原有的社会结构进行改变，同时原有社会秩序的稳定性也具有了消极的影响，不仅阻碍着社会的进步，也影响着人们的生活。在此情况下，社会成员纷纷要求打破原有的社会秩序，建立新型的社会秩序，而对原有社会秩序的维护则违背了历史的发展潮流。但在原有社会秩序打破后，实现了对新社会秩序的建立，此时，人们要遵循新的社会秩序，并且要求社会秩序保持一定的稳定性。根据人类历史的发展可知，社会秩序的稳定性是人们的追求目标，主要是由于稳定是社会成员生存与发展的必要条件之一。

社会秩序的失序，主要是指社会生活呈现出了混乱、停滞的状态。失序与稳定二者是相对而言的，二者在范围与程度方面均存在一定的区别，并且具有一定的阈值。在一定的界限内，社会秩序的失序现象并不意味着整个社会秩序的混乱和失序，将其可以称之为不稳定因素或者干扰因素，但如果失序现象超出了社会本身允许的阈值，社会规范对社会成员的规制、引导作用也将丧失，进而整个社会秩序的稳定性也将被破坏。

第四节　社会的本质与社会的有序化需求

一　公序良俗对维持正常社会秩序的功效

一般意义而言，为了维持社会的和谐与进步，就必须有社会秩序的强力支撑。良好的社会秩序能够为社会带来和平、稳定和安全。和平主要表现为由于利益分配结果的确定性而在权利主体之间形成的一种相安无事的状态；稳定则要求具有利益分配结果状态的连贯性和持续性；而安全通常表现为正常行为发生预期之正常结果的确定性。

正因为社会秩序具有以上三种价值，因此也可以将其看做是一种需求，基于需求基础上才产生了秩序的模式。人类社会发展至今，其已从过去的原始氏族社会改变为国家形式的社会体系，而正是"秩序"促进了这一转变的发展。随着现代人类对于自身弱点的进一步了解，其更加认识到了秩序的重要性——必须通过社会秩序给予人们一定的制约，这样才能够避免社会个体犯罪行为的进一步扩散，并强化了人们对秩序的需求欲。

二　公序良俗在构建和谐社会中的作用

在现代社会中，社会道德和社会秩序具有重要的作用，在某种程度上说，没有社会秩序，就没有现代社会。在社会关系方面，法律无疑发挥着十分重要的作用。但因为人类理性不足以使我们充分理解现实世界中各种具体细节所具有的全部含义，所以就会因为立法时候存在的某种缺陷，从而导致了现行法律存在某种不公正的行为，在这种情况下，作为一项概括性规定，"公序良俗"就有非常大的发挥作用空间，成为在法律没有明确规定或者法律规定有缺陷的场合下的民法基本原则。

公序良俗之所以能够担当此任，是因为公序良俗是人类社会发

展至今最基本的价值体系，同时它也是判断社会个体行为是否合乎
秩序的主要依据。法国著名学者韦尔的研究显示，作为对人类绝对
自由的限制，公共社会秩序和各地区的风俗都能够体现社会当中人
所处的地位，换句话说，就是社会秩序会强迫个人遵守构成整个社
会体系的法则和规律①。从某种意义上来说，公共秩序和善良风俗
就是为社会管理者判断个人行为是否违反社会秩序的一个最基本的
标准。

三　公序良俗是经济社会健康发展的必要前提

随着现代人公共生活范围的逐步扩大，个人的生活方式和活动
已经开始对社会造成较大影响，并且这种影响会越来越大。而在社
会当中的各个成员，不论其身份如何、是官员还是平民，在进入公
共场所后都应该自觉遵守公共秩序，这是维护公共场所稳定，促进
社会和谐发展的首要基础。

目前，我国的社会公共生活范围在逐渐扩大，人们的工作和生
活之间的交集也越来越多，使得人们的工作场所和生活场所必然会
产生诸多重叠的情况。因此在现代，公共秩序已经对生产活动产生
了一定的影响，如果忽视这种影响，那么必然会导致社会生产工作
受到钳制，社会发展遭到破坏。由此可见，有秩序的公共生活不但
能够提升人们日常生活的和谐性，还能够促进社会经济的不断提升。

追求优质生活是现代越来越多人的精神需求，在经济高度发展
的今天，老百姓的温饱问题已经基本得以解决，因此人们必然会对
更高质量的生活予以新的期许。因此，更纯洁的社会风气和更规范
化的社会秩序就成了优质生活的前提保证。良好的公共秩序同时也
是一个国家或地区社会稳定发展的重要标志。我国在党的"十七
大"当中提出了加快民生改革步伐的实施方案，并且明确规定必
须要在经济发展的前提下，提高对社会秩序建设的重视度，并大力

---

① 尹田：《法国现代合同法》，法律出版社 1995 年版，第 165 页。

开展民生改善工程，推进社会秩序的改革，扩大当下我国的公共服务范围，使得我国群众能够老有所养、学有所教、病有所医，推动中国特色社会主义的不断发展。党的十八届三中全会提出的全面深化改革的总目标中指出，我们要完善和发展中国特色社会主义制度、推进国家治理体系和治理能力现代化，为新时期，社会秩序的更高端建构，规划了新的蓝图。因此，关注社会秩序不但是能够进一步提升群众的生活条件，还能够提升整个社会保障制度的良性发展，使社会秩序得到进一步优化与提升。

四　公序良俗是国家现代化和文明程度的重要标志

一个国家的现代化发展进程主要是在技术的现代化发展和公共生活的秩序化发展基础上确立的。自我国改革开放至今，我国国内的经济水平发生了举世瞩目的变化，而这一变革结果同样使各国瞩目。在此过程中，我国还加强了文化和社会建设的进程，并完善了相应的体制体系，取得了较大的成功。这使得我国国民在经济高度发展的今天也能够保持良好的公共秩序，并提高了国民对社会秩序的认同与遵守。但是，目前在我国国内仍然存在着一定的不文明现象，例如破坏公共绿地、随意插队、行人闯红灯、随地吐痰、乱扔垃圾等。如果这些行为不能够得到良好的转变，那么必然会给我国社会的形象造成严重影响，并且会对我国人民未来素质提升造成一定程度上的阻碍。

在近几年的发展过程中，我国部分城市已经开始着手改变社会公共秩序，并且大力发展具有本市特色的文明秩序，同时在我国国内也建立起了卫生城市、文明城市的创建、选拔机制。在当选我国"文明模范城市"的地区，其公共生活井然有序，城市环境非常清洁，道路整洁通畅，并且整体社会风气积极向上，发展一派生机，地区群众之间的关系比较融洽，不文明的行为发生概率较低，人们都以遵守公共秩序为荣，同时这种良好的秩序已经成为了发展城市旅游业的重要契机，也成为我国现代进程中对城市文明发展程度的重要参考数据之一。

第三章 中国公共生活的全景式剖析

第一节 中国传统公共生活缺失的背景透视

众所周知，中国传统文化中包含了大量体现崇尚"大公无私"情怀的诗词篇章，早在《诗经·小雅》中就记载了"雨我公田，遂及我私"的诗句，但这种追求"公义"的人生境界始终无法与民族精神融合在一起，这对于一个民族的社会经济发展来说，有着十分不利的影响。随着我国改革开放事业的深入推进，我国的综合国力、国际竞争和国际影响力不断提升，人们的生活水平不断改善，但在这样的历史境遇下，原本的"公"思想并没有随着经济实力急剧增强而快速跃升，无处不在的利己主义思想反而在当今社会愈演愈烈。那么，为何在社会经济发展的形势下，"公"的理论没有实现，反而退步了呢？中国五千年历史的"公"思想，在当代社会发展过程中，又扮演着怎样的角色？现代生活当中，人们为了实现个人利益，不计后果、不讲道德，这样的行为对于社会经济的发展又将有着怎样的不利影响？针对这一现象，如何采取行之有效的措施实现社会的公平公正，重塑人们的思想道德，引导并规制当下中国社会的公共生活，以此促进社会经济朝着"公"的方向发展呢？以下，我们试对这一问题做深层次的学理研析。

一 家国同构的社会结构

中国传统社会具有"家国同构"的特点，国家资源都是由独尊的君王占有和掌控,"普天之下,莫非王土;率土之滨,莫非王臣"① 的"家天下"构成了古代中国对主权的体认和理解。这种家国同构强化了个体对血缘集团的顺从,使得专制政权对个体的任意支配成为天经地义的事情。逐渐地,在家与国的双重挤压下,公共生活无从生发和体现。具体来说,主要体现在以下几个方面:

首先,公共权力被独占世袭。中国封建社会建立在宗法血缘为纽带的家族关系上,国家关系、君臣关系不过是家庭关系、父子关系的延伸而已。君权没有任何的制约和限制,在君权至上的信念中形成了对公共权力独占世袭的严密的统治网。封建王朝是以"家天下"的形式存在,皇帝就是这个"大家庭"中的家长。在这个封建"大家庭"的家长看来,国家的事务也就是他的家事,并且只有他一个人能够对这些事作出裁决,别人未经他的允许,是不得与闻的,否则,就是犯上作乱。而这就使得封建时期的中国民众成为了"自然民"和"臣民",并不像西方社会当中的"公民"。封建王朝体系与君主专制主义制度无法产生制约公共权力活动的土壤——私人领域,自然也就没有公共生活可言。

其次,崇公抑私的意识形态。古代中国人对"天命"的敬畏,对"天德"的膜拜是其他文明所不及的,相反,"民心"却得不到足够的重视,认为"民心无常",而"天命靡常"(《诗经·大雅·文王》)。这里的"天"主要体现为与"德"相通的"公",因此,"公"成为古代中国人心目中绝对的权威和高尚的修行。这里包括两层内容:一是预防和杜绝私人利益对于公共利益的危害;二是坚决维护和自觉实行所谓的"天下之大公"等。

就第一层面而言,所谓的"公理""公道""公心"成为压在中国人心头上的大石,甚至成为杀人的凶器(以理杀人)。统治者宣称"人人皆可以为尧舜",在这种要求的驱使下,民众不得不做到"大公无私"。在这种人格化的伦理模式中,道德和伦理将人掏

---

① 《诗经·小雅·北山》。

空，只剩下一具空洞的社会性躯壳，而这具躯壳中装的便是封建的三纲五常。①

就第二层面而言，为人臣民，最好就是安安分分，如果要有什么作为的话，那就是鞠躬尽瘁一心为"公"；而为人君主，则可以公为名，肆意妄为。君主借助"天下大公"的政治手段和力量，可以把其势力无限地扩展至社会文化、社会心理、公众认同及百姓生活的每个角落。"在这样的社会生活体系中，社会生活实际变成了一个由一个个虚无的个体组成的全社会一体的按'分'分配的社会生活体系和一整套程式，并以此为荣。"结果导致了私人生活与公共生活几乎无法达致通约的两无格局。

最后，群己观念的错位。中国传统社会主要以家庭为单位的自给自足的小农经济作为最基本的生产模式，由此形成的社会组织也以血缘关系作为纽带连接而成。这种社会组织是以五服、九族、亲亲、尊尊为原则将整个家族成员联系到一起的宗法共同体。我国的民俗研究家费孝通先生曾经提出了"波纹宗亲网"的概念，并以"差序格局"来形容我国传统家族观念当中的辈分差异。同时他还指出，我国社会当中的亲属关系就像是在水中丢入石头所形成的波纹。② 在这种以同心圆为基础的宗族网络当中，每一个人都能够成为推动波纹的中心，一旦其被波纹所波及，其家族之间的成员就会产生联系，而每一个人在不同时间、不同地点所使用的波纹也不相同。费孝通先生指出中国传统社会并不是群体本位的，而是自我本位的，处在圆心的个体赋予一圈圈的关系（或处于这些关系中的人们）不同的价值；相应地社会互动的规范和道德判断在被应用到这些圈子中的不同人身上的时候也会千变万化。

封建社会的道德实践是诸如父慈子孝、长惠幼顺、夫唱妇随、君义臣忠等不平等的一对一的运作模式，这五伦被视为天下之达

---

① 参见刘泽华《天人合一与王权主义》，《天津社会科学》1996年第4期。
② 费孝通：《乡土中国》，人民出版社2008年版，第28页。

道。同时，伦理规范在执行过程中也因人而异，没有普遍适用的执行准则。因此，尽管儒家学说推崇"先人后己"的奉献思想，也同时教导人们如何遵守礼节和德行，但因其在维持社会的稳定、保证封建王朝统治的伦理纲常的框架之下，必然不会产生普遍的人际关系行为准则，而仅能够形成一套"私人"的道德标准，使得其在发展过程中无法挣脱差序人伦思想的束缚。[1]

实际上，在我国传统的人际交往模式当中，"公"与"私"，是一个以自己为中心向外扩展的差序体系，在这一体系中，公和私之间是相对而言的，从自身角度出发，任何外在的都可以看做是"公"。比如，一个人偷了国家的公共财物，我们说他是为私的违法行为；但他却可以辩解说，他不是为满足私欲而偷，而是为了家族的利益而偷，所以是为公的。费孝通曾指出："私利在社会发展中具有重要影响，为了个人利益实现，不惜牺牲一切。"[2] 这样，"公"与"私"的界限就变得不清不楚，个人与群体的权利和义务也就变得模棱两可。

许光在他的《祖荫之下》中指出，父子关系的中心价值、两性之间的疏远、大家族的理想、成人式的孩童教育和父母的威权这五个核心因素构成中国人的个体人格。这意味着中国文化把群体利益置于个体利益之上，个体从属于群体且在任何情况下都是次要的。至少在意识形态层面，群体（无论是家庭还是国家）的存在不是为了支持个体；恰恰相反，个体的存在是为了群体的延续。每个人从出生到成长再到生存，个体都离不开祖荫的庇护。

二　以农为本的经济模式

中国的封建社会主要以农业为主要的经济基础，这对中国传统文化有很大的影响。作为一个农耕民族，其发展方式是以人力和土

---

① 费孝通：《乡土中国》，生活·读书·新知三联书店 1985 年版，第 34 页。
② 同上书，第 27 页。

地相结合的模式，因此他们建立起一个区域性的封闭式的自然经济社会，其与外部的世界形成了较大的隔阂。农民终其一生都需要与土地作伴，天天与土地打交道，日出而作，日落而息，头顶太阳，脚踏黄土，生产劳作往复循环，在封闭的圈子里活动，其交往活动主要是在自然经济下一家一户的"直接经济环境中"进行的，是凭借血缘亲情来维系的一种相对稳定的封闭的群体生活方式。

具体表现为：一方面，由于封建社会当中的家族结构的封闭性质，使得家族成员的活动范围狭小且固定，充其量也不会超过本乡本土，家族之间的交往活动则少之又少。另一方面，由于传统社会交通不发达，使得人们难以冲破狭小地域的束缚，致使交往的深度与广度都受到限制，这均造成了传统交往活动的狭隘性。加之儒家伦理对人们进行交往活动所做出的各种约束和限制，特别是对"闺中"女子的圈禁，更加强化了中国传统交往活动的封闭性、狭隘性。在一般的封建家族内部，女性尤其是未成年的女性较少有进行正常交往的权利，她们被禁止抛头露面，根本没有进行自由交往的机会。

此外，包括男性在内的青少年通常被家长严加管束，从而限制了他们的个性自由与身心发展，完全或部分地丧失了独立进行正常交往的权利。而且，青少年及女性个体交往的需要和交往能力的发挥，又常常为家族的整体利益和需要所遮蔽而变得不值得一提了。同时，还由于人际间缺少足够的多层次的横向联系，人们往往闭目塞听，惰性十足，又具有一定的保守性，最终只能是保守田园、安土重迁。人们所追求的就是"三餐一宿"的安稳的生活方式，并且不愿意离开自己所熟悉的生活范围，更不热衷于对外界的探索。

这种封闭的交往理念与当时的整个社会环境的封闭性保持了一致，因此这种特性的出现和延续也就成为了必然。在这种"出门五步远，交往两三人"的社会环境当中，社会个体自然而然地就会形成相对保守的人际观念。台湾地区的民俗学者认为，我国传统生活中人处于一个以家族和村落作为中心的狭窄而孤立的环境当中，村落之间形成的婚姻和经济网是其唯一与外界联系的途径，大部分的人从生到死都没有离开过其居住的地方。①

我国的乡土社会奉行"生于斯、死于斯"的观念，大部分人都会在家乡终老，即使是客死异乡也要落叶归根。每一个孩子从出生以后都是在家长看护下长大，而在孩子的世界当中到处都是熟悉的大人的身影。这种"熟悉"的社会当中没有任何"陌生"的人和事。② 农民的活动范围非常小，除了忙于春耕秋收，就是在储备过冬的粮食，赶集也就成为大部分人与外界进行交流的唯一的方式。这种封闭性行为方式与处世心理，不可避免地使中国传统社会公共生活极为匮乏。

三　血缘宗法的家族制度

在中国传统社会里，自给自足的农业文化将农民完全束缚在土地之上，而村落也主要是以家族或血缘关系的形式而存在，因此可以常见张家村、陈家村等地名。村民们在生活中对于家族和血缘关系也有着极高的认可度，他们世世代代在这片土地上繁衍，并且以土地为基础不断扩大家族的规模。而在这种背景之下，村落的公共性社会主要也是围绕着家族形式而建立的，其中包含了很强的家庭观念。费正清曾指出，从社会学的角度看，现代我国部分村落的公共关系也同样是按照家族关系建立起来的，其次才和邻村或邻近地区建立起公共关系。村落由一个或几个家族组成，他们各代人都生活在一起，并永久性居住在这里③。

村民以家族为载体，利用血缘关系和地域关系形成了紧密的联系，并且以此维持村落的稳定性。而统治者如果想要对这些村落进行有效的整合，就必须要借助村落当中在血缘上地位最高的家族成

---

① 韦政通：《伦理思想的突破》，台湾水牛图书出版公司 1987 年版，第 5 页。
② 费孝通：《乡土中国》，人民出版社 2008 年版，第 6 页。
③ ［美］费正清：《美国与中国》，张理京译，商务印书馆 1987 年版，第 20 页。

员的权力。而在这种环境下，每一个人都是被血缘和家族理念所涵盖的个体。个体距离家族血缘圈中心越近，其彼此之间的关系越亲密，所产生的信任感越强烈，而这同时也决定了村落之中农民的生活方式，并影响着村落当中的公共活动，例如帮工、红白喜事、修订族谱、教导家训、捐资助学等。

同时，当家族当中利用祖产和祠堂为基础开展公共性活动时，家族中的成员就必须进行帮扶、捐赠、服务等行为，进而增加每一个家族成员对家族的归属感和依赖感。从而让更多的家族成员能够接受这种以家族为中心的公共秩序，尤其是在我国春秋战国时期的社会中，[1] 秩序的维持在很大程度上依靠的是家族的族规，其能够调节各家族成员之间的矛盾，强化其合作关系，增加家族内部的团结性，并且对于违反族规的成员进行相当严厉的处罚。

家族当中的族规是通过公共交际活动来实践和强化的，并且它还具有一定的教育意义。在以家族利益为中心的价值取向面前，人们的生活都是以家族利益为重，个人利益为次要，在进行任何活动时都以家族利益为先，家族的名誉和荣辱比家族成员的生命更加重要，而这也就使得每个家族成员不得不屈服于这种"秩序"，使得社会个体的个性化得不到满足和发展。[2] 而家族取向是国人生活方式当中的一个重要的组成部分。[3]

在中国传统社会中，由于强大的宗族势力与国家的政治权力相结合、完善的宗法伦理与国家的律法相合流，私人生活与政治权力相统一，所有这些条件构成的独特社会模式在长期的历史中形成了一种超稳定的社会结构，使中国的传统社会一直处于封建统治之下，一定程度上阻碍了资本主义的发展，对公共生活的发展产生了十分不利的影响。

---

① 费孝通：《乡土中国生育制度》，北京大学出版社1998年版，第49页。

② 杨国枢：《华人社会心理学》（上册），重庆大学出版社2008年版。

③ 杨国枢：《中国人的社会取向：社会互动的观点》，《中国社会心理学评论》，社会科学文献出版社2005年版，第26—27页。

四　君权至上的政治特征

君权至上是中国封建社会政治结构的又一基本特征。《诗·北山》所表达与秦刻石所颂扬的"天下王有"的政治理念，"天无二日，民无二王""六合之内，皇帝之土""人迹所至，无不臣者"，体现的一种占有性的王权理念。在这种王权支配的社会里，一切的政府权力机构都是王权下的办事结构；王权是至高无上的，没有任何制度或秩序能够对王权进行制衡。同时，帝王的权力和位置采用世袭制的方式进行传递，也就是说这种权力是无限制的。王权的无限并非是指包揽一切，而是它想要管什么，就能够管什么，古话有云"普天之下，莫非王土，率土之滨，莫非王臣"，王权是全能的，将天、地、人统为一体，也就是所谓的"大一统"。①

历史上的周厉王派卫巫监视国人，把敢于诽谤的人杀掉，搞得老百姓只能"道路以目"；秦始皇接受李斯的建议，禁止世人妄议国家政令，并对诽谤者处以割舌砍头的刑罚。后世虽然也有汉文帝、唐太宗等从善如流的"明君"，但周厉王和秦始皇的继承者却也不乏其人，明代的"厂卫"和清代的"血滴子"等特务机构对大臣和百姓的监视到了无孔不入之地步，雍正、乾隆父子的大兴"文字狱"同样令民众不寒而栗。"祸从口出""莫谈国事"就是出于自保心理的人们的经验总结，也是对当时社会现实的真实反映。

在这种大一统的中央集权框架下，中国政治传统中基本的社会成员是臣民，他们把自己的一切都贡献给了最高政治权威，甚至他们所以成为人也完全是最高政治权威的赏赐与恩典。而最高政治权威也确实充当了所有臣民的监护人，全面而彻底地控制了所有人的一切生活领域，并且具有了判别臣民能否算人的最后标准。一方面，臣民的生活受到了政治权威的全面监护，根本不存在没有政治

---

① 刘泽华：《中国的王权主义》，上海人民出版社 2000 年版，第 2—3 页。

权威不能干预的纯粹的私人生活，臣民不能决定自己是否已经是真正的人，自然也没有由于自己的人性而衍生出神圣的权利，从而不能为自己的私人生活提供起码的政治合法性，最高政治权威可以在个人生活的一切领域任意干预；另一方面，中国传统的臣民不能依靠自身而具有人所以为人的神圣性，而必须依靠最高政治权威的逐级恩赐。那么，人们在没有通过最高政治权威允许而自发或自觉发起的任何公众活动都是非法的，人的行为必须而且也只能是温顺地"顺帝之则"（《诗经·皇矣》）。因此，中国传统社会根本就不存在现代意义上的公共领域和私人领域，而是一个既无公共领域也无私人领域的特殊社会。

公共生活与私人生活的二分法产生于西方社会，体现了西方公民社会的典型特征。"就其内容而言，完整的公共生活体现和维护的是某一社会群体的共同利益；就其表现形式而言，完全自主性是公共生活的具体表现，参与公共生活是每一个人都享有的平等的权利。私生活则是指公共生活领域之外完全由个人支配的个人生活，社会成员对自己的命运具有决定的全权是个人私生活存在和运行的逻辑基础。"[1] 中国社会中根本就不存在这样截然二分的公共生活和私人生活，其中的关键就是中国传统社会根本不存在有自主人格尊严的公民。更不具备西方国家所产生的市民社会的先决条件，并且从来没有形成过市民阶级，也没有形成过任何具有独立倾向的社会自治组织，因此也就无法产生类似于西方的市民社会。[2] 没有一个强大市民社会的支撑，公共生活就成了无本之木，难以发展壮大。

总而言之，自秦朝以来的中国传统社会实质上一直处于"王权支配社会"的历史往复循环之中。中国传统社会的这种特殊结

---

①　刘泽华：《中国传统政治哲学与社会整合》，中国社会科学出版社 2000 年版，第 263 页。

②　参见夏维中《市民社会：中国近期难圆的梦》，《中国社会科学季刊》（中国香港）1993 年第 4 期。

构也对我国传统社会公共生活的形成产生了巨大的影响，以家族血缘为纽带的族规制度和以王权为基础的君主制度就成为了整个社会的秩序。但事实上，我国传统文化当中出现公私不清、内外不分情况的关键因素就是私域性的血缘关系的掣肘。

儒家学说形式上大谈"公"，但是其论点的基础则过于狭隘：主要是血缘和私人伦理关系，而这本身与其为"公"的理论相矛盾，使人们在很多问题上产生了混乱。儒家伦理当中"私域"的壮大，限制了"公域"的发展。儒家思想关于君臣关系的解释以"公"的角色凸显以"忠"为主，但这种"忠"往往需要让位与"孝"，而"孝"则是"私域"的概念，儒家学说大肆宣扬后者。另外在儒家学说当中还有"修身、齐家、治国、平天下"一说，其中的"修身"与"齐家"属于私域，排在"治国""平天下"这一公域理论之前。其实公与私是两个领域，虽可以互助，但主要各自独立发展而不互为基础。

因此在儒家理论当中，大公无私的精神只能够被看做是一种理想化的状态，并不能进行实际的操作，否则就会产生"大私无公"的情况。其核心问题在于社会是由具有独立性的个体所组成的，这种个体不是一个抽象的概念。因此，中国的公共领域存在着很多问题，在公共领域之中，"私人"与"公共"的关系存在着一种尴尬，无法满足二者的合理地位，公私不明。[①]

第二节　近代中国公共生活的历史嬗变

一　政社合一的乡村"集体"组织

从 1949 年中华人民共和国成立，中国农村经历了土地改革、互助组、合作化运动、公社化运动、家庭联产承包责任制等，使

---

① 王中江、张宝明、梁燕诚：《活力与秩序的理性基础：关于互动的对话》［EB/OL］，公法评论网，http：//www. gong fa. com，2003—01—03。

得传统的家族集体向新型集体经济共同体的方向进行转变。这种形式导致了家族内部的血缘意识大大减弱，并且对非血缘者的认同感显著提升。通过把每一个个体从过去的家族当中解放出来，进而使其能够挣脱家族的束缚；通过集体劳动和分工的方式改变以往家庭独立劳作的模式，培养出农民之间合作互助意识；同时加上共产主义的宣传和教导，以培育社会主义集体主义价值观与新道德。

这一时期，国家的意识取代了地方的意识，使农民培养起了集体主义价值观。人民公社实行"组织军事化、生活集体化、行动战斗化"，并且建立了一个从国家到地方，从政府到公社，从生产大队到生产队的官僚管理体制，把民众的私人生活和公共生活完全归入了国家的整体之下。而人民公社制度同时也具备了生产、生活、教育等多种功能，使国家对于农村生产活动的各个环节进行了更加稳定的掌握，农民的行动和思想被政府所支配，因此产生了更加强大的动员和管理能力，将国家意志能够准确无误地传达到农村的各个角落中。

从土改以来，开会成为农村公共生活的一个部分，村民愿不愿意都必须参加。除了政治运动和各类会议以外，还包含了各类社员会议，主要被用来解决日常生产当中的各类问题。大部分的成员还需要参加各种各样的团体，例如妇联、民兵、残协等，而这些组织都有自己的会议。党员还有自己的例会与学习。当然，除了"四清"与"文革"一类以干部为对象的运动外，绝大部分的政治活动都是由村干部代表国家来组织与控制的，村民的参与也不是自愿的。

大部分那个年代的人在回忆时首先想到的就是各类无聊且浪费时间的会议，因为在集体化的生产中，人们不仅要参与集体劳动，还需要照顾自己的家庭。不过在长时间的适应之后，农民也就习惯了这种生活方式，而且有时候的会也还是很有意思，村民的确感到自己的参与起了作用。大队在农闲期间到县文化局请来放映队给全村放电影。除了一般性的体育活动外，每年还举行篮球赛；比赛在各小队以及学校、机耕队等单位之间进行。从比赛中选拔出来的人就组成村里的球队去参加公社范围的比赛。这些活动非常受村民欢迎。

在集体化时代，公社社员从集体那里分到粮食、柴草、蔬菜等所有生活必需品。集体还给有紧急需要的家庭以补助，给儿童提供免费教育，20世纪70年代甚至还给社员提供基本医疗。更重要的是，集体还为各种基础建设提供人力物力，如防洪渠、发电站、学校、修路与造林等，这些工程本身也是公众参与的重要形式。在六七十年代，共青团、民兵、妇联还组织人们参加义务劳动，比如帮助孤寡老人做家务、扫大街、干农活等。公共生活中另一类活动是各类学习小组，在学毛著、批林批孔运动等政治气氛浓厚时期，学习小组的活动就更多。这一时期尽管有政治运动与意识形态的强烈影响，村民们还是可以在相当程度上参与和享受集体化的公共生活。这些公共生活均是由集体来进行安排和组织，因此也就肯定会被打上"国家干预"的标签。而这些活动的主旨则在于让民众服从集体和国家的安排。在我国70年代初期，村落内的通信主要通过广播，并且安装在村民的必经之路，喇叭的外部结构没有开关，其内容和广播时间则是由村、县或大队的广播站进行控制，因此村民无法选择其听到的内容和收听广播的时间。其在日常生活和劳作当中每天都必须要被迫收听干部讲话、宣传教育等内容，长此以往，人们也习惯了这种广播形式。

春节是社会生活的展演场，是展现社会变革的舞台。乡村春节流变是伴随社会变迁自然而然发生的社会现象。乡村春节的流变反映出人们思想意识的变迁，影射着乡村社会的深刻变革。传统农村的春节从正月初一直到十五元宵节为止，在村落内会举办各种各样的公共性活动。演出的服装道具皆由村集体出资置办，演出的舞台非常简陋，不过是在村庄前冬闲的耕地上用土堆砌起大约三尺高的平台，没有华丽的布景、没有绚丽的灯光，这种活动就是村民们的自娱自乐。在演出的当天，邻村的村民必然会获得相应的消息，其会从各个村落赶来观看这场好戏。在戏台之前会聚集大量的村民，他们互相交流，就会使陌生的人产生熟悉感，熟悉的人则会更加亲近。戏台之上表演的是对生活的演绎，而戏台之下则是生活的写实表现。由于当时的社会经济发展条件，造成了娱乐匮乏的社会现实，人们看上一场露天电影都会十分满足。

在晚饭过后，村里的孩子会争先恐后地拿着板凳抢占电影放映的最佳位置，他们嬉笑打闹着为自己划定了一个区域，有些人会站在外面进行观看，有些人则会爬上大树、墙头进行观看。年轻人会三五成群在一起谈天说地、乐此不疲，他们有的会成为朋友，有的则可能发展为恋人。而田野戏台和露天影院也就成为了村民们主要的交流场所和公共活动平台，在春节的气氛之下就会使其效果更近一步。在元宵节之后，人们的生活才归于平淡，生活继续回复到正轨。

总而言之，在集体化的时代，一些与"私"有关的思想都被无限地进行压缩，甚至于被完全否定。[1] 但是这种情况只是一种表达性的现实，而不是客观性的现实。[2] 实际上，人们生来就具有"私"的观念，并且这种思想是人类难以驾驭的。在日常生活当中，不论是出于自我保护还是个人尊严，其动机都是在于自己的"私心"，所有的一些善的举动和个人成就的取得也都源于"私心"，而这种天性是任何力量都无法进行磨灭的。[3] 如果人处于一种缺乏外界刺激的环境当中，那么人类的惰性就会完全表现出来。人只有在欲望的驱使下才能够进行创造和努力，当这种欲望被深深

---

[1] 刘泽华等：《公私观念与中国社会》，中国人民大学出版社 2003 年版，第 274 页。

[2] 黄宗智：《中国革命中的农村阶级斗争：从土改到文革时期的表达性现实与客观性现实》，载《中国乡村研究》（第二辑），商务印书馆 2003 年版。

[3] ［荷］伯纳德·曼德维尔：《蜜蜂的寓言：私人的恶德，公众的利益》，肖聿译，中国社会科学出版社 2002 年版，第 5 页。

掩埋，并且谁也无法唤醒时，人们的才能和优点也就会永远黯淡无光。人类也就会成为一台迟钝的机器，停止不动。① 这也就是说，人本身所具有的天性也包括惰性，只有当社会对他进行刺激时，人类才能够进行改变，并激发其创造的潜能。

换言之，如果让每一个个体都能够合理地追求其目标，那么必然会促进整个社会的繁荣和发展。在公共环境下，农民的行为一般表现为集体主义，但传统的行事风格也被延续着，即"双重人格"的生活方式：表面上喊着"斗私批修""灵魂革命"等口号，但是私下里也在用"两种干劲"来进行生产，其表面屈服于集体化生产模式，但内心里也是对自由发展有着深切的向往。② 与我国传统文化相比，集体化时期的农民"私"的理念往往是以"公"的意识进行掩盖，并且这种"私"的理念还可以通过人为构建的方式以"公"的形式表现出来。在公社当中所构成的"公"的理念除了传统的公有理念之外，还包含了"人人有责"的理念。在这种公有理念的影响下，公社中的成员就会更加想要为集体作出贡献，并且想方设法从集体当中分得更多的利益。而正是这种理念使得"公"与"私"之间形成了微妙的平衡。③ 因此，在一个全能主义④的国家当中，社会则不得不处于蛰伏的状态，在这种奇怪的社会构架之下，民众想要表达自身行为的意念和对行为

---

① ［荷］伯纳德·曼德维尔：《蜜蜂的寓言：私人的恶德，公众的利益》，肖聿译，中国社会科学出版社 2002 年版，第 10 页。

② 温锐：《农民平均主义？还是平均主义改造农民——关于农村集体化运动与中国农民研究的反思》，《福建师范大学学报》（哲学社会科学版）2003 年第 5 期。

③ 邱梦华：《中国农民公私观念的变迁——基于农民合作的视角》，《内蒙古社会科学》（汉文版）2008 年第 6 期。

④ "全能主义"（totalism）是邹谠提出来的概念，"它指的是一种指导思想，即政治机构的权力可以随时地、无限地侵入和控制社会每一个阶层和每一个领域。'全能主义政治'则是以这个指导思想为基础的政治社会，但仅限于表达政治与社会关系的某一种特定形式，并不涉及该社会中的政治制度和组织形式"。参阅邹谠《二十世纪中国政治：从宏观历史和微观行动的角度看》，牛津大学出版社 1994 年版，第 69 页。

进行实践的意念也就不得不进行分离处理，使得国家之内仿佛如剧院一般，人们在台前的表演和在幕后的生活具有着极大的反差，使得人们变成生活中的"演员"，脱离了群众的实际需求。

二　个体化进程中农村公共生活的起落

自我国改革开放以来，社会主义市场经济体制逐步建立，传统社会开始向现代社会进行急速地转变。个体、社会、国家之间的关系在现代性意识冲击之下正经历着结构性重塑。在这种不可逆转的时代背景之下，农村社会也在发生着巨大的改变，其个人意识迅速崛起。这种个人意识的崛起也使得我国的社会结构发生了重大的变化，并导致了我国社会的整体个体化发展。[①]　"个体化"承载着个体从其所属的、传承的和先赋性的社会特征中解放出来的过程：它被看成是现代社会最具显著性和深远影响的起点。简言之，个体化是一个人的身份从"给定"向"任务"的变迁过程，它还通过履行任务、承担后果来改变行动者……[②]

1978 年安徽省小岗村的 18 位村民率先点燃农村改革星星之火。迫于贫困和对农村集体化的深深失望，这些村民决定将土地的集体经营改为家庭承包。各个农户将承担确保完成国家征购粮的责任；此后，他们将拥有在市场上卖余粮的自由。这在当时是非法的，并且很容易被定为反革命的行为。为了分担风险，村民们在一份生死合同上按下手印，承诺如果他们的领头人或任何其他人被国家监禁，其他村民将资助受难者的家庭直至其孩子成年。幸运的是，当小岗村的试验取得巨大成功时，一些地方政府领导人强烈支持这些村民的做法并在此基础上发展出家庭联产承包责任制改革，

---

①　［挪威］何美德、鲁纳：《"自我"中国：现代中国社会中个体的崛起》，徐烨芳等译，上海译文出版社 2011 年版，第 2 页。

②　Bauman, Zygmunt (2001). The Individualized Society, *Oxford：Polity. Beck, Ulrich and Elisabeth Beck - Gernsheim* (2003). *Individualization：Institutionalized Individualism and its Social and Political Consequences*, London：Sage.

最终为中央政府接受并在全国实施。[①] 小岗村村民们愿意承担这么多责任，甚至被监禁的风险的原因之一，是极端贫困以及接近崩溃的农村经济。在这方面，他们并不孤单。因此，看到国家没有惩罚小岗村村民和其他地方进行类似试验的村民，绝大多数的农村人口便很快进行效仿。他们离开社会主义集体制的强烈意愿不仅加速了初始的改革，还改革了其路径，并最终导致1982年到1983年间全国范围内的非集体化。1978年至1983年间成功的农村改革使村民和国家双方受益，并对同时进行的城市改革起到了强烈的推动作用。

随着市场化、工业化、城镇化、信息化和全球化的深入发展，中国社会也发生了巨大变化，人们传统的观念也随之改变，日常生活也朝着丰富多彩的方向发展。同时我国乡村社会经历了从集体到个体、从封闭到开放、从静止到流动、从贫困到小康的变化，传统静止、单一、贫困、封闭与半封闭的农村逐渐成为历史，农村社会日益多样化、多元化和复杂化，农民思想观念的独立性、多变化、差异性和矛盾性明显增强。乡村社会关系形式、乡村社会内部的人际交往结构、农民的价值观念也随着一系列特定公共空间的消解和市场力量的渗入而发生显著的变化。乡村社会流动性扩展了个体个性、性格、人生的崛起空间。乡村社会的流动性得到了进一步的提高，使得乡村当中的个体从狭窄的空间中被彻底释放出来，大部分个体都融入到了外面全新的世界当中，过着真正"自给自足"的流动性生活。而公社制度本身也被家庭联产承包责任制所代替，国家政府的权力开始从农村地区进行回缩，而农民则真正地从集体意识的桎梏中得到了解脱，并且享受到了最大程度上的自由，但是其在流动过程中仍然受到了很多旧有理念和体制的束缚。

随着现代市场经济的快速发展，市场对人力资源有着越来越大

---

① Zhou，Kate（1996）. How the Farmers Changed China：The Power of the People，Boulder：West view Press.

的需求。我国在 1985 年进行了户籍改革，并推行了沿用至今的城市暂住证制度，使得大量的农民流入到城市当中。这些人都是为了谋求个人的经济利益，并且对未来的幸福生活抱有美好的希冀与憧憬、梦想与荣光。为了进一步提高家庭收入，大量的农民远离乡村，纷纷来到城市打工赚钱。而这种流动性的农民工也使得农村社会开始走向开放性发展的道路，使得大部分的农村都能够迅速融入现代经济发展当中，对该地区所形成的传统文化壁垒造成了极大的冲击。而农村的地域关系也发生了不断的变化，使得农民的个体生存空间和机会不再仅依赖于农村集体，而是能够向着更加多元化的方向进行发展，形成了公共领域中群体性的"脱域"现状。

在学理上，所谓的"脱域"指的就是人们的社会关系从地域性的束缚当中挣脱出来，使得其与社会关系在无限的时空地带当中进行再次的结合。① 从传统农村社会中外出打工的个体处在现代化造成的流动性社会之中，生活当中的一切都充满了不确定性，使得每一个人都成为了为自己奋斗的个体，在为自己生活负责的同时，创造了社会财富。而这种个体的存在则体现了个人主义，以自我为中心。农村社会，人们除了基本的农活之外，大部分剩余劳动力会选择出门务工，他们需要长期在外务工挣钱，并没有过多的时间在家乡停留，邻里之间几乎没有任何交流，使得原来紧密的邻里关系变得疏远，同时旧有的生存空间已经消失，农村传统的道德观念也不适用，乡村公共活动也逐渐淡出人们的视野。

社会主义市场经济体制改革开启之后，经济体制转型下使得集体化程度消失，政府在乡村地区进行了一揽子的改革计划，并且最终将农业税取消。这使得村干部在农村地区的权力和威信开始逐步下降，在开展工作时相关干部显得力不从心，同时村委会也无法再像以往一样组织各类公共活动来满足个体的生活需求，并且个体对

---

① ［英］安东尼·吉登斯：《现代性与自我认同》，赵旭东、方东译，生活·读书·新知三联书店 1998 年版，第 19 页。

于农村的依附性也在不断降低。篮球场被废弃，因为没人维护而长满了荒草。宣传队、秧歌队被解散。共青团与其他各种组织不再活动，村里也就不再有社会活动，更不用提义务劳动了。另外，广播网的娱乐功能也迅速被电视和音响取代。在非集体化之后，村上家里的广播喇叭亦随之很快就被拆除。

过去春节到来时，各家各户的春联都是由村委会进行提供，并且春联是由村民自己书写的。这种集体化的生活模式在当时较为流行，并且对人们的生活产生了积极影响。但这种服务模式在现代已经消失，在村内已经难以寻找会写书法的人，并且大部分农民也会到集市上购买自己喜欢的春联进行张贴。同时，各类大型的公共活动和戏曲表演也退出了历史的舞台，诸如此类给村民带来无限乐趣的事物仅仅成为他们茶余饭后回忆过去岁月的谈资。

在现代，村委会的干部们在处理日常工作时，既没有资源的保障，本身也没有开展其他活动的主动性，村民更是没有任何时间去参加集体组织的公共活动。非集体化市场的觉醒使得农村群体从集体当中脱离出来，形成了个体关系，这样个体与村庄之间的纽带发生了断裂，进而导致自我中心理念的广泛传播，人们都是对自己的利益进行考虑，而无视其应该负有的公共义务和责任，最终导致了农村地区公共活动的消亡。[①]

自我国农村地区个体化以来，由于农村福利制度的缺失，互助关系网的破裂以及公共活动的逐渐减少，使得农村流动型生活的发展越来越明显，这也就使得农民开始自发地寻找精神安慰。而这也就为农村地区的宗教传播发展提供了良好的土壤，一些在家务农的村民选择了信奉某类宗教，并且宗教使得信徒之间建立了一定的互助互信的关系网，在宗教集体当中的生活则弥补了传统农村公共生活的缺失。同时，宗教生活使得原本无助的留守农民又重新找到了活下去的希望，并且能够使其守望相助，使得农村地区的发展更加

---

① 吴理财：《乡村文化"公共性消解"加剧》，《人民论坛》2012 年第 10 期。

的和谐，使得邻里关系更加的紧密。① 对于那些务工在外的农民工来说，其主要过着流动性的生活，这是一种在不确定的环境下进行不确定活动的一种生活方式，缺乏稳定性②，并且这种生活充满了无法预知的风险，使得在外务工人员的保障工作面临较大的挑战。

　　总而言之，在人们日常生活当中的事务往往是最难以进行管理的。而在人类的认知当中，无法进行管理的事物也就成为"未知事物"，而"未知事物"本身能够在人类心里产生一种恐惧，而这种恐惧感也是人们对于"无助"的另外一种诠释。③ 同时，在农村当中的留守老人、留守儿童、留守妇女以及残疾患者等也就成为了社会整体经济发展当中的弱势群体，他们在生活当中无法获得市场机制所带来的利益，使得其无法从市场当中获取维持其日常生活的资本，并且难以形成互助的关系。因此，这类人群更加需要心灵上的慰藉，更加需要同伴的帮助，也更加需要组织的帮扶，而加入到宗教团体当中也就成为了他们最简单、最快捷获得帮助和心灵慰藉的方法。

三　组织性依附：从全能政府到有限政府

　　新中国成立后的三十年中，由于认识和实践上的偏差，我国简单照搬苏联的老路，建立了高度集中的政治经济体制，形成了组织性依附的全能政府。在这个时期，每个人的人生生涯都既明确又标准，受到制度性规范的限制。成分好坏决定着个人的政治前途，地方领导掌握着分配工作的大权，出生地限定个人是城镇居民还是农村居民，而唯有享有城镇居民身份的人才能享受就业保障、免费医

---

　　① ［英］齐格蒙特·鲍曼：《序曲，或是欢迎捉摸不透的共同体》，载《共同体》，欧阳景根译，凤凰出版传媒集团、江苏人民出版社 2007 年版。

　　② ［英］齐格蒙特·鲍曼：《流动的生活》，徐朝友译，江苏人民出版社 2012 年版，第 2 页。

　　③ ［英］齐格蒙特·鲍曼：《流动的恐惧》，谷蕾、杨超等译，江苏人民出版社 2012 年版，第 102 页。

疗、退休金等国家提供的各项社会福利。此外，政府通过户籍制度对生活必需品进行定量再分配、控制国内旅行、禁止城乡流动。国家用城市的单位制度集中化就业系统取代了劳动市场，个人被分配到某个单位就业，除非相关部门重新安排，否则将在那里终老一生。除了就业外，城市的单位制实际上还提供了个人"从摇篮到坟墓"整整一生的所有重要资源与机会。在日常生活里，穿戴什么、与谁约会、何时结婚、怎样养育孩子等都有一套政治和意识形态的指导标准，就像美国著名学者魏昂德（Andrew Walder）所说的"组织的依附"。

20 世纪 80 年代末以集体体制所保证的收入"铁饭碗"已经被打破。而在这之前，单位提供了终生就业和住房、医疗、退休金等各种福利。然而，当以市场为导向的改革走向深入之后，国家开始觉得有必要为了提升企业效率或竞争力而缩小效益不佳企业的规模或者将其私营化，也就是国有企业的重组——城市改革的重头戏。1998 年至 2003 年间，超过 3000 万的工人下岗，这意味着 40% 的国有企业工人失去了工作。失去了工作和曾经拥有的安全感，下岗工人的生活方式一夜之间发生巨变。"城市里的中国人不断受到的困扰在于，他们已经跟不上生活的快节奏了。关于职业、婚姻和家庭关系等根本事务方面的价值和观念变化，让他们苦恼不堪。"[①]经济窘迫的下岗工人不得不为了日常生活的必需品而挣扎奔忙。在东北等重工业地区尤其如此，时常出现全家人在同一家工厂工作，又在同一个时候下岗的情况。国家曾说，工人是社会主义新中国的主人；现在，这些下岗工人不得不面对一个艰难的现实：自己是市场经济的多余人。很多人以各种方式发出了反抗声音。多数下岗工人需要很长一段调整时间来学习新技能、找到新工作。研究表明，由于私营部门不乏愿意接受低工资和恶劣工作条件的农民工，下岗

---

① Sun, L. H.（1993）. "Freedom has a price, Chinese Discover", *International Herald Tribune*, 14 June.

工人并没竞争优势，创业便成了再就业的主要方式。1994—1999
年间，离开有保障的国营单位投身私营企业的热潮在全国范围内展
开，形成众所周知的"下海风"。一些城里人，主要是被国有企业
排斥在外的人开始投身到小商品经济的灰色地带。他们或在街边贩
卖食品、衣服，或在国营商店门口交易小商品。随后几年里，越来
越多的人成为个体户或私营企业主。私营经济兴起的一个直接后果
是终结了政党国家对资源分配与生活机会的垄断性控制。过去，只
有政党国家挑选的人才能从社会主义再分配体系中受益；而今，私
营经济和新出现的劳动力市场却不分人等，使得每个人在集体或国
家主导的机构之外找到自己的一方天地。更重要的是，劳动力和多
数经济领域的私营化（虽然政党国家依然控制着中国经济的关键
部门）代表了从社会主义公有制和计划经济中解放出来的新的亦
是更深刻的一轮脱嵌。这一制度化和全社会性的脱嵌仅仅发生在实
行过计划经济的社会主义国家，虽然国家在后毛泽东时代竭力维系
其对公共领域尤其是政治权力领域的控制，但它决定从私人生活领
域中撤出。于是，私人生活领域内个体化进程迅速发展。

　　后毛泽东时代的经济改革允许个人在私营部门选择工作、自我
规划职业发展，从而打破了标准化的生涯。20 世纪 80 年代中期，
追求个人自己的生活已经成为一种强劲趋势，生活方式的政治化亦
开始在中国人的社会生活中发挥作用。私人生活中情感与欲望的重
要性的上升是个体化进程最重要的变化之一。[①] 首先出现的是日常
生活中的一些细微变化，例如穿牛仔裤、戴太阳镜、听流行音乐、
参加舞会等等。20 世纪 90 年代，追求性爱自由逐渐取代浪漫爱
情，年轻人开始表达对更多性自由的渴望。描述性爱之娱的小说或
短篇故事，以及广泛存在的婚前及婚外性行为等都反映了这一点。
过去的大学生都习惯了等待国家分配工作，在 80 年代后期和 90 年

　　① Yan, Y. (2003) . *Private Life under Socialism*: *Love*, *Intimacy*, *and Family
Change in a Chinese Village*, 1949—1999, Stanford: Stanford University Press.

代早期，政党国家还不得不通过开设一些培训项目来引导毕业生在就业市场找工作。[①]

然而，从 20 世纪 90 年代开始，"进取的自我"对于年轻人来说已不再陌生，跳槽、兼职、或从国企辞职回到私营部门已经相当普遍。1993 年初的上海一份调查报告指出一半的受访者有第二份工作，他们的月平均额外收入是 250 元。对北京麦当劳兼职申请者的调查显示，兼职原因从赚外快到了解社会、自我提升等，不一而足。实际上，所有这些原因都与一种压力相关，即将自己改造为市场经济中成功的竞争者。[②] 因为有如此之多的人一再变动其工作或职位，名片印刷业的兴旺也成了这种重塑个人生涯的蓬勃趋势的一个小注脚。

中国的个体化发展在一定程度上给社会个体带来了更多的流动性和自由选择空间，但是国家对于这种流动性和自由性并没有采取相应的措施进行保护和帮扶。个体为了寻求一个新的保障体系而融入其中不得不被迫重新回到家庭内部，或者参与到私人关系网络当中，这样也就等同于让人们再一次回到了集体的桎梏当中。同时，在这种没有任何福利保障制度帮扶的情况下，我国的个体化发展必然会加剧社会经济的进一步分化，使得个体的经济和社会地位发展产生两极分化趋势，而不是仅仅在身份建构和生活政治意义上的社会多元化。残酷的个人竞争和社会信任度的普遍下降，中国个体化进程中个人主义的发育不良，也意味着个体必须在身份建构和心理发展层面上面对独立的自我与传统的集体约束力之间的矛盾和张力。

---

① Hoffman, L. (2001). "Guiding College Graduates to Work: Social Constructions of Labor Markets in Dalian." In N. N. chen, C. D. Clark, S. Z. Gottschang and L. Jeffery (eds) China Uraban: *Ethnographies of Contemporary Culture*, Durham, NC: Duke University Press.

② China News Analysis 1993. Issue no. 1480, March 1, p. 2.

四　公共生活的萎缩与崛起

1983 年非集体化之后，农民们每年只需要工作两个月。一般是 1 个星期春种，3 到 4 个星期夏锄，之后再有 1 个星期收割。家庭承包的高效率以及普遍使用机械、化肥、农药等大大缩短了工作时间。20 世纪 90 年代末引进除草剂之后，甚至连夏锄也免了。这么多时间推动了许多人特别是年轻人到城里打工。不过正如前面所说，找工作并不容易；即使找得到工作，他们也只是在暖和的季节里干上 3 到 6 个月，之后又回到村里闲着。这样一来，空闲的时间也就越来越多，在这段时间内，人们的活动大多数是看电视，或是一起打麻将、打扑克，除了这些活动之外，就不知道该干什么了。村干部对组织公共文化活动和村民会议根本没有兴趣。在非集体化之后，村民甚至连个聚会的地方都没有。在政治参与、公共物品分配、文化、道德价值等各方面，公共生活都大大衰退了。

在城市，由于电视与其他各种大众媒体的普及，商业化的空间，比如舞厅、保龄球场、餐厅、咖啡馆等，已经取代了过去由政府控制的公共空间①，也正因为如此，家庭、亲属关系、社会关系网络等就变得更加重要。互联网的迅速发展，虚拟世界成为亿万中国人日益重要的公共空间。一些人选择在网上展示私生活以凸现个性，例如在 2013 年的招生季当中，全国的各大高校都纷纷使出浑身解数抢夺生源。其中人大主页上就挂出了康逸琨的毕业照作为主体封面，她那高雅和青春的形象深入人心，被网友们称为"人大女神"。更有网友将其称为"新一代网络清纯教主"，而人大的主页也因此瘫痪，使得主页连续几个小时无法正常浏览。

根据官方的统计显示，2014 年 6 月为止，我国的网民总数已

---

① Davis, Deborah and Julia Sensenbrenner. （2000）. "Commercializing Childhood: Parental Purchases for Shanghai's Only Child." *In Deborah Davis （ed.）, The Consumer Revolution in Urban China*, pp. 54—79, Berkeley: University of California Press.

经达到了 6.32 亿，自 2014 年 1 月以来新增网民数量超过了 1400 万，同时我国的互联网普及率也达到了 46.9%，手机网民用户也达到了 5.27 亿。相比于 2013 年年底，手机网民数量增加了 2600 万人以上，并且网民当中手机用户的比例发生了进一步的提升，由 2013 年的 81% 提升到了 2014 年的 83.4%，手机网络用户的数量首次超越电脑网络用户数量。①网民们渴望在虚拟世界与陌生人分享他们最为私人化和亲密的想法。通过 BBS、论坛、个人博客、微博、微信表达自己的诉求。例如，2003 年 3 月，大学生孙志刚在广州街头被民警非法收容，最终死于收容站。这一事件在社会上引起极大反响，但最初由于种种原因并没有得到妥善处理，于是，成千上万的网民在互联网上就孙志刚事件展开了激烈的讨论。

正如《联合早报》所说，"基本上可以肯定中国网民敲得震天作响的登闻鼓都必然已传到最高领导人的耳边，发挥了'上达天庭'的作用"②。网络舆论的压力引起政府高层的重视，孙志刚事件最终依法得到处理并且由于这一事件，实施了 21 年的《城市流浪乞讨人员收容遣送办法》被废止。从这一事件中，网民通过互联网集体讨论产生的网络舆论发挥了巨大作用，体现了人们公共参与的精神。

2008 年 4 月 2 日，刘书宏，一个以笔名"老蛋"而出名的 38 岁自由撰稿人，在他的博客上贴了一则个人声明，标题是"我对我持有的北京 C 类暂住证的声明"。③刘是 2006 年到北京的，从那时起他就一直持有一张 C 类暂住证，这是暂住等级中最低的一级。刘认为，暂住证制度将北京的外来人口置于社会的底层，使他们遭

① 《2014 年中国网民数量和分布》［EB/OL］：http：//xxzjzb1. blogchina. com/ 2227122. html，2014—08—15。

② 《舆论监督是一项重要的民主制度》［EB/OL］：http：//www. docin. com/p— 522694197. html，2012—11—09。

③ 《我对我持有的北京 C 类暂住证的声明》［EB/OL］：http：//bbs. ifeng. com/ viewthread. php? tid = 3102760，2008—04—02。

受各种公开和制度化的歧视。而且，根据外来人口的经济地位和进城历史将暂住证分为三种类型（A、B和C类不同颜色），并且强迫外来人口随时携带暂住证，这种政策和实践类似于20世纪之交发生在南非的政府对印度移民的歧视。刘的声明在三天之内被22400人阅读，668人在网上跟帖评论，有效地使刘的个人政见公开化、群体化了。大约有20%的读者与刘意见不一，称他为一个只想利用北京社会福利的忘恩负义的外地人，是一个想在短时间内声名大噪、给自己寻找商机的机会主义者，这其中的多数者自称是北京居民，抱怨外来人口的涌入导致可爱的家园遭受到高犯罪率、拥挤、卫生条件差和其他丑恶现象。这些观点招致外来人口更进一步的反驳，他们强调外来人口的辛勤劳动对于这座城市的贡献，并抱怨本地人的歧视。在虚拟世界中，口水战很快升级为北京居民和外来人口之间的敌意对抗。

总之，刘对暂住证制度的博客声明事件揭示了以下内容：个体已经成为日常话语和行动的重要单位，但是个体的权利意识是基于对权利的中国式理解，即通过个人努力挣得的特权。这种对权利的理解和政治自由在公共生活中的局限性是相辅相成的；因此，主张个人的权利，主要是通过公众对国家提出请示来达成。这种请示的方式，往往具有一定的政治敏感性，这种政治敏感性以互联网的方式进行解决，由此我们不难看出互联网的发展对于个人利益的维护。互联网的发展，主要以一种匿名的评价方式参与到了信息评价，并且个人的权利受到了互联网的保护，这种形式，在中国得到了十分广泛的发展。就目前我国举行的听证会、新闻网上监督、网上曝光等一系列事件，都可以看出互联网在中国的盛行。

暂住证政策的政治敏感性，和许多其他个案一样，来自于一个简单的事实，即，根据应正义而平等地对待所有个体这一原则，一些个人或社会团体在现在的北京受到制度化的歧视和不公平待遇，而这种歧视与不公却是国家所支持的。这些流动人口个体参与的正是吉登斯所说的"解放政治"，它既是欧洲现代化的一项特征，也是高度现代化时代个体奋斗目标向生活的政治转变的一个先决条件。① 从历史上看，正是这种解放政治最终将现代个人主义和民主的价值内在化，包括对个体权利是天赋的这一基本常识，由此形成了个体化的前提，这就是贝克所指出的"文化民主化"②。在当代中国，这样的前提显然尚未存在。

综上所述，在 1949 年以后中国形成了以计划经济体制为基础的高度集权的政治经济制度，并且这一体制也不可避免地影响了我国的国家和社会的发展。高度集中的政治经济体制，具体表现在以下三个方面：

首先，国家主要利用行政手段对农村进行集体化改造，并对民族资本企业进行公有化改造，将所有的经济成分完全都归于国家的整体框架之内，使经济成为政治发展的附属，从根本上限制了作为市民社会形成的前提条件——市场经济的发展。

其次，国家通过行政手段来控制社会和人的思想意识，通过政治宣传教育工作、自我反省、检举揭发等方式来处理国家内部的各类事务，并通过这种方法禁锢人们的思想，使得国家能够无所不包地驾驭社会生活的各个领域。

最后，国家通过单位制度的形式将个人囊括进了行政的框架当中，使得个人转变成了具有政治高度的"组织人"，使其独立的特性丧失殆尽。这样的国家体系使得社会不具有独立性质，同时也制约了社会经济的发展，使得国家发展膨胀变形，影响了其自身功能的发挥，使得民主政治无法进行进一步发展。

1978 年，安徽省凤阳县的农民在脱贫欲望的带动下，通过自发的形式，打破了传统公社化发展模式对经济的束缚，开启了我国经济体系转变的序幕，首创了联产承包责任制度，使得当地经济得

---

① Giddens, Anthony (1991). Modernity and Self – Identity: *Self and Society in the Late Modern Age*, Cambridge: Polity Press.

② Beck, UIrich and Elisabeth Beck – Gernsheim (2003). *Individualization Institutionalizaed Individualism and its Social and Political Consequences*, London: Sage.

到了根本性的改善。并且将这一农业经济发展新模式推广到了全国，使得我国的农民进一步摆脱了政府干预，真正得到了个体化的发展。改革开放以后，温州个体和私营经济取得合法地位，牵发了全国范围内其他城镇中大量个体户以及多家个体户联营的经济团体的出现。在这种经济形势下，社会经济得到了较快发展，并且人们的思想也随之得到了很大改变，其间大批公薪人员放弃"铁饭碗"，走出公家大门，从事自谋生路的自由职业。他们从事的行业之广、人数之多，令人刮目相看，所创造的社会财富比重也日渐加大。

第三节　当代中国社会公共生活之隐忧

当下，中国正处于社会深度转型期、发展加速期、改革攻坚期、矛盾凸显期，公共生活领域的结构性分化以及由此伴生的普遍性规则的解体，为个体寻求自我的发展提供了契机与空间。人们只追求自我利益及情感的实现，而忽视了公共生活之共善。具体表征为以下几个方面：

一　公共生活的形式化

现代社会人们坚持寻求一种单个人原子式的生存方式，并且避免参与到公共活动当中。现代公民称这种重点关注个人生活为"私己生活"，这种个人化的生活缺少了对公共生活的关注。这就是现代性的一种原子式生存方式。它把个人当做一个完全能够自给自足的个体进行看待，不受社群规则和公共利益的束缚，他们不情愿为某种公共的目标或者公共的福利进行无私的付出。

这种生存方式在某种程度上是对共同生活方式的一种拒绝，因为"现代性溶化了一切固体，把一切神圣的东西拉下神坛"[①]。人

---

① ［英］齐格蒙·鲍曼：《个体化的社会》，范祥涛译，上海三联书店 2002 年版，第 63 页。

们在生活中宁愿选择失去精神目标而孤独地流浪，也不愿意屈服于某种强加于他们的公共理想或成为实现公共善的"朝圣者"。①在这种孤独的生活方式中，人们只相信自己，只愿意承认自己所享有的权利和对自由的追逐，却不愿意承认他人的权利和价值，这样就会导致个人走向进一步的孤独和自我封闭，"导致个人将自己完全封闭在内心的孤独之中的危险"②，不愿意主动参与到自我管理活动当中，他们宁愿为自己的私人生活留有足够的空间，这也在一定程度上弱化了其参与公共生活的目标。

正像美国学者桑内特所说，如今的公共生活形式已经发生了根本性的转变，变成了一种形式上的义务。大多数的公民对于国家事务抱有冷漠的态度，而这种冷漠也不仅仅体现于对政治事件的冷漠，还体现在与陌生人进行交流的过程中，一些礼节性的交际方法过于陈旧和乏味，甚至有些人认为这些都是虚情假意，不够真实。③"现代社会当中，人们过于关注个人利益，为了满足个人利益，有些不择手段。当下社会经济发展过程中，个人利益已经被摆在了十分突出的位置，有时候，个人利益的实现，还会以损失集体利益为条件。这样的社会当中，人与人之间的信任越来越少，往往会对自己的合作伙伴产生猜忌，不信任，人情显得冷漠起来。在这样的社会中，人心也变得越发脆弱起来，并且伴随着这种脆弱心理，更加导致了社会道德的一种沦丧。"④

个人只追求自我满足，社会只关心个人在无情的竞争中的成败，人与人之间缺乏必要的沟通与合作，这些问题所导致的直接后

---

① ［英］齐格蒙·鲍曼：《生活在碎片之中——论后现代道德》，郁建兴等译，学林出版社 2002 年版，第 99—108 页。

② ［法］夏尔·阿列克西·德·托克维尔：《论美国的民主》，董果良译，商务印书馆 1988 年版，第 127 页。

③ ［美］理查德·桑内特：《公共人的衰落》，李继宏译，上海译文出版社 2008 年版，第 3 页。

④ ［英］齐格蒙特·鲍曼：《流动的恐惧》，谷蕾、杨超等译，江苏人民出版社 2012 年版，第 145 页。

果就是个人没有时间、精力也没有兴趣去关心公共事务，一定程度
上，致使公共生活严重缺失。

在当下中国，作为单位人的政治公共生活多数是开会，诸如民
主生活会、政治学习会等。观察开会的情况可见一斑，通常会议开
始时还围绕着主题，但很快议题则被偏离。这些议题的内容比较复
杂和广泛，从评论天下大事到抨击时弊，从日常的休闲活动到生活
中所发生的趣闻逸事。这类议题一般会占有较大的成分，最后当说
到正事的时候，例如开展自我批评、学习体会时一般都会采用官话
或套话，表决心，谈态度。有些领导在开会过程中也仅仅是早就已
经做出了决定，会议只不过是走走过场，当多个部门意见相左时，
则可能会导致议题被搁置。单位的公共生活可以用无聊、虚言、空
洞等词语来形容，这已经成为了现代社会公共活动当中的一个缩
影。我们不禁会问，这些开会的动机是政治的吗？为什么多数人认
为政治更多的是单位的事、部门的事、社区的事？现存公共生活秩
序的冷漠，导致了公共生活趋于形式化。

二　私密化与公共化并存

我们所说的公共生活私密化，主要是指私人生活对公共生活的
一种侵蚀。例如，现实生活中的新闻媒体为了达到商业目的，抑或
是为了获取更多的收视率，吸引大众的眼球，弄出的一些花絮新
闻。这让原本严肃的社会公共性问题失去了原本的意义，对社会公
共生活的发展有着十分不利的影响。林语堂曾说过中国人"缺乏
公共精神"，其缘由在于家庭制度的根深蒂固。虽然林语堂的具体
阐述可能有所偏激，[①] 但是冷静地想，他确实一语中的。公共精神
的缺乏原因在于公共生活领域的缺失。长期以来，中国没有形成一

---

① 如他认为中国人的骨子里头"深深伏有一种劣根性"，"不欲国家而死，更没有
一个人肯为世界而死"，就过于偏颇，至少"国家兴亡，匹夫有责"这种精神还应当值
得注意。参见林语堂《吾国与吾民》，中国戏剧出版社1990年版，第157—170页。

个公共生活规范，也没有形成一个私人生活规范，而只有家族生活
模式，其既可以当做是公共生活，又可以被当做是私人生活。而这
一理念当中的个人是次要的，只有家族的利益才是核心。在这种背
景之下，个人成长只能以家族利益为中心，导致其长期接受麻木的
族规教育和家族精神教育的影响。实质上，家族生活并不等于公共
生活，传统的家族生活对于外界的个人难以接纳和采信，因此对于
家族生活来说，外界的事物大多是"恶"的，而只有家族内的生
活才是"善"的。在这种家长制的生活环境之下，中国人就难以
形成公共生活理念，而没有真正意义上的公共生活，也就无法形成
真正意义上的私人生活，而这就是我国千年以来所形成的血缘家族
关系对于我国公共生活的制约。①

　　纵览中华民族五千年来的文明史不难看出，宗法结构及其宗法
精神既可以被解读我国五千年的历史，同时也被理解为在长期的发
展过程中，我国传统民众个体为何已经缺乏了对个体化和独立性的
向往，为何缺乏了对社会法制化的探索，进而使我国长期滞留在传
统社会当中的根源。正是在宗法结构及其宗法精神之下，一方面，
社会具有某种程度的所谓基层自治，但这种社会基层自治，既扼杀
了个体独立性或个性，又阻扼着社会法制精神的生长；另一方面，
社会具有某种所谓公共性，但是这种公共性又是一种无公众的公
共性。

　　对于一个幅员辽阔的古代国家来说，在通常情况下，国家权力
不可能将自己的触角深入社会的每一个角落，总是要通过一定的社
会民间自治来实现对社会——国家公共生活的组织整合。古代的家
族自治，其实对于现代的村镇自治有着一定的影响，并且为现代社
会的一些制度提供了依据；另一方面，在使社会管理日渐缜密、完

---

①　不能以为中国宗法社会中王权对族权、家长权、夫权承认，就断定中国宗法社
会中存在私人领域。确实，王权对氏族权、家长权、夫权不予干涉甚至加以保护，但不
能说氏族之类的就是公共生活，因为公共生活的关键在于私人的存在，而中国宗法社会
中的氏族却没有私人。

善的同时，在文化上一定程度地阻扼了个性、社会公共性的形成，从而为这种宗法结构提供坚实基础。这揭示了民间社会自治并不一定能孕育出民主政治。

新中国成立之后，我们的社会生活也曾在很长的时间内存在着不合理的地方，这种不合理主要表现在两种越位现象上，分别是公共生活对私生活的越位以及国家生活对社会生活的越位。这两种越位现象对于现代社会的发展极为不利，同时亦造成了社会生活的僵化凝固。可以说，一个民族连私人生活都没有的话，那么这个民族又何谈生机和希望？同样地，若是一个民族连公共生活领域都没有的话，那么这个民族将是一个没有秩序和没有创造力的民族，甚至连最基本的法制都无从谈起。

三　公共权力的滥用和腐败

可以说，权力存在本身就意味着腐败现象的产生，这主要是因为私人动用了公共权力。此外尤其是指国家公职人员违反公认行为准则规范的以权谋私行为，其核心是权力与金钱实现利益交换，让权力不再服务于公众，转而服务于个人。当权力被私人当做捞钱的工具，那么权力也就成为了私人危害社会公共利益的工具。甚至当足够的金钱足以让公共权力为其服务的时候，权力将彻底沦为富人的专属宠物，帮助富人践踏社会公共利益。现代经济学中的寻租理论以经济生活中的寻租、设租现象为研究对象，从经济学角度揭示了利用公共权力谋取私利这一权力腐败现象的客观存在，并为我们认识权力腐败现象提供了实证分析的基础。

公共权力沦为私人工具，将损坏公共权力在人们心中的形象，从而彻底让人们对公共权力产生怀疑，甚至有着厌烦和抵触的情绪。这种对公共权力的怀疑，将会引起很大程度的公共权力信任危机，从而让公共权力的威严丧失殆尽，如行业垄断和不正当竞争、在未告知公众的条件下生产和销售可能存在安全隐患的产品、透支性地开采资源、从事严重危害自然环境的生产等。权力和责任的失衡，主要是对权力没有明确的约束，从而导致了权力的滥用，进而引发了行政腐败、以权谋私，它们是对公共权力公共性的直接践踏。腐败是掌权者将公共权力来谋取自己的私利，并没有将之用于公共事务当中。当今中国社会中的贪污、挪用公款、私人开支从公款中报销、回扣、渎职都是权力私利化的主要表现。腐败行为不单单违背了法律规定，同时也是一种道德的沦丧，它让个人利益违背了公共利益，让原本属于大众的权力集中在了个人的手里。由于官员掌握着特殊的权力，其逐利的心理更容易通过滥用公共权力来得到满足。腐败破坏了一个社会公共权力领域的基本秩序，直接或间接地对公共权力构成了很大威胁，社会维护人们基本利益的秩序遭到了破坏，甚至导致了社会层面结构的破碎，影响其运行的稳定与协调。腐败为个人谋取了暴利，损害了大众的利益，对社会发展十分不利。

　　黑格尔曾经在分析西方教会为何腐败时就指出，这种腐败并非是一些人滥用权力的偶然性因素，并非通过遏制私欲就可将其消除。腐败根源于一种制度，具有一种不断扩散到社会方方面面的效应。正如黑格尔所言，当腐败成为一种文化就会像癌细胞一样四处扩散。腐败产生的根本，就是那些本不该将公共权力作为一己之私的工具，可偏偏用着这种权力去为所欲为。而相反，私人对这种滥用公共权力的行为并没有及时的制止，甚至从"讨厌"转变为了"接受"，只要在个人利益不受到损害的前提下，这种占用公共权力的行为甚至得到了放纵，从而成为当下社会的"习惯"。

　　当下中国社会经济的发展，尚处于改革开放的攻坚阶段，综合国力取得举世瞩目的成绩，随着社会经济发展，权力腐败现象也逐渐增多，尤其在进入经济加速发展的20世纪80年代以后，这种状态通过经济领域中的各种混乱秩序集中爆发出来。很多现任官员在这种经济背景形势下，为了实现个人利益，不惜损害公共利益，以权谋私。社会公共生活的衰落，在一定程度上诱发了严重的权力滥用、腐败和以权谋私等公共权力私人化的现象，使公共权力逐渐丧失其理应具有的公共性。而国家公共权力私人化、公共性的丧失，又会进一步导致社会公共领域的异化。

腐败对道德秩序和社会风气造成了严重破坏。腐败行为违背了社会的道德和价值准则，构成了"准激励机制"，打击了公众对基本道德和价值准则的遵从，使公众行为选择发生偏差，意识上的越轨变成了行为上的越轨，对社会秩序构成程度不同的破坏。使相当多的公众对道德准则丧失了信心，不依从社会道德规范，在自己的工作领域和其他领域中不思正途，专走歪道，总企图以岗位之便或社会关系之便来牟取私利，这就会引起全社会弥散性的"准腐败"，导致社会纲纪废弛、行为规范混乱、是非善恶界限含糊，严重破坏社会风气。

有的学者将我国当前的"不正之风"称为"腐败落势化"，与大面积腐败相呼应，落势化趋向的腐败现象发生在一切与公职权力相联系的"平民"层面上，其表现形式呈现多种多样，贪污、贿赂、盗窃、盗卖等乃是最常见的行为。当这种腐败行为与传统的人情观或熟人氛围联系在一起时，便成为粘贴在一种几乎覆盖于社会各个层面的交往网络上的污垢而难以去除。这个交际圈内，任何人都有自己的轴心，这个轴心以感情亲疏为主，呈现一种伞状分布的形状。

腐败对社会秩序构成了严重威胁。一是对超越于个人或群体的公共领域的秩序的破坏。在一个社会中若没有人（尤其是手中握有通过各种方式被授予权力者）负起责任来，那么公共领域必然发生混乱，这种混乱反过来必将对这个社会中的个人或群体施以惩罚，腐败现象对一个社会的经济、政治和道德领域的危害就是如此。二是以权谋私的行为，在受到及时而足够惩罚的情况下，就会出现"上行下效"的后果，公众或出于报复心理，或出于补偿动机，开始利用各种机会来获取利益，而不顾及道德上的损失，从而给整个业已遭受破坏的社会秩序"雪上加霜"。这样，公众从以权谋私现象的受害者转化为整个社会秩序混乱的加害者，社会秩序的整顿由于公众以背道而驰的方式加入其中而变得更加不可能。三是腐败现象在一个社会中久禁不绝说明治理手段不得当，而其实质是，腐败的严重程度已经超出了反腐败政策及技术的效能所及。腐败治理在技术上难度加大，造成的结果是：现实和潜在的腐败分子意识到实施腐败行为很可能得不到惩罚，这等于"激励"或"诱使"他们加速实施腐败行为，从而加剧腐败现象的蔓延和严重化。[①]

腐败并不是现代化过程中的特有产物。问题的关键在于：现代化过程中的腐败现象原因何在？亨廷顿首先将它归之于社会价值观的变化、善恶评判标准的改变，他认为社会规范违背了公认的行为模式，规范标准落后于时代；他还将腐败问题归之于助长了金钱与权力的交易之风的政治、经济力量的新兴；他还认为，政府权力扩大，在经济发展过程中，有些掌权者为了获取利益，从而不惜损害公共利益，并且在一些有利可图的行业当中谋取暴利。亨廷顿的分析确实很有道理，但并没有指出腐败的根源，他的分析只是停留在了造成腐败的表面现象上，并没有分析出腐败的本质。政治生活需要监督机制，需要对权力的一种监督，有效的监督手段可以避免腐败的滋生。而且，社会腐败现象也不能以道德来衡量，要对造成腐败的根本原因下手。[②] 不过，亨廷顿的上述分析之中又确实提出了一个非常值得注意的问题：处于社会转型时期的权力腐败现象有其特殊性，应当与社会结构转型本身相联系。

这样，对于权力腐败的原则，我们就可以谨慎地分为两类，其一，由社会结构本身以及社会结构转型尚未完成的因素造成，对于

---

① 参见陈建华《中国社会问题报告》，石油工业出版社 2002 年版，第 131—132 页。

② 参见高兆明《社会变革中的伦理秩序》，中国矿业大学出版社 1994 年版，第 255—256、278—280 页。

这种原因的腐败我们可以称之为制度性腐败。所谓制度性腐败，是指由于社会制度体制的内在缺陷而导致的权力腐败现象。解决制度腐败这一问题，首先要从制度本身分析，找出制度本身内部存在的缺陷。其二，由于公共权力行使者公权私用、徇私枉法所导致的权力腐败。虽然这后一方面与前者亦有联系，甚至对于后者的克服亦应当通过制度本身的建设，然而，二者之间的区别仍然是清楚明白的：一是结构制度体制性，一是非结构制度体制性的，后者在某种意义上具有永恒性。处于社会转型时期的权力腐败的特殊性，不在于后者，而在于前者。

尽管在现代化初始阶段权力腐败现象难以避免，但是，它对于现代化事业进程的危害却极其巨大。那种权力腐败能促进改革的说法是极其轻率荒唐的，事实是腐败有可能毁灭改革。腐败能促进改革这种说法究竟怎样理解？是指腐败行为本身，还是指腐败克服后所实际带来的效果？这里首先需要进一步分清的是：腐败自身质的规定性，与由它所触发的一系列变化的实际结果。

确实，腐败冲决了既有的社会结构、规范秩序，然而，它所直接带来的是混乱失范，而不是社会进步。它至多是纯粹消极的破坏，它所冲决的是包括要确立起的新行为法则在内的一切法则规范，它所崇奉的仅仅是纯粹的金钱法则；它至多是暴露了既有生活方式、交往法则中的缺陷不足，却不能积极地解决这种缺陷、不足；它使社会资源重新配置，但一方面这种资源重新配置使极少数人以非法的手段聚敛起大量的社会财富，使社会严重不公，社会财富占有严重两极分化，另一方面这种社会资源重新配置也未必是更有效率的。

从客观的立场来看，如果说权力腐败能促进改革的话，也仅仅是在下述意义上而言：腐败表明社会有机体已经存在严重疾患，不能照旧生存下去，必须进行重大社会改革，调整既有的社会结构，变更既有的社会生活秩序；腐败暴露、产生了一系列严重的社会问题，引起人们的高度重视并促使人们以积极的态度去解决这些已经暴露、产生的问题，从而使社会得以有序、良性、健康发展。在严格意义上讲，这是一种坏事变好事性质的转化，这种转化是有条件的，它取决于人们对问题的反应及其努力状况。

腐败必须得到有效遏制，否则的话，对国家的发展来说，有着难以估量的危害；同时，因腐败而当官，比腐败本身更可怕。具有对抗腐败的内在免疫系统而朝气蓬勃健康向上的社会，是能够有效地消除机体内的各种病菌；有能力制止腐败的政府才是一个有生命力的政府。人民的政府应该在反对与防止腐败的斗争中保持与人民群众的血肉联系，承担相应的为人民服务的职责。

权力要始终保持它的公共性，让它能够为广大人民群众服务，而并非是个人的私有工具。权力的公共性必须由制度体制实现，单个人只能造成权力的腐败，这就是权力的一种制约效应。权力制约性，是一种约束机制，是由少数人共同实现权力大众化的机制，这对于当下社会经济发展来说，具有重要意义。权力的制约，体现在了人民对国家的制约，以及国家机构之间的相互制约。

我们所说的权力自制并不可靠，权力的过分集中，只能导致腐败现象的发生。因为权力没有制约的情况下，一个人占有公共权力最大化，将导致自我膨胀现象的发生，从而易发这种公共权力危害公共生活的现象。因此，权力自制并不可行，必须采取权力制约的方式约束公共权力的私人集中。

制约权力需要用什么来约束，用什么来制约，这是一个十分关键的问题，也是一个十分严峻的问题。其实，对权力最强大的制约对象就是广大人民群众，因为他们是公共权力的创造者，是实现了少数人掌握公共权力的关键因素。实现人民群众的有效监督，对公共权力的实施，具有重要意义。人民是一个抽象的集合体，它自身其实是多元的。① 人民以选民的方式成为国家的主人，人民不可能

---

① 参见乔·萨托利《民主新论》，冯克利、阎克文译，东方出版社 1997 年版，第 22—34 页。

以人民主权字面所说的那样直接统治社会。① 尽管现代民主制度是种代议制，但现代民主制的参与方式应该是直接参与方式，以此来对权力达到制约的效果。这种直接参与的方式，主要有两个方面：一是基层民主功能对国家权力的制约和集权；二是以现代化的技术手段扩大公民政治参与的现实有效途径，使政治结构扁平化。

随着信息时代的到来，借助于先进的信息技术，使决策信息可得到广泛传播，公民公共参与社会政治生活将会变得更加广泛、直接、有力、平等。这要求削弱甚至取消官僚科层等级制，并分散其权力，社会管理模式由垂直化转变为网络式。② 公民对于公共生活的直接参与既可以强化与巩固其主人翁地位，使公职人员的视野由过去一味向上的偏视性，变为兼顾左右而更多地向下的全视性；同时又可通过公民有效地监督与制约国家权力的行使从而有效防止其腐败。

四　社会公共生活道德缺失

美国著名管理学家彼得·德鲁克认为，没有人把船只失事时一群惊恐奔跑的无组织的人称为"社会"。这仅仅是一群人而并非是社会。事实上，导致这种恐慌的直接原因是社会的崩溃，只有通过社会价值观、社会纪律、社会权力和社会组织重建一个社会才是克服这种恐慌的唯一手段。③ 人们固然需要用制度来维系一个社会的正常秩序，但基本伦理规范与文化价值才是决定人们日常行为规

---

① 熊彼特认为："民主并不是指，也不可能指，按照'人民'和'统治'这两个词的明显意义说的人民是确实在那里统治的意思"，"民主攻手方法是为达到政治决定的一种制度上的安排，在这种安排中，某些人通过竞取人民选票而得到作出决定的权力。"转引自顾昕《以社会制约权力》，载《市场逻辑与国家观念》，生活·读书·新知三联书店1995年版。

② 参见乔·霍兰德《后现代精神和社会现》，载［美］大卫·雷·格里芬《后现代精神》，王成兵译，中央编译出版社1998年版，第88—90页。

③ 熊培云：《有理想的人海阔天空——〈重新发现社会〉后记》，新星出版社2011年版。

范和社会活动的最根本性因素。很难想象，一个人若无羞耻之心，无所敬畏，那么这个社会一定会陷入混乱的境地。

中国当下旧的价值体系已经被打破，新的社会价值和社会共识还未形成，社会陷入道德溃败和价值紊乱的状态。蛰伏于每个人内心的恶有机会被释放和暴露，渐渐呈现出多层次、大面积以及全方位的特点。纵观这些年的发展，我们周围发生了很多起安全和诈骗事故，例如假冒伪劣的产品、有毒有害的产品、非法集资、网络诈骗、电信诈骗等。这些事故，无时无刻不在危害着我们的人身健康与安全，导致这些事故的因素是多方面的，但没有基本的道德操守和职业规范是导致整个社会是非不分、信仰缺失的根本原因。

社会道德不过是一种被公众普遍认可的社会意识形态，它外化为社会准则和规范。自古以来，道德在社会中始终占据着举足轻重的重要位置。德国学者马克斯·韦伯就将新教伦理与资本主义精神联系在一起，将资本主义法杖的外在层面视为社会伦理的合理化和契约化，将信实、勤俭、禁欲的德行视为资本主义发展的内在层面。道德作为一个社会的基本共识和规范，营造了一个信任的人群合作机制，特别是陌生人的城市社会，一定意义而言，信任作为道德的基本表现是一个社会文明的基础。

就当代中国社会的道德而言，一直存在着到底是道德滑坡还是道德爬坡的争议。从整体来看，改革开放后随着现代化的扩展，人们的视野变得开阔，市场大潮更是激发了人们的进取与独立意识，这些都是社会进步的表现。但若从社会道德水准角度来看则是下降的。20 世纪 80 年代至 90 年代之后道德领域出现了大量的问题。助人为乐、见义勇为等先进事例虽不少见，但人们在实际生活中则感受到了诚信危机、物欲膨胀、金钱至上、信仰坍塌等道德水准下降的现实。如今现实生活的某些方面不仅与先哲们倡导的诸如仁爱、敬诚、忠恕之类的传统说教相距甚远，也与社会倡导的主流价值观不相符合。当今社会道德风险不仅来自于社会经济发展和科学技术无法控制的负面后果，也来自于伦理道德缺失造成的社会安全感的下降。

第一，经济交往领域的道德水准下降。人们虽然已经有了追逐经济效益和利润的观念，但面临着金钱和利益的诱惑，道德观显得脆弱不堪，为了追求经济利益，甚至不惜铤而走险，违背法律和道德去生产假冒伪劣产品。温家宝在 2011 年 4 月 14 日同国务院参事和中央文史研究馆馆员座谈时指出当前文化建设方面，最为关注的话题就该是道德方面的建设，这对于我国精神文明建设来说，具有重要意义。近年来发生了多起食品安全事故，严重危害了广大人民群众的生命健康安全，这些事件足以表明，当下市场经济形势下，道德滑坡、信仰缺失、公德败坏到何等地步。从选择食品的营养与美味，滑落到担心卫生与安全，消费者的消费信心急剧下降。似乎在日常消费领域，最好每个人都成为这个领域的专家来最大限度地保护自己。公众对于食品安全问题的道德谴责，显示了在经济交往中的"道德滑坡"和普遍性的社会焦虑。

第二，公共空间的社会信任缺失。在当今社会公共生活中，人和人之间的距离感呈现扩大之势。在一些公共场所，"请不要搭理陌生人问话，谨防上当受骗"成为醒目的提示语。当今社会出现了这样的一种社会心理意识，即地上的钱包不敢捡，怕是陷阱遭诬诈，倒地的大娘不敢扶，怕以怨报德。这些现象无疑加深了陌生人之间的提防、警惕甚至敌意，极大打击了人们的善心、善念，严重威胁到人们的公共生活。50 多年前，美国一位政治学家在《落后社会的道德根据》一书中提出"去道德化"这个观点，不过很快这个观点便带来了很大的负面影响。从而形成了种种悲剧，这对社会发展来说，有着严重的阻碍作用。"去道德化"让社会失去了道德标准，从而导致人与人之间失去了本该有的热情，让社会变得冷漠，人人只顾个人利益，对公共生活领域利益不顾，最终导致这个社会的公共生活极易处于崩溃的边缘。

第三，道德规范体系缺失。中国历史上一直有一套比较完善的伦理道德体系来规范人们的行为，那就是孔孟之道、三纲五常。且不论这些道德体系进步与否，不可否认的是，这套体系在中国社会历史上一直起到一个维系社会伦理道德的积极作用，是古代社会维护稳定的基础。新中国成立后，理想主义和英雄主义成为了那时的社会观念，提倡为国家和民族利益献身，虽然其存在某些极端化，但不容否认，它在一定时期内发挥了极大的社会正向引导作用。

20世纪80年代以来，由于经济活动成为社会生活的主体，经济利益成为社会的核心利益，传统的"道德人"被改造为"经济人"。而原有的道德规范体系一定程度上忽视了个人的正当利益，而与当今市场经济的基本理念相左，因此，原有的道德体系逐渐被边缘化而失去了其作用。在市场经济社会对文化传统的批判中，中国传统文化和革命文化的一些合理因素也逐渐被当作保守、僵化、落后、封建、"极左"的元素所抛弃。但另一方面公众认同的新的道德体系又未建立起来，法治也不健全，从而使"劣币驱逐良币"规律在一些领域发生作用，使中国发展的经济和道德成为两条曲线，经济不断往上，道德却不断下降。

当今道德缺失与市场经济中的制度不完善相关。在马克思、恩格斯那里，即使是商品经济充分发展基础上的市场经济也存在其固有的双重性：一方面，市场经济进取性、竞争性、平等性是经济发展的持续动力，对于人的发展而言，市场经济有助于将人从以宗法血缘为核心的依赖关系中解放出来，形成马克思所认为的全面的、普遍的社会物质变换、多方面的需求以及全面的能力体系。[①] 但市场经济虽然也遵循等价交换的平等原则，但它不保护弱势群体，不保障全体社会成员平等的发展，甚至市场机制失灵时会导致社会混乱。市场经济过分重视经济效益，对道德、精神价值忽视，这对于社会的良性、正向发展十分不利，很容易造成一种社会的病态。

市场和资本逻辑追求利益最大化是天然的，但我们较多地强调它积极的、正面的作用，而对市场和资本的物化价值观的负面效应

---

① 《马克思恩格斯全集》（第46卷）（上），人民出版社1979年版，第104页。

认识不够。况且，目前我国的市场经济还不是真正意义上的成熟的市场经济，各种体制改革不配套、教育滞后、相应法律法规不健全，还处于经济体制转型时期。这种存在着缺陷的市场经济带来经济社会发展的同时，也将产生极大的负面效应，虽然在一定时期内没有反映出来，但日后的社会发展过程中，必然会不断地显现出来。从而导致了一切事情都以功利来对待，金钱超越了一切，道德不值一提，最终使社会在道德沦丧上出现系统性的危机。

观照当今中国公共生活的现状，不难发现，我国现代社会是一个自由多元的社会，公共生活的异化与社会转型有诸多关联，也是我国实现社会主义现代化建设，步入全面建设小康社会的一个必经阶段。虽然在这一阶段，传统的道德体系被破坏，但不可否认的是，新的道德体系也会逐步建立起来。新的道德体系是当下社会经济发展的产物，它更加符合当下社会经济发展的需要，对于人类社会发展来说，也将具有重要的推动作用。

第四章　中国公共生活危机的生成机理

第一节　"总体性社会"整合机制的失灵

一　总体性社会到自主性的多维萌发

所谓"总体性社会"就是在"强国家—弱社会"的政治权力格局架构下，"国家对经济、社会资源实现一种绝对控制，对政治、经济、意识实现全面控制，以国家意志作为社会意志，突出国家在人们发展中的主导作用"①。由于国家权力的高度统一，国家政权把持了该社会所有资源的生产和分配等权力，并由国家权力对其进行统一调配，现代市场经济的发展遵循经济发展规律，国家全面干预对经济发展起到宏观调控的作用。

在20世纪中后期的中国，"总体性社会"的形成有一个过程。首先是20世纪50年代初在农村的土地改革，在城市的公私合营，以及在全国的"三反"、"五反"运动和阶级成分界定，基本确立了国家权力对社会各个领域的渗透；其次是20世纪50年代末60年代初，为尽快进入共产主义社会和应对由此而引发的巨大经济社会困难，国家先后建立起一些应急性的制度体系，具体包括农村的人民公社制度、城市的单位制、城乡二元分割的户籍制度等。

---

① 孙立平、李强、沈原等：《中国社会结构转型的中近期趋势与隐患》，《战略与管理》1998年第5期。

这些制度一经确立，与此前建立的高度一元化的意识形态体系和严整规范的阶级分类制度紧密结合，推动着社会主义的经济、政治和文化按照自身的规则较为顺利的运转，并起到了对这些领域成功地实现再建构的作用，从而为自身的维持甚至强化创造了必要条件。在当时的历史条件下，这些制度的确立和积极推行，使得国家几乎垄断了社会上所有的政治、经济、社会、文化资源。国家的所有资源，都以政府的政策进行调控，市场在经济发展中无法发挥作用；除此之外，还包括政治、经济、私人生活和价值观念、思想意识、人口流动等社会生活领域的诸方面亦是如此。

总体而言，在1949—1978年间，我们的党和国家较为成功地建立了符合当时生产力发展要求的政治、经济、文化、社会的运行机制和管理制度框架。在这种制度框架下，共产主义的理想、平均主义的分配原则以及集体主义的工作、生活伦理全面渗透到社会生活的各个角落。这种对生活的成功的制度安排是以国家对几乎全部的重要稀缺资源的垄断和支配为前提的。

在"总体性社会"的运行和架构中，党和国家在整体上提升、整合、运作社会力量的同时，也致使现实生活中产生诸多一时难以化解的矛盾：在"总体性社会"中，一是在日益成型的举国体制中，国家的动员能力不断增强、扩展，国家一度成为协调各种社会关系和利益关系的唯一主体；与此同时，形成了高度秩序化的社会。二是造成国家负担的日益沉重——致使作为社会个体的个人的自我组织、服务和管理能力持续退化、萎缩。试想，一旦"国家"这一强力概念从社会中剥离、抽象而出，作为社会个体的人们之正常工作、生活、交往就会顿时陷入无序状态——这一点在人民公社制废止后，我国很多农村地区表现得格外明显。不得不面对的是，在全球化、后现代社会和后工业化的今天，一个现代意义上的国家以绝对单一、完全集权整合的方式来形塑整个社会，已经偏离时代潮流。在实现中华民族伟大复兴的历史境遇下，我们的党和国家面临并肩负着，以新的方法、新的思路来塑造和架构现代社会生活的历史使命。

自 1978 年以来，历经 30 多年的改革开放，我国总体性社会结构的坚冰格局已经被打破缺口，在全球化、市场化的改革带动中社会资源配置方式，发生重大变革，出现了国家与社会的结构分化。国家开始渐渐放宽了对经济的控制，以市场对经济进行有效调节，国家渐渐退居幕后，对经济实行一种宏观调控的手段，有效地促进了市场经济的发展。就个人和社会方面而言，随着市场逐渐成为资源与发展机会的独立源泉，人们自由活动的空间扩展，自由活动的时间增加，社会自主性程度提高。这种国家与社会的结构分化不仅给个人带来了自由活动的空间与机会，也给社会注入了巨大的活力，从而促进了社会的进步和发展。其结果必然是，社会利益实现方式的多元化使社会民众在生存和发展上逐步摆脱了对国家及单位组织的依附，蜕变成为具有独立利益和自主意志的社会行为主体。与此同时，公共权威与社会秩序确实不断受到挑战。

第一，个体的自主性不断增强。随着政治挂帅的传统意识形态缓冲力的减弱，单位制、人民公社制、阶级分类制度的解体以及户籍制度的日渐松动，社会公共生活逐步走出制度约束，个人的自主性越来越大。在娱乐、消费、婚姻和择业、迁徙、思想、价值观念等多个领域，个人的自我选择、自我设计的权利都得到完全提升，特别是在私人生活领域、经济生活以及个人思想领域，人们选择越来越宽阔的自由空间，一定意义上，"人们的私人生活得到了重视，可以更好地进行支配"①。

第二，个人主义和功利主义不断张扬。在市场机制以及自由主义和市场主义意识形态的双重作用下，个人主义在中国逐步得以确认并予以张扬，在自我中心论不断得以强化的同时；功利主义亦日渐走出了由"重义轻利"所构筑的延续了两千多年的道德"围

---

① 德国之声：《德学者点评中国社会发展》，www.singtaonet.com，2007。

城"，社会个体对建基于传统父权基础上的中央集权主义和社群主义生活方式的认同感在总体上不断减弱；随着传统意义上国家对社会资本掌控权的逐渐衰退，当下，追求自主行动和获致自我价值实现已经成为年轻一代较为普遍的价值追求。

第三，公民权利意识不断觉醒。人们"民主"的渴望日益明显，对"人权"的认识日益清楚，对保护私有财产、自由结社和言论自由等合法权利的要求普遍提高，对国家在法律、政策制定及其执行上的偏移不再缺乏认识或者消极承受，而是开始自觉地拿起法律武器来维护自身的合法权益。

从"孙志刚事件"到近年来大量民告官事件和"钉子户"事件的出现以及民众对自身合法权益的执着捍卫表明，法律意识、平等意识、民主意识日渐增强的社会个体，将会以各种方式拒斥公权力的放纵，自上而下的强制行为将面临越来越大的社会阻力。概言之，老百姓不再是过去那个民智未开、任人宰割的老百姓了。以传统眼光来衡量，原先"听话"、"好管"的普通民众正在日益广泛地"刁民化"，他们不仅会拒绝牺牲自己的合法权益，而且可能公然质疑政府行为的合法性和合理性。政府没有受到严格界定的权力边界及其自身确立的行为准则将因此面临前所未有的质疑和挑战。

同时，市场化进程中社会个体权利意识的历史性觉醒，使国家这个超级"共同体"泯灭个体独立价值的制度建构逐步丧失了其"天经地义"的合法性。在现代市场经济条件下，作为现代社会的公民，在依法治国的社会政治规约下，享有市场主体自主交易、自主选择、自我发展的各项民主权利。并在合法性与合伦理道德性的前提下，社会主体在实践中，力求达到个人收益的最大化。基于此，原来由国家单一掌控的社会资源渐趋分散，同时社会利益也日益不断分化。在这种利益分化的历时性中，亦意味着导致各级政府越来越难以以全民利益或公共利益的天然代表身份进行公共决策和公共利益整合。

更进一步讲，当社会个体拥有自己独立的经济利益，确立了不依附于单位组织和国家的生存根基之后，他们就会基于自己的利益诉求或对公共利益的关切，表现出参与公共事务管理的强烈愿望。以往那种国家借助于对社会资源的垄断性分配而直接控制社会成员的管理模式的有效性由此受到了根本性的挑战。显然，简单地沿用传统的行政控制手段已越来越难以实现政府的治理目标，推进执政方式、行政方式的民主化变革，更多地依靠民主协商、平等对话、共同参与来实现治理目标，已经成为治理方式创新的必由之路。

第四，社会组织发育迅速，它们正在成为社会自我协调的重要构成。改革开放以来得到快速发展的社会组织既包括传统社会组织的复兴，也包括各种新社会组织的生长。这些组织保持了很大的独立性，在发展经济过程中，充满了积极性，并且得到了较大发展。根据民政部的统计资料，截至 2015 年 3 月底，全国共有社会组织61.3 万个，其中社会团体 31.2 万个，基金会 4190 个，民办非企业单位 29.7 万个。一些学者则估计，中国各类民间组织已多达300 万个左右。

社会主体自主性的多维萌发与出场，在凸显社会活力得到不断释放的同时，亦由此产生了新的"自主性困境"——这种困境尤其突出的表征为，伴随着社会结构的日渐分化，代表不同利益群体的诉求因为缺乏有效的协调而呈现"碰撞"之势①。其间，由不同社会主体所代表的社会力量在社会公共资源配置上的矛盾性诉求呈现愈益难以调和之情状。从更深层次的意义而言，中国当代由全球化和快速市场化而出现的"自主性困境"的背后，所折射的是国家与社会的管理者如何有效协调社会关系并建构良俗的社会秩序之

---

① 一些研究已经注意到，随着市场经济的快速发展，不同社会群体都在以不同方式表达自身利益，它们对利益的认知有较大的分歧，不同群体的利益表达能力也有很大差异。这直接导致了利益协调问题正在成为当代中国社会最重要的结构性问题。参见孙立平《社会分化与利益表达》，《经济观察报》2003 年 3 月 22 日。

问题。[1] 今天，如何在开放社会和市场经济的历史际遇下，我们既可以使社会活力得以不断释放，又能有效应对"自主性困境"，亦成为当下我们不得不直面并亟须深入探讨的重要问题。

二　现代中国社会中个体的崛起

我国自改革开放后，传统意义上的社会资源配置方式和社会管理形式发生了巨大变化，传统单位体制的社会管理功能日渐式微并趋于弱化。在农村，人民公社体制的解体和家庭联产承包责任制的全面铺开，使亿万农民获得了生产经营和社会流动的自主权，使他们摆脱了旧的社会组织体系的控制。在城市，随着住房商品化、就业市场化、社会保障社会化的深刻变革，体制内的单位组织对单位成员的控制能力大大弱化。

在这一历史过程中，原本属于体制外的"新社会组织"和"新经济组织"的大量涌现，也使越来越多的社会成员脱离了单位体制的控制。事实上，规模不断扩大的新市民阶层，如进城农民工、个体工商户、第三产业从业人员、自由职业者以及形形色色的"社会人"，如失业下岗人员、未就业的大学毕业生和退役军人、新经济组织和新社会组织的从业人员等，已经完成了从"单位人"到"社会人"的身份转变。

由此产生的一个突出问题，是越来越多的社会成员溢出了体制内组织管理和控制的轨道，重新沦为没有任何组织归属的原子式个体。这既使国家面临社会治理组织载体缺失，管控手段无法落实的棘手问题，又使社会个体因为没有组织关怀而无法有效地抗拒野蛮的资本力量和放纵的行政力量的侵害，产生了深切的生存焦虑。德鲁克曾一度告诉我们，"只有当社会能给个体成员以社会身份和社会功能，并且社会的决定性权力合乎法律，社会才能成为社会。前

---

① 李友梅：《全球背景下的人类合作新机制的生成》，《社会理论》2006 年第 1 期。

者建立社会生活的基本骨架——社会的目的和意义；而后者是一个骨架丰满肉体——给社会赋形并创造社会制度，如果人们失去了社会地位和社会功能，那就不会有社会，只有一堆杂乱无章的社会原子，毫无目标的在社会空间中飘浮不定"。①

要改变国家与个体共同面临的这一困境，根本出路，只能是大力扶持和培育社会组织，实现原子式个体的再组织化，建立健全社会各群体组织化、制度化的利益表达机制和协商谈判机制，充分发挥社会组织在凝聚利益诉求、保障个体权益等方面的积极作用，进而积极推进社会治理结构的开放化，通过健全民主参与机制，构建社会协同治理的格局，以此来凝聚社会的基本共识和社会各阶层的相互认同，奠定社会和谐的坚定基础。

同样，随着社会结构的开放性和流动性日益增强以及社会价值观念的多元化和信息传播的扁平化、立体化，传统的建立在严格限制社会流动与严密的意识形态控制基础上的封闭式社会管理模式也变得越来越难以为继。网络世界的出现，从根本上改变了人类社会的信息传递和社会交往方式，极大地改变着公共权力运转和发挥作用的社会环境。在信息化、网络化的时代里，网络世界里的信息传递和交往方式完全打破并超越了时间和空间的限制——借助于手中的键盘和鼠标，轻轻一动，就可以使宅在私人空间里的网民任意畅游网络世界，在应然意义上，可以与世界上任一拥有互联网的任何角落的网民进行自由、平等、畅快的对话、交流和沟通。

凭借网络的沟通平台，作为社会主体的公众，有了更多的参与社会公共事务的热情和可能性，他们可以根据自己获取的丰富信息，对自身所关注的公共管理、公共服务和公共事件作出自己应有的评判。随着现代中国社会中个体角色的崛起，原来社会公众大都被动接受主流媒体的宣传；而如今，普通社会公众在网络世界中，

---

① ［美］彼得·德鲁克：《工业人的未来》，余向华、张珺译，机械工业出版社2006 年版，第 20 页。

就可径直跨越官僚机构设置的层级壁垒，很大程度上可以直接向国家最高领导机关或者最高领导人陈述和表达自己真实的利益诉求。在这一过程中，信息世界内无边界的信息传播能力，使网络衍生出强大的自组织性，并在较短的时间内，能够围绕社会公众普遍关切的公共生活和公共事务问题形成较为强大的社会政治、思想动员。这一切都使网络世界的话语地位发生了"翻转"——在有效地摆脱了以往政治权力对其施加强制性管控的同时，并在一定程度上形成了对政治权力从未有过的强大压力，传统的以控制信息传播为主要目标的一元化的思想整合机制再也无法轻易地实现自己的目标。

综上所述，新中国成立后在特定的时代语境下，基于历史和体制的原因而形成的以政府包揽一切社会事务的管制型社会管理模式，在一定的历史时期内有其存在的合理性和优越性。但在全球化和后工业的潮流中，现代性的社会治理模式和社会发展趋势必然要打破既往的全社会统一思想、意志、行动、步调的整齐划一性的控制模式之"牢笼"。而在开放社会条件下，建构一种新的、适应市场经济发展、符合现代民主政治和多元文化发展的社会公共生活管理模式，已经成为当下我们不得不直面和应答的主要问题。

第二节　市场规则对公共生活秩序的作用

一　市场经济对公共生活的渗透

以血缘、地缘为纽带，以成员之间广泛而亲密的互动关系为特征的"共同体"，曾经是传统的社会组织形式。马克思曾指出：我们越向前追溯历史，即使是进行生产的单个个人，也从属于一个较大的整体，并表现为自身的不独立，这种不独立，首先表现在了小范围内，以家庭为主；但后来随着社会经济的发展，私有财富增加，渐渐演变为氏族之间的冲突并且形成了较大规模的公社组织，公社之中。① 工业化、城市化和市场化带动的社会大转型，催生出了全新的社会生产方式和生活方式，重塑了社会的联结方式和社会成员的行为逻辑，从根本上瓦解了传统社会的整合机制，使世界各国在转型时期普遍陷入了社会解组、社会失范的混乱境地。

与此同时，市场化带来的自由本身就预设着陷阱，有一种虚假性。市场化进程使人们工作地点和生活区域彼此分离，这既简化了生活，又加剧了一种独特的封闭和冷漠。因为，在市场化社会中，社会的理性化程度和物化程度是紧密勾连在一起的。在正常而理性的市场交互实践中，作为理性的市场人，他们的实践行为指向是讲求有理性的逻辑交往而非感性的情感交往。在这种首先预设剥离的对象化中和分离式迷宫中，市场实践主体的自我感受不再是一个完整的个人。社会主体的这种正常的市场行为因为这种剥离和分离而被切割得七零八落，致使个人同其他人的正常交往关系被物化。可以想见的是，在一个广阔的、无孔不入的市场交互实践中，正常的人及人性慢慢地丧失了。

工业化、城市化和市场化的社会大转型，不仅完全改变了人类的生存方式及空间形式，而且重塑了个体的行为逻辑，最终不可避免地导致了共同体秩序的解体。近代以来出现的工业化生产方式是一种社会化、系统化的生产方式，它完全改变了生产的具体组织方式和组织过程。在此，劳动力同原材料一道，被组织和配置到机器大生产过程之中，人的活动完全从属于机器的节律。就个体而言，工业化的过程就是共同体成员走出共同体世界，剥离掉原有的充满道德温情的血缘、地缘关系网络，而作为一种物件、一种商品被配置到机器化中。"农民的地位得到了很大的改变，并且思想观念也发生了变革，他们从土地上解放了出来，为了实现更大的经济效益，将目光放在了工业化生产上，促进了农

---

① 《马克思恩格斯全集》第 30 卷，人民出版社 1995 年版，第 25 页。

业的发展。"[①] 工业主义是颠覆共同体的无可抗拒的力量。[②] 当越来越多的共同体成员走出共同体世界，集聚到城市这个陌生人集聚的世界，参与到工业化进程时，原先的共同体就不可避免地走向了式微，并使心中残留着共同体生活记忆的个体遭受了前所未有的心灵创痛。

如果说工业化和城市化直接摧毁了共同体秩序的外在形式，那么，市场经济的发展，特别是市场交易规则向社会生活各个领域的渗透，则塑造出了个体全新的行为逻辑，从根本上瓦解了共同体内部的人际关系模式和行为准则。在市场交易规则的左右下，金钱成为衡量一切价值的最终圭臬，凡是无法兑现为货币的事物，无论是个人的道德尊严，还是温情脉脉的人际关怀都变得一文不值。传统共同体世界中那些充满人际友善和道德温情的互助关系，由此统统被打落在斤斤计较的利己主义冰水之中。

二　组织化的利益表达的缺失

转型期中国社会建设除了迫切需要进一步加强公共服务体系，夯实民生保障的基础之外，一个带根本性的战略任务，是加强社会的组织建设，实现社会的再组织化。社会碎片化与个体原子化，是转型社会的普遍现象。新中国成立以后，我们通过健全行政化的组织网络体系，将全体社会成员纳入了国家体制的控制范围。实践证明，这种社会组织形式虽然能够在一定时期增强社会的凝聚力，却因为扼杀了组织和个体的自主选择，会窒息社会发展的内在活力。改革开放以后，社会组织形式的变迁使大部分社会成员完成了从"单位人"到"社会人"的转变。由此产生的一个突出问题，是越来越多的社会成员溢出了体制内组织管理和控制的轨道，重新沦为

---

① ［英］安东尼·吉登斯：《民族—国家与暴力》，胡宗泽、赵力涛译，生活·读书·新知三联书店 2002 年版，第 179—180 页。

② 吴玉军：《共同体的式微与现代人的生存》，《浙江社会科学》2009 年第 11 期。

孤零零的原子式个体。

在市场经济运作的规范体系尚不健全，公共权力的运转和实施也没有完全得到有效约束的今天，在组织归属、组织关怀严重匮乏的原子式个体无疑是最缺乏权益保障的，在强大的资本力量和行政权力面前，他们往往只能沦为被动挨宰的"沉默的羔羊"。正如有学者指出的那样，作为单一的社会个体，如果其应有的正当利益得不到有效的社会确证和认可，则其将失去最基本的、有效参与社会的信息、能力、支付等相关资源——他们本应该有的合法利益将在市场规则的相互冲突和同成本游戏博弈的过程中被淹没乃至吞噬。事实上，在市场行为中，数量众多的、分散的、原子式的社会个体在保护其自身权利的战场上却往往显得脆弱不堪；不难想象的是，在市场化的语境中，大多数的、分散的社会个体在制度框架设定的游戏中，往往十分不情愿地注定要成为"悲怆的失败者"。①

其结果必然是越来越多的原子式个体在强烈的生存焦虑的煎熬下，在个人利益遭受毁灭性侵害而求助无门的绝望感的驱动下，对自我的生存困境作出极端化的反应，采用原始而极端的方式来表达自己的利益诉求或者宣泄对社会不公的不满，如以跳楼威胁来讨薪、以广场自焚来抗议强拆、以伤害幼儿等无助人群来报复社会、以杀害公职人员来宣泄激愤、以实施连环爆炸来制造轰动效应等，造成各级政府疲于应付的困境。更值得关注的是，个体的绝望、悲怆意识极易产生社会感染效应，助长弱势群体对整个社会秩序以及政府的对立意识。大量泄愤式群体性事件表明，深陷"集体行动困境"的原子式个体，极易在偶发事件的刺激下演变成为情绪失控的"乌合之众"，产生非理性的过激行为，对社会正常秩序形成极大的破坏作用。

组织化缺失利益协商机制，并且无法进行利益表达时，地方政

---

① 参见王锡锌《利益组织化、公众参与和个体权利保障》，《东方法学》2008年第4期。

府在维护公众利益存在进退失据的局面。当利益诉求以个体微弱的声音表达出来时，回应他们的往往是相互推诿、敷衍了事或者冷漠相向，甚至是强制性"摆平"，而当利益表达演变为"乌合之众"的群情激愤时，急于息事宁人的政府往往又变成"软弱可欺"的对象，一定意义上，政府形象因此受到极大损毁。事实上，近年来，社会生活中大量群体性事件发生、演变的逻辑表明，政府直接面对孤立的原子式个体的社会结构极易形成周期性的社会震荡，造成官民之间的零和博弈困境。对此，古典社会学家涂尔干早就有相当敏锐的洞察：如果国家有可能存在下去的话，那么在政府与个人之间就必须有一系列次级群体的存在；同时，当这些次级群体与个人的联系非常紧密的时候，社会上的次级群体就会在一种无意识中，强劲地把个人吸收到群体活动里来，借此把社会上原子式的个人纳入主流的社会生活之中。换言之，一旦在国家与个人之间的团体中介出现断裂或毁损的话，那么，国家与个人间相互的认同感和接纳距离会越来越远，二者的关系也将愈发流于表面的形式，且这种内生性的血脉上的关系会越来越时断时续——致使国家无法切入到个人的意识深处，无法把社会上的个体真正聚合、凝练在一起。①

第三节　工具主义与差序格局的再生产

一　个体化发育的畸形化

市场经济在中国的出现，曾经给很多中国人带来了对未来的美好想象。他们原以为，随着计划经济的解体，在打破原来的社会结构的基础上，个人获得更大的自由，市民社会因此生发，一个良性的社会互动关系必将出现。

---

① ［法］涂尔干：《社会分工论》，渠东译，生活·读书·新知三联书店 2000 年版，第 40 页。

　　这个梦想的出现，其实要追溯到百年前的中国。晚清以来，立志改革的中国知识分子的主流看法，就是以觉醒的个人反抗集体主义的权威为主题。当时的先哲们提出，从"冲决网罗，恢复自性"，再到20世纪初期社会改革者倡导的"婚姻革命，家庭现代化"，我们看到的是同一主张的不同表述——只有在彻底改造传统的文化人格的基础上，我们才能塑造出新的独立、自立、自主、自强的个人，并由此而诞生出富国强兵、国泰民安的现代化大业。[①]也正是带着"独立自主的个人之崛起"的想象，主流的知识分子一直以宣扬冲破传统束缚的个人主义为理念，期望着美好新社会的到来。然而，经过近百年的社会涤荡最终出现基层家庭发生巨变，不受束缚的自由个体成为社会主体的时候，期待中的良性公共生活出现了吗？而事实是，新中国成立60多年后的今天，正如学者阎云翔所言：在国家行进在现代化的今天，日益走出祖荫的国人似乎并没有真正获得和正式形成独立、自立、自主、自强的民族个性。与之相反的是，在广大国人日益摆脱传统伦理道德束缚的同时，却极易表现出一种极端功利化了的自我中心取向，在主张个人权利的同时而往往忽视履行自己的义务，在寻求他人支持和帮助的情况下，来获致自己对物质欲望的满足。[②]

　　1949年以前，中国知识分子改造传统文化人格的工作，仅仅处于提倡与呼吁的阶段。真正地从基层对个人进行改造，使之成为独立、自立、自主的个人，是从1949年以后开始。显然，对独立、自立、自主个人的改造，并没有出现原来设想的逻辑结果。如今，市场经济替代再分配体制后，追求经济利益的自由个体，真的能生出一个市民社会吗？这个问题又不得不面对事实的考问和时间的考量。

---

　　① 阎云翔：《私人生活的变革：一个中国村庄里的爱情、家庭与亲密关系（1949—1999）》，龚晓夏译，上海书店出版社2006年版。
　　② 同上。

二　差序格局的再生产

"差序格局"的内涵，国内最早来自于费孝通老先生。费老早期对"差序格局"的解释及学者们的解读，更多的具有工具性和利益性的意涵。就利益性的差序格局而言，在当代中国仍然具有较大的普遍性。这种差序是以"自我"为中心且围绕着某一主要个人或一定群体的核心利益而建构起来的。在这一格局体系中，人们以亲属和朋友关系的亲疏远近而确立其在该格局中的基本位次。这种格局主要以血缘关系的亲疏为主，处于这种格局中，想要满足自身利益较为困难，并且对于公共利益的实现，也存在着较大的阻碍。在差序格局中，中心成员往往以情感的联络、关系的运作、年节中相互礼物的馈赠等诸多手段，实现增进关系的目的；这种格局中，只有与格局中心保持着密切的关系，才能够实现自己的利益目标。①

工具性差序格局，不但被用来理解中国百年以来的社会结构，亦可用来解释"特别是改革开放以来国人的许多背离国家利益和社会基本准则的行为"②。我们不得不直面的是，虽然中国广袤的农村在实行以家庭联产承包为发端的农村经济体制改革后，并随之开启了农村的现代化进程，但农村中原有的乡土社会的差序格局并没有因为农村的逐步现代化而销声匿迹——仅仅是它的内涵和外延发生了某些重大变化——在中国的县域社会发展中，宗族势力仍然存在、私人企业家族化现象普遍存在、乡镇企业家族网络关系运作依然，这已经凸显出在中国社会转型期，工具性差序格局中的家族关系的顽强生命力，并在挤压着现代公序良俗的社会价值认同在县域社会管理中的既有空间。

---

① 参见李沛良《论中国式社会学研究的关联概念与命题》，载《东亚社会研究》，北京大学出版社1993年版，第67页。

② 马戎：《"差序格局"——中国传统社会结构和中国人行为的解读》，《北京大学学报》（哲学社会科学版）2007年第2期。

在社会生活公共性的语境下，工具性差序格局中的"家族的泛化"现象仍然坚挺并大行其道。就农村中的差序格局而言，虽然其原有的差序格局在内涵改革、范围扩大及关系亲疏诸维度上发生了较大变化。但目前存在于农村中的差序格局，随着格局本身范围的扩大其在实际交往中却沾染了更浓的利益色彩，就姻亲关系和拟家族关系而言，从格局中的成员被纳入的动机及这两种关系实际所起的作用观之，无不与资源的获取和合作的成功相联系。① 与此相关的是，在社会组织内，如体制内的企业、事业、行政单位中的人际关系，虽然各个主体之间已不具有任何事实上的血缘或亲缘连带，但工具性差序格局中的"家族的泛化"现象却相当完整的全部或部分复制或映现到这些单位中来了——子承父业和频频见诸报端而屡见不鲜的塌方式腐败案件即为明证。

差序格局的再生产在社会公共生活交往中的主要表征为：（1）在日常交往的称谓上仍然沿用类似亲属称呼的符号系统；（2）在一些正式的社会经济组织的人事任用中的差序格局，比如乡镇企业中的一般工作、苦活累活、要职、关键岗位、美差等，都按照亲疏远近、内外有别的潜规则来进行；在管理方式上遵从权威式家长领导的同时，更因循特殊主义的差序规则；（3）在应对日常矛盾纠纷的方式上，人们通常首选的是在面对面的调解、商议或类似宗族内部关系的某种极端手段等处理方式而寻求所谓的"私了"，并尽量避免诉诸法律的手段而对簿公堂；（4）"圈子"文化的影响依然存在——在差序格局的再生产语境中，社会主体往往在拟亲缘、同学、老乡、战友、朋友的关系中寻找、建立自己的"小圈子"。一旦成为某一个圈子内的"圈内人"、"熟人"、"自己人"，很多事情的解决经过"通融"和"操作"就可

---

① 杨善华、侯红蕊：《血缘、姻缘、亲情与利益——现阶段中国农村社会中"差序格局"的"理想化"趋势》，《宁夏社会科学》1999 年第 6 期。

以循人情而定。①

如今，工具性差序格局的再生产，似乎无孔不入地进入社会整体，包括城市里的企业单位、政府机构、社会群体，等等。游荡在城市公共生活空间中的差序格局，不仅凸显了现代社会中关系网络的刚性存在，随着社会的发展，这些关系网络也发生着新的变化——差序格局中的社会主体，在自身的社会实践中，不断地在"利我"的价值取向中，找寻和编织着自己的关系网——这些关系网随着单个社会主体自身的地位变化，而发生某些"门当户对式"的"上品无寒门，下品无士族"般的巧妙变化。甚或说，单个社会主体为了达到某种利益或结交某个人，新结交的同事则可以成为合作伙伴，昔日好友可以变为仇人，为了适应自己的生存和发展，在实践中的社会主体必须不断地建立、删除、增加、调整自己的社会关系网络。②

第四节　公共生活的犬儒主义盛行

一　中国公共生活犬儒主义的表征

当代公共生活及当代教育越来越致力于培养自由、独立和个体化的人，这虽然有助于增进个人的主体性和独立性，但是也在很大程度上导致了人与人之间关系的疏离和割裂，造成公民个体对公共社会的冷漠。公民成为了缺乏团队的"乌合之众"，他们不断从公民社会和公共责任中退出，这无疑加深了公民社会的碎片化与分裂化。齐格蒙·鲍曼（Zygmunt Bauman）曾这样说过，"当今社会有

---

① 参见郭于华《农村现代化进程中的传统亲缘关系》，《社会学研究》1994 年第 6 期。

② 参见张继焦《差序格局：从"乡村版"到"城市版"》，《民族研究》2004 年第 6 期。

一种强大的个体分化力量；它分割而不联合。"① 在社会个体日益
呈现分割化、原子式、个体性的生存状态中，使得原有的公民关系
走向封闭，人们更倾向于把自我看作是绝对存在者，疏离于他人和
社会，成为了与他人和共同体相隔离的孤立的、冷漠的人，我们可
以把这种境况称之为"公共冷漠"。

　　在学理层面而言，"公共冷漠"作为现代生活的一种病症，其
根源是比较复杂的。在整个社会的现代性转型过程之中，城市生活
逐渐取代了村社生活，传统的亲缘伦理体系以及传统的共同体生活
逐渐失去了它的正当性基础，人们不得不跳出熟人关系和亲缘共同
体的小圈子，去面对纷繁复杂社会中熙熙攘攘的"陌生人"。在这
样一个陌生人的社会里，个体被赋予了更多的自由、个性和主体
性。但是，与此同时，在传统生活向现代生活的过渡阶段，现代性
的公民共同体和公民社会产生冷漠和疏离的态度，缺乏公民参与的
意识和能力。

　　在此情况下，现代生活呈现出一种前所未有的个体化、分裂
化、疏离化的力量，它使现代人越来越走向了孤独和封闭，仿佛现
代城市的钢筋水泥建筑一般，把人们隔离了开来。这种孤独和封闭
的心态，导致了个体越来越将自我与他者、自我与公民社会相对
立、认为公民社会与自我毫无关系，只要公民社会及他人不侵犯个
人的自由和权利，一切公共事务都与自己毫无关涉。于是，公共冷
漠的态度也就油然而生，个体宁愿选择从公民社会和公共生活中退
出，以维护个人的独立和自由，也不愿意成为公民社会和公共生活
的积极参与者。

　　正像郑永年先生指出的：在现代化进程中，中国处于大规模的
社会转型，多元思想在中国的出现是正常的。与此相关的是，社会
意识形态也呈现多元化趋势，这也是正常的，并不可怕；让人可怕

---

　　① 〔英〕齐格蒙特·鲍曼：《个体化社会》，范祥涛译，上海三联书店 2002 年版，
第 13 页。

的是中国社会主流价值体系的缺失和国家整体意识形态的慢慢消失①。其实，当今社会最严重的问题并非意识形态的争论，而是犬儒主义的盛行。虽然"犬儒主义"这个概念是舶来品，但中国文化中并不缺少犬儒主义的思想因素，一些人就把第欧根尼的思想与庄子哲学进行比较来阐释"犬儒主义"。但不得不承认的是，在中国历史上，任何时代都没有像今天这样盛行"犬儒主义"。

新中国成立以来，各种思想改造运动让人对各种官方的虚假意识形态见得太多了，结果就形成了习惯性反应，无论官方提什么，人们总是以犬儒式的冷漠态度坦然对之。大部分官方意识形态并没有内化为百姓和官员的内心信念，而是成了培养他们的犬儒主义态度的养料。像西方一样，中国的犬儒主义也是一种"启蒙了的虚假意识"，20世纪80年代，中国学界呼唤启蒙，开展人文主义讨论，那时的启蒙是真诚的。90年代后，随着市场经济原则在整个社会层面的泛滥，80年代的理想主义之火熄灭了，犬儒主义在经济发展的沧海横流下，开始大行其道。

犬儒主义是相互矛盾的两种力量的奇特结合：一方面，经过20世纪80年代的启蒙熏陶后，人们对各种观念和现实都抱持着批判的态度；另一方面，在市场经济大潮的裹挟下，社会大众又不得不卷入普遍的功利主义的泥淖。在犬儒主义的文化基因中涵括了普遍的怀疑精神与大众化的功利工具理性。正如有的学者所言：犬儒主义者在愤世嫉俗中，表现出自己的玩世不恭，在委曲求全中不得不接受残酷的现实；在他们身上有明显的性格分裂，在不反抗的清醒中保持着一种对现实不认同的接受。在对现有秩序的不满中夹杂着对现有秩序的一种不拒绝的理解。②

笔者认为，学界对犬儒主义的不同定义，基本较为完整的呈现

---

① 郑永年：《改革及其敌人》，浙江人民出版社2011年版，第98页。

② 何鸣：《当代犬儒主义》，http://news.ifeng.com/history/zhongguogudaishi/special/ruguonishiquyuan/detail_2011_06/03/6797541_0.shtmlh。

出了犬儒主义的意涵。"犬儒主义"伴生着一种社会个体都知道但不愿言说和学会极力"自我保护式逃避"的虚假意识——这种虚假意识与 20 世纪 60—70 年代风行的"文化大革命"时的政治狂热信念大相径庭——已经远远摆脱了"彼时"的无知和盲从，而是经过正式启蒙并觉醒了的"此时"的虚假意识。学者张念曾经指出：犬儒已经摆脱了非理性的逻辑羁绊，并成为理性的一种特殊衍生物，是理性傲视世界、怀疑信仰的结果。在对现存世界普遍的怀疑中，犬儒自身之形象经历了精英——大众——犬儒的演变；反映在现实世界里，从以对抗精英的痞子为自身的逻辑起点，经由痞子最后发现自己原来也是精英中的一员，到达启蒙的合题后，便是犬儒的真正诞生①。犬儒主义不是无知，无知者是不知而为。犬儒主义不是虚伪，虚伪的人伪装自己的行为，而犬儒主义者台上说一套，台下说一套，毫不避讳言行不一致。犬儒主义也不是对理想的绝望，绝望者是消极厌世的，犬儒主义者可以假装厌世，却在名利上浑水摸鱼，志得意满。

　　如果犬儒主义只是边缘化的、少数人的心态，并不可怕。然而，在当下中国，犬儒主义却打上了明显的体制性烙印。恰如学者徐贲所言：权力（在上者）犬儒主义与弱者（在下者）犬儒主义构成了体制性的犬儒主义。权力（在上者）犬儒主义表征为统治者所言说的官方话语，弱者（在下者）犬儒主义则为显现为受制的大众反应。……前者的主要特征是说则一套，做则另一套。在犬儒主义的话语体系里，在权力控制下的公众领域，强权在一定意义上能够规定真理；同时，作为单独的社会个体可以表面上不接受它，但在公开场合，也必须要做出相信它的样子。②虽然犬儒主义具有体制性，换言之，它在很大程度上表征为官场和官员行为的既

---

　　① 张念：《犬儒主义与中国式的启蒙逆子》，《上海文化》2009 年第 6 期。

　　② 徐贲：《九十年代中国知识分子的民粹政治和后现代犬儒主义》，http：//www.doc88.com/p—114817964532.html。

有特征。但并不意味着犬儒主义只身居庙堂，而不在江湖。实际上，常常表现为治人者是犬儒主义，受治者也同样是犬儒主义：前者往往在表面上道貌岸然，而背地里却在积极地不择手段地捞取利益；后者则表面上迎合，背后则嘲弄——在现实世界里，充当了"两面人"的角色。

公允地说，在某些场合，犬儒主义与权贵和谎言保持着一定的愤世嫉俗的、讽刺的距离，并发挥着对现实一定程度上的冷漠式清醒和批判性否定的作用。在这种情况下，犬儒主义虽不想阻止恶，但保持着独立的自我意识，这与前启蒙的政治狂热和非理性相比，是一个进步。作为启蒙了的虚假意识，犬儒主义对待丑恶和非正义现象持清醒的不反抗、消极的不介入方式，这种态度对公共生活来说是精神的腐蚀剂。但是，回到传统高压方式重建全民统一的意志，更不可取。根据人的处境和行为方式。我们可以把犬儒主义者分为两种类型。一种是悲怆型的犬儒主义者，他在不合理的现实面前采取明哲保身的态度——一定程度上意味着犬儒自身在社会良知面前的堕落——明明知道一些掌权者口中说出来的是谎言，知晓这个世界里某些事实的真相，但犬儒主义为了自我保护——在远离这个谎言游戏的同时，也不情愿揭穿它。另一种自我放纵型的犬儒主义，他们知道掌权者说的是谎言，更知晓这个世界中相关事件的真相——他们参与了社会良知的堕落——在获取生存的基本物质依托后，犬儒者主动加入谎言游戏中，并试图在这样的谎言游戏中捞取好处。试想，当下犬儒主义的盛行表明，一个社会长期停留在缺少理念的状态，社会主体价值处于解构中，停留在言与行、目标与结果的分离与矛盾之中。长此以往，会造成什么样的社会恶果？

以上分析表明，以中国模式的正反看法和民间对改革的争论，使我们意识到我们脚下的基础正在动摇，公共生活进入"理想的冲突"时代，而犬儒主义的盛行则从另一方面显现中国当前的危机，犬儒主义不仅是虚无主义，而且把虚无主义从对信念和理想的怀疑，变成对现实逃避或功利主义放纵的反思性保护。中国的改革如果能够健康发展，必须寻求现代社会安身立命的原则，寻求社会秩序正当化的现实路径建构与道义逻辑形塑。

二　公共生活与私人生活的现实境遇

在中国现代社会急剧转型中，因为现代化步伐的快速开启，广大国人的价值观念和社会认知没能与社会转型相合拍。致使在社会转型中，发源于转型时期的一种无形的现代社会张力，在不经意间，就将国人推入到了一个私人领域与公共领域对峙的紧张空间。在社会转型的历史进程中，传统社会里既有的公共性的丧失与社会个体私密化的生活有诸多相关之处。这种社会个体的私密化是与分化程度不高的传统社会里的日常生活惯性的延续、政治生活的集权化有诸多吻合之处。在社会转型中，不管你身处社会里的任何阶层，由于生活的压力巨大，在实践中逐步形成的个体私密化生活，迫使人们逐步降低、甚至放弃对于个人健全生活的诸制度保证条件的要求；同时，在私密化的个人生活中，大众更注重个体自身对于个人生活的独特个性及个人生活质量的深度追求。我们不得不面对的，由于私密化生活的广泛存在，社会大众逐渐放弃了对当下中国公共生活状况的过多关注。在个性逐渐张扬的私密化生活中，人们不得不陷入更加私密化的生活陷阱中。

社会转型中城镇化进程的提速，使人口快速的向现代大都市流动。由于生活空间的挤压和工作节奏的加快、生活压力的增加，使都市里原有的社会关系和文化特征等发生诸多变化——都市人也不得不走出传统的城中"四合院"，远离本来意义上的居住"社区"。都市人口的快速大量聚集，在土地存量无法改变的情况下，现代城市处处高楼林立，人们要么在大厦的写字楼里办公，要么在高层建筑的大楼里居住。居住在日渐单元化、高层化、封闭化、独立化生活空间里的都市群体，由于身居都市里人们物理生活空间的改变，也在不断地侵蚀和改变着城市里传统社会的人文生态，致使生活在同一个社区或者同一个单元楼层里的家族间、邻舍间、朋友间的交往密切程度大大减少。甚或居于同一个小区里的楼上楼下、左邻右舍相邻了十多年，但仍互相不知道对方的尊姓大名。

在日益快速的市场化助推下，社会流动和人才转移加剧，中国传统意义上的安土重迁已经成为历史，这也造成人们居住的不定化。一定意义上，人口迁移和人才转移，也在加速人际关系的陌生化、孤立化，这也极易造成社会群体生活意识的淡薄——疲于应付自身生存和生活的社会大众既不愿意行使公共关注的权利，也不具备行使社会公共关注的能力。如此的话，原本属于在个人之外存在着的公共问题逐渐被私密化的私人生活所替代，并遮蔽起来，以至于社会政治共同体成员共同享有的公共权力也日渐私人化。

公共生活中的犬儒主义盛行，需要我们在社会急剧转型中，树立社会公共生活的道德标尺和价值标杆，建构适宜于社会个体展示其活力和实现自身价值的私人生活领域。在此，我们要树立转型时期，私人领域中的社会个体对建设有中国特色社会主义的坚定的政治认同感，在此基础上确立起社会个体对自己在社会实践中本来应该有的权利自觉，唤醒其作为社会一个分子对社会和国家应有的使命感、责任感和担当精神。使私人领域的隐秘化在集聚社会正能量的政治道德语境下，让社会上的知识精英褪去"犬儒"的思想包袱——以国家主人翁的责任感和使命感，投入到社会公共领域中来，以塑造我们在中华民族伟大复兴中应该有的社会公共生活共同体。在这一社会共同体中，实现社会个体的人生目标和社会价值，进而达致社会公共生活与私人生活相得益彰的良好格局。

第五章　当代中国社会公共生活的合理化建构

第一节　制度规范的建构和完善

一　社会稳定秩序的构建

制度是一个社会正式的规则体系，制度是为了达到某种目的，根据当下的社会经济发展形势而构建的，对于维护社会稳定以及社会经济发展来说，具有重要意义。一个社会，若是没有制度作为保障的话，那么这个社会也必然无法存在太久。制度对人们的行为作出明确规定，它规制了人们在公共生活当中个体行为的存在界限，这个界限是社会生活的框架，不可逾越。可以说，制度的存在对于社会发展来说是一种保障，若是没有制度存在，这个社会就不可能正常运行。①

一般而言，一个制度一旦形成，就具有客观性、稳定性和可操作性等特点，为人们生活提供了一定的行为准则和操作规范，这些制度在维系社会发展、调节冲突，促进社会稳定方面来说，十分重要。而且社会政治稳定对于促进经济发展和国家繁荣至关重要。反之，缺乏良好的制度，就容易导致社会政治不稳定，从而危害经济发展。从最根本上说，一个制度只有是公正的，才会是良好和高效

①　[美] 丹尼尔·W. 布罗姆利：《经济利益与经济制度：公共政策的理论基础》，陈郁等译，上海三联书店、上海人民出版社 2007 年版，第 54 页。

的，才能最有利于促进社会发展和稳定。

第一，改善政治体制的应变及创新能力，使之适应社会发展需要。在当下社会政治经济发展大背景下，现代化社会的发展离不开强有力的政府管理和监控，这种管理和监控是为了更好实现社会现代化的关键。因此，加强政府职能，提高政治体制的应变能力和创新能力，在推进中国社会治理能力和治理体系现代化建设进程中，尤为重要。各级政府是国家现代化建设的领导部门，政府的高效、廉洁对于社会风气的引领、社会道德的提升、社会信仰的重塑，加快经济建设步伐等，都具有重要影响。政府部门在现代化建设过程中，如何做到依法、科学、民主决策，是政府部门现代化建设过程中必须直面的严峻问题，同时也是助推各级政府部门迈入现代化建设的重要保障。同时，国家在现代化过程中，要建立健全各种制度，要肃清吏治，从严治党，确保国家在现代化进程中河晏风清、政府清廉、吏治清明，有效遏制腐败现象的发生，从而实现政府民主政治和法制政治的最终目标。

第二，建立健全利益监督协调机制，扩大政治参与，提升政府工作效率。提高广大人民群众参与政治活动的热情和积极性，有利于政治体系的稳定，有利于提高政府部门的履职能力，提升政府的办事效率；一定意义上，也加大了社会民众对政府职能部门工作的监督作用。与此同时，社会民众积极参加政治活动，有利于自身诉求的合理表达并顺利实现，也会让政府职能部门听到社会底层民众的心声，提高政府相关政策落实的针对性和实效性。社会民众有效的政治参与，有利于调和社会矛盾，建立健全民众对政府的监督协调机制，为构建和谐社会打下坚实基础，也有利于减少腐败现象的发生，促进"廉洁政府"的实现。

第三，坚持与时俱进，推进制度创新。制度创新是在原有各种制度的基础上，为了适应新的社会政治、经济、文化等形势发展的需要，对原有制度予以提升和优化。就转型时期社会经济发展形势来看，构建一个良好的公共生活秩序，就要坚持与时俱进，必须有与当下的社会发展境遇相契合的制度创新作为保障和支撑。从制度发生作用的路径来看，任何制度都具有普遍性和一般性，同时也具有变化性，制度的这种变化性就是依赖于社会经济的发展变化而变化的。与此同时，现代制度最主要的特征是"法治"。① 在制度实际运行过程中，制度的变化要根据客观实际发生的情况，以法律规范为边界，有着明确的界限约束，这样，制度创新才能为社会的成功转型打下坚实的基础和创造良好的条件。

第四，建立健全多元化的社会力量格局。在后现代性的历史语境下，一种单一机制已经根本无法保证并实现社会经济有序正常发展。因此，建立健全多元化的社会力量格局，对于转型时期社会经济发展而言，有着极为重要的意义。目前，社会治理机制已经从传统的单一制朝着多元化机制方面发展，这种多元化机制具体表现在政府主动型、市场依据型、社会自治型三个方面。政府主动型，主要是指政府在社会经济发展中居于主导地位，其发展社会经济以一种主动形式进行，充分发挥政府在社会经济发展当中的主观能动性；市场依据型，主要是指市场在经济发展当中具有价值导向性的作用，发展经济必须以市场为依据，根据市场变化，进行相关的经济决策；社会自治型，主要是指社会的发展不单单需要法律作为制度保障，同时也需要道德作为社会发展的依据，每个人都能够遵守社会道德，以一种自治的方式实现社会发展。当下我国社会经济发展过程中，就是走以政府为主导，同时与社会组织关系相协调，实现共同发展的道路。建设有中国特色社会主义伟大事业，离不开广大人民群众的支持，离不开对市场的准确了解和把握，建立多元化的社会力量格局，给予社会组织合法地位，动员一切可动员的有利力量，共同实现社会经济的健康发展。

---

① 李庆钧：《霍布斯的秩序解说与转型期社会秩序的构建》，《江海学刊》2003 年第 6 期。

二　依法治国，建立完备的法律体系

法治是和谐社会的重要价值，也是政府善治的重要手段。善治必须依靠法治才能实现，没有法治就不能有善治，也就不会有社会的和谐。法治的实现，不仅意味着要制定出良好的法律，而且还意味着制定出的法律能够得到落实和被民众所遵守；否则，任何完美的法律也只是形同虚设。公共生活作为社会公众自由商谈公共问题的社会交往空间，它不仅培养了社会公众的法律情感以及对法律神圣性的信仰，从而使法律具有了深厚的民情基础；而且作为一种独立的社会力量和通过其运行机制所形成的公共舆论能够对包括立法、执法、司法等各个法治环节进行切实有力的社会监督与制约，从而推进了法治的实现。

公共生活包括多个方面，例如公共场所、公共传媒、公共运动等，公共生活的法制观念和意识，主要通过公共舆论和公共意志的形式，实现社会公众对法制产生"持续性"的影响，公共生活当中，其实现方式以"在场参加"的方式为主。因而，构成了现代法治社会一个重要的结构性支撑，它为现代法治提供着深厚的道德根基、价值根基、信仰根基和制度根基。法治的社会根基是法治得以生根、发展和正常运行的必要条件。法律的运作过程包括多个方面，主要有立法过程、执法过程、司法过程、守法过程等，这种法律运作过程只有通过公共生活的公众参与、舆论监督等方面共同努力，才能实现法律的公众效应，从而实现法律的有效性和公共性。法律的制定，是根据当下社会经济发展实际情况来制定的，要以民情为基础，正如托克维尔所说的，"法律的制定需要从民情出发，以满足民情为法律制定的根本。"① 根据公共利益需求，来进行法律的制定。法律是社会普遍认可的，是

---

① ［法］夏尔·阿列克西·德·托克维尔：《论美国的民主》（上），董果良译，商务印书馆 1998 年版，第 315 页。

社会公共利益的一种体现，同时也是一种公共权力的行使。法律要具备合理性和强制性，要有绝对的权威，以一种制度形式实现对社会的治理。

法律是有效率的，它对公共生活的稳定来说具有重要意义。法律保证了每个公民权利的平等性，实现了公民生活以法律为保障下的自由和民主，它的构建，是实现现代社会的社会秩序规则运转、和平稳定的前提，同时对于社会发展来说，也是重要的制度保障。法律的重要性，不言而喻，公共生活的思想源头，就要以法律作为保障，它是公共生活发展的根基。

三　健全政府信息公开透明机制

现代公共生活的构建与培育，不可能凭借对信息的控制和封锁来实现，而必须通过政府信息的公开透明和民众知情权的保障来达到，公开透明已成为促进公共生活良序发展的前提。如果没有政府的公开与透明，没有公众对权力运行情况的知晓和监督，建立公共生活就只能是一句空话。具体来说，信息公开透明对公共生活建设的意义主要表征有三：

其一，信息公开透明有利于保障公民知情权。知情权在广义上是指公民获取相关信息的权利；狭义上则指公民或法人获取政府信息的权利，政府机构有义务满足和保障该权利；知情权是一项基本人权，既是公民的民事权利，也是政治权利，而且是其他诸多权利实现的前提，因此具有不可剥夺性，一些国家将知情权明确写入宪法；知情权也是推进一国民主制度发展的必然要求，确认知情权是影响政府信息公开制度的关键，而政府信息公开透明亦是对公众知情权的重要保障。如果现代政府还坚持保守观念，树立信息不对称的壁垒，让公众对政府的所作所为一无所知，这无疑将进一步加剧公民对政府的不信任，从而导致政府公信力的缺失，这对社会发展来说，极为不利。与此同时，"政府的这种做法也将与民主政治的时代潮流背道而驰，日益降低政府在人民心中的威权地位"。① 建立健全政府信息公开透明机制，是当下社会发展的一个重要趋势，信息公开透明，不仅对公民知情权是一种保障，也将使政府和公民的关系朝着良性协调的方向发展。

其二，信息公开透明有利于民众形成合理的政治认知。理性的政治信任是以客观的政治认知为前提的，政治认知又与政府信息的公开透明密切相关。政府是现代社会信息资源的最大拥有者和支配者，信息的公开透明状况直接影响着公众的政治认知、政治参与及以此为基础的政治信任状况。如果公众拥有通畅的渠道去了解政府的构架、存在基础、运行规则、能力以及实际功效，这将有助于激发民众的政治信任感，提高政治信任水平；如果政府的政治结构和运作程序模糊不清、为常人难以理解，公共政策过程暗箱操作，甚至被神秘色彩所笼罩，那么公众与政府之间就会产生隔阂，普遍的政治不信任就会应运而生。

20 世纪在大萧条背景下上台执政的美国总统富兰克林·罗斯福为获取公众的政策支持，进行了卓有成效的信息沟通，取得了巨大成效，其著名的"炉边谈话"以及数百次新闻发布会，给其政府带来了巨大的信誉与广泛的民意支持。此外有学者研究指出：关于群体、联合会、机构、组织和政权制度的功能，以及失败的信息提供一种可预测的感觉。但从另外一个方面来看，若是这些信息的构造是有理由的，并且是可以被预见的，民众更希望能够了解它，这对于提升民众对政府的信任力来说，具有重要意义。此外，人们对于政治的认知，并非单单是一种好奇心理在作祟，更多的是对公共权力和公共利益的一种渴望。他们认为自己应该知道这些消息，并且这些消息虽然对自己没有什么影响，但作为一名公民，并不应该被隐瞒。另外，如果运作原则让人难以理解，并且漏洞百出，同时采取一种遮掩的方式来逃避人们的监督，即便事情的结果是好

---

① ［美］斯蒂格利茨：《自由、知情权和公共话语——透明化在公共生活中的作用》，宋华琳译，载《环球法律评论》2002 年第 3 期。

的，但人们不会相信。这在很大程度上容易加剧民众对政府的不信任，甚至出现一些不利言论的产生，进而让政府信誉遭受极大损失。①

根据传统的"委托—代理"的政府理论，政府作为代理人有义务履行好各种职责，公众作为委托人总是期待政府恪尽职守、廉洁高效、勤政为民，但在特定时期内政府的能力总是有限的，与公众的期待之间总会有这样那样的差距。差距越大，政治信任度也就越低。如果政府信息不公开或公开程度很低，公众对政府信任或不信任就是依据政府行为结果而产生的；如果政府是透明的、信息是公开的，公众就可以客观了解政府权能结构和行为状况，熟悉影响政府过程的各种因素，就有助于形成相对客观的政治认知，对满足或降低民众对政府的政治预期，从而产生政治信任是非常有益的。总之，政府能够公开透明，与公民之间能够开诚布公、坦诚相待，政府形象和公信力的确立就有可能。

其三，公开透明是最好的消毒剂。现代政府权力源于人民，故应为人民服务，受人民监督。知情权源于监督权，是监督的基础和前提。因此，公民可随时对政府进行监督，而政府在治国理政实践中，尽管有一些信息需要保密但应保持在最小限度内，政府应将所拥有的社会管理信息保持高度透明。这样，就可使政府的权力运行时刻处于严密监控之下，在相当程度上有助于避免权力运行的隐蔽性和随意性，使掌握公权力的人不敢滥用权力，起到预防和遏制腐败的功效。根据现代政治信任的基本原理，政府的公开透明是以不信任为前提的，正是因为对公共权力和人性的不信任，才要求把政府的公权力置于阳光下，要求现代政治是一种透明政治。政府公权力的公开透明是制度化不信任的基本原则，信息公开制度具有制度化不信任的属性，能够发挥构建公共生活的功效。

---

① ［波兰］彼得·什托姆普卡：《信任：一种社会学理论》，程胜利译，中华书局2004年版，第165—166页。

四　利益表达机制的培育

党的十七大报告在论及公民权时，增加了一个表达权，即要保障人民的知情权、参与权、表达权、监督权。[①] 党的十八大报告沿用了这一表述。为此，要搭建平台，畅通利益表达渠道，确保公民行使表达权，需要形成有组织、有秩序的利益诉求表达机制。

一般意义而言，所谓利益表达，就是指各个社会阶层的人，通过一定的渠道和方式向政府、执政党和社会各级组织机构表达自身利益要求，以求影响政治系统公共政策输出的过程。[②] 而表达的对象一般为政府以及社会组织机构，其目的多是为了宣传政治影响，是一种允许社会成员表达自身利益诉求的机制。但是，该种机制需要社会成员利用合法渠道和方式。所以，利益表达机制具体包含四大要素：

第一大要素是利益表达主体，是利益表达机制的基础性因素，利益表达主体主要由社会成员组成。而这些成员来自于不同的社会阶层，这个团体具有广泛的代表性。所以，这样的表达主体可以进行利益表达分量的增强，在利益表达成本降低的同时，提升利益表达效率。就目前而言，国内的利益团体，主要是工会等服务性组织，其数量不多，而且一些社会弱势群体较难进行团体的建立。所以，国家应该进行各种社会团体的培育，并进行支持和监督机构的建立。在这一方面，政府尤其应该进行代表困难群众的团体的建立，并赋予相关机构利益表达的权利和义务。

利益表达客体为第二大要素。而所谓的利益表达客体，其实就是利益表达指向的对象。所以，利益表达客体必须存在，以便使利益表达具有目标。但是，利益表达客体需要具有一定的独立性，以

---

① 《十七大以来重要文献选编》（上），中央文献出版社 2009 年版，第 10 页。

② http：//baike. baidu. com/link？url = SmunEGx8D8XlMc2xNgiMtARI　GXkEVVt-mXWA4zz0h469ycoXfhI4OH1zFO6kPY7glKzqhqcTz9rIFIOSmdueVv. 2016 年 9 月 3 日访问。

便进行职责的独立行使，并进行公正作用的正常发挥。而一旦丧失了独立性，利益表达主体的积极性就将会受到影响。甚至，还会出现客体进行主体表达阻碍的现象，继而影响利益表达信息的传播，并对政府执政造成不良的影响。

利益表达渠道为第三大要素。而这一渠道，主要是表达主体为了实现其利益，而采用某种介质。为了实现表达主题的利益，通常会采用组织化和公开舆论的表达方式。其中，行政组织主要为政治协商会议、信访办等机构。而该种途径有效性不强，难以进行社会利益的表达。

从众多群体性事件可以看出，在事件发生之前，群众多次反映无果，政府对群众反映的事情置之不理，群众的利益无法得到满足，并且事情本身对群众利益造成了极大损害。此外，在利益诉求表达过程中，一些社团在进行利益表达时，其自身的组织性较差，且具有依附性和自发性。所以，在进行利益表达中，社团组织难免会出现无力现象，继而难以进行理想目标的达成。而公开舆论则是利用电视、网络等传播媒介进行表达的渠道，目前呈现越来越多的发展态势，且往往存在着随机、无序、放大的特征。利益表达渠道一旦狭窄，就将阻碍利益表达信息的传递和处理。

利益表达方式为第四大要素。从本质上来讲，利益表达方式就是利益表达的一种行为。从方式划分角度来看，可以将利益表达方式划分成情绪性和理智型两类。其中，理智型表达方式是利益表达主体能够自觉进行自身权利和义务的确定，并能够根据相关的程序进行意愿表达。然而，情绪型的表达方式无法解决表达主体的实际问题需求，并且情绪型表达往往充斥着一定的情绪在里面，并不利于实际问题的解决。在情绪的影响下，表达主体将产生脱离在制度规定范围内的利益表达行为。所以，在进行表达方式选择时，主要依赖于个体的想法。但是如果无法利用理智型表达方式进行目的达成，利益表达主体还是有很大可能利用情感型进行表达。所以在选择利益诉求表达方式时，需要慎重地进行考虑，这与利益诉求表达结果有着直接的关系。

五 扩大公众参与模式和方式

公众参与是多元社会治理主体共治的重要内容，是法治国家发展的一种有效的民主形式。在进行多元化的利益表达时，需要在多种表达、沟通和交涉的条件下完成。所以，在利益表达的制度化发展方面，社会迫切需要公众的参与。它能够有效避免或化解政府决策失误引发的社会矛盾和问题，矫正政府在市场经济背景下片面追求经济利益而忽视公民的基本权益问题，防止政府在制定政策过程中因越位、错位和缺位而带来的危害社会公平、公正和法治等问题。因此，公众参与理念的兴起和实践展开，得到了自上而下的鼓励和自下而上的推动。

首先，要积极培育公众的参与理念和参与文化。要达到公众参与的应有效果并真正彰显公众参与的实质性内涵，就要形成一个成熟的公众参与理念和参与文化。对于党和政府而言，结合新中国成立以来的公众参与的经验与教训，坚持马克思主义群众观点，走群众路线就显得十分必要；对于公众而言，要培育积极参与社会治理的公众参与意识。

其次，要逐步形成公民参与规范化、法制化、参与主体多元化、组织化，参与方式多样化的格局。解决社会问题不仅仅需要提高政府的社会治理和公共服务能力，也需要拓宽公众公共利益表达的渠道和建立公众参与反馈机制。社会各个不同阶层的利益诉求得到有序的表达决定了公众参与主体的多元化。党的十八大报告强调指出要注重群众反馈问题的跟踪与处理，并且建立健全了利益诉求表达的相关保障渠道。在社会公共领域中，畅通群众诉求表达，就必须使参与主体多元化，尽可能地扩大公众参与的范围，创造条件使之以组织的形式参与到国家的政治生活中来。同时，在涉及社会公共事务和公共利益领域时，只有各种利益相关者以各种不同的方式积极参与公开讨论和协调并达成共识，才能最大限度地显示、聚合公众需求和公共利益，提高公共利益分配的公平性、公正性与合理性。

在自媒体时代，公众愿意使用哪些渠道参与反腐？《中国青年报》社会调查中心通过中国网和腾讯网，进行的一项在线民意调查显示，调查中排在首位的是网络曝光，接下来依次是举报、媒体曝光、信息公开、信访、审计。公众通过互联网参与反腐败，已经在国家层面上得到了认可。在 2009 年，"网络反腐"这一词条被正式收录到《党的建设辞典》中。在党的十七届四中全会上，关于党建问题，明确提出了要进行反腐倡廉的网络举报和受理机制的健全，并进行网络信息收集的处置机制的建立。因为，在网络上进行反腐倡廉，可以借助网络数据信息来源广、不受时空局限、举报成本低的优势。同时，采用该种方法进行反腐，也可以降低技术的风险和成本，并使反腐更为便利，继而借助社会力量，帮助政府完成行政和司法监督。

最后，要积极探索和建立中国特色的公众参与模式。要结合新中国成立以来历史上成功的公众参与经验，合理借鉴外国先进的理念和做法，但是不宜照搬。探索、总结和构建既符合中国国情和文化特征又行之有效的公众参与模式与方式。当然，中国的社会发展现状，以及实际国情使得公共生活中公众参与人数、参与途径、参与方式、参与程度、参与效果等方面都呈现出较大差异，这需要创新公众参与理念，总结、提炼和推广适合中国国情和社会发展阶段性特征的公众参与模式。

第二节　道德体系的形成和培育

从中国社会目前道德实际情况可以看出，国内社会道德发展正处在自由多元化的发展中。在这样的历史境遇下，想要寻找道德体系构建有效性和正当性的平衡点，以便建立对民众具有普遍约束作用的道德行为规范体系，则不仅仅是理论上的问题，还应该是政府为维护社会稳定需要承担的一种政治责任。

一　个体道德内化的探寻

所谓的道德内化，其实就是主体将社会道德转化成人格特质和行为反应的一种心理过程。而这一过程往往发生在道德社会化的过程中，并且转化的人格特质和行为反应较为稳定。关注社会主体的道德存在状况，提升社会主体的道德品质和素养，唤醒主体的道德良知，使每个社会个体自觉关注和参与社会公共生活。同时，在构建和谐社会的历史进程中，需要高扬对社会个体自主性尊重的旗帜。此外，还需社会公民具有责任意识和参与意识，以便保证社会天平的合理平衡。①

作为社会公众情感培育的首要目标，道德内化可以有效助推社会有序发展目标的实现。因为，只有将群体意识形式转变成个体精神追求和心理财富，才能对个人行为予以规范，并经由个人行为在社会实践中展现出群体意识。从本质上来讲，社会道德的实现，主要依靠于诸多社会个体在社会实践中将自身道德的个体化以及其内在化。而所谓的道德个体化，其实就是个体道德的社会化，即为无限多的社会个体将自己的道德行为外化，累加起来就形成了社会性的道德。在个体进行道德社会化的过程中，个体将由自然人转化成社会人。在一个长的历史时段内，社会道德也逐渐向个体道德转化，使社会道德潜移默化成个体道德，以便进行个体人格的提升。

在历史唯物主义视域下，任何一个社会主体要在社会中生存和发展，都离不开对社会生活的参与和了解，都必须在一定的道德生活环境下形成自己的道德认识，并以一定的道德良知面对形形色色的社会现象。特别是在当今社会公共生活发挥作用越来越凸显的情形下，个体对公共生活的参与更成为其生活世界必不可少的组成部分。那么，在公共生活环境里，个体所能够获得的道德体验和认识

---

① 刘俊：《公民社会视野下的和谐社会内涵透视》，《求实》2008年第2期。

必然会更直接、更丰富，它对道德良知的形成和培育更能产生直接的刺激作用，当然，它对人们的道德良知的拷问和考验也会更加严峻。因此，以个体道德内化的探寻为视角，寻求公共生活道德应有的发展理路，是培育并提升社会主体道德良知的要素和品质。

二　群体道德共鸣的开掘

作为现实中的社会个体，在其人生的成长历程中，都离不开一些重要的社会关系群体及榜样人物的影响，"即使是住在同一区域中的人们的生活细节，也会对道德产生某种影响"[①]。诸如父母、师长、朋友以及其他可能与他的道德生活发生直接、间接联系的人。这些社会成员所营构的群体性道德共识对他的道德良知的形成和培育都会产生不同程度的影响。就实际情况来看，公众生活中的群体组织责任就是实现对公民价值的关怀。而这一责任需要以公共利益为本位，并且完成对价值的整合，以便使价值关怀得以实现。

从组织角度来看，道德的个体价值是要低于道德共同体的价值的[②]。对西方组织公民行为进行研究时可以发现，所谓的群体凝聚力，其实就是成员想要留在群体中的欲望强度。而这一能力的出现，主要依赖于成员之间的吸引力的大小，并将显示出对群体社会行为的正向预测[③]。所以，在民众能够被有效组织起来的情况下，只要进行群体间的共同契合点价值的营造，就能使社会的凝聚力得以增强。而在这种情况下，公民个体将对公共生活进行认可，并共同进行公共利益的承担。而在群体组织自愿进行公共责任承担的情况下，政府的公共责任将得以分担，以便实现政府与公民的有效沟

---

① ［英］亚当·斯密：《道德情操论》，蒋自强、钦北愚译，商务印书馆 2010 年版，第 289 页。

② 参见 ［美］A. 麦金太尔《德性之后》，龚群、戴扬毅译，中国社会科学出版社 1995 年版，第 184 页。

③ George, M. and Bettenhausen, K. Understanding Prosocial Behavior, Sales Performance, and Turnover: *A Group Level Analysis in a Service on Text. Journal of Applied Psychology*, 1990, (75): 698 – 709.

通。此外，在不同的时代，道德楷模的潜移默化作用亦会对社会个体的道德行为塑造产生一定作用，进而在全社会形成群体道德的共鸣。在这种道德群体共鸣中开掘社会公共生活的道德路径。

三　道德教化深度走向的确证

当下，在巨大的物质利益驱动下，社会个体的道德良知在很大程度上容易被遮蔽、被消解。而社会个体道德行为的养成，是需要一个长期的社会道德教化过程。建构公共生活的道德秩序，需要我们在既有意识形态的框架下，弘扬主旋律，彰显社会主义核心价值观在社会道德行为塑造中的主导作用，借以推进社会道德教化向纵深处发展，以唤醒主体的道德良知，提升主体的道德品质，进而提高公共生活中道德的社会价值和功能。

社会的道德教化，强调的是对道德主体后天的社会教养，显然，在此更为关注的是对道德个体进行外部的渗透和影响。这种后天的社会教养其基本途径有两个：

其一是道德文化的熏陶影响。主要包括两个层面的内容：（1）传统道德思想的熏陶。道德文化作为社会历史文化的重要组成部分，它不仅是一个伴随历史的发展而不断传承的人类精神产品，而且，作为人类思想观念的长期积淀，对社会生活的方方面面都发生着重要的影响，尤其是其中的思想精华，对任何时代的社会成员都具有重要的净化和升华意义。深受物质文明浸染的现代社会，十分需要优秀的道德文化的涤荡；深受物质欲望驱动的现代社会成员，更加需要高尚的道德精神的洗礼。因而，接受传统道德思想的熏陶，对培育和提升社会成员的道德良知，滋养他们的道德情怀很有意义。（2）当代道德思想的影响。对于现代人，除了要通过对传统道德文化的一定程度上的借鉴和吸收，以纯洁他们的道德灵魂，强化他们的道德良知。还要根据现代社会发展的需要，积极接受和运用当代中外优秀的道德思想理论和伦理价值观念。而学校和社会作为两个最为主要的信息输入渠道，则可通过开展有关道德观念和道德规范的灌输和教育，让青少年和其他社会成员获得更多符合现代社会要求的道德理念和道德知识。在此基础上，让人们社会良知的构成要素更丰富、更具有时代气息，让社会成员的所作所为，更能对社会的道德生活产生积极的作用。

其二，制度机制奖惩规约。社会的道德教化并不仅仅指思想观念层面的柔性手法，它还应该包括制度层面上的奖惩规约在内。在人们关于公共生活秩序改造方法的探讨中，制度规范的强制性作用颇被看好。在此，我们不能不承认，人作为一种兼具善恶两面性的社会动物，在其因为某种程度的惰性和盲从而可能滑向非道德甚至罪恶的一面的意义上说，硬性的制度机制的规约作用对引导人们趋善避恶、扬善抑恶有着不可否认的积极作用。那么，在对社会主体道德良知的培育中，相关的社会机制亦可通过对从善如流、高风亮节的高度褒奖，对践踏法规、为非作歹者的强力制裁，起到祛除愚昧、唤醒良知、启迪良知、提升良知的作用。

四　道德环境全面优化的架构

马克思曾经说过："环境是由人来改变的，而教育者本人一定是受教育的。"① 在历史唯物主义视域下，就同一个具体的社会环境而言，会因为行为人主体的不同，而产生不同的个体认知和个体行为变化，这些对于道德环境的影响较大。

公共生活的道德建构是一个巨大的社会综合系统工程，需要从各个方面入手。

首先，端正党风和政风建设，优化社会道德教育。从根本上来讲，社会风气主要取决于党风、政风。毕竟：求木之长者，必固其根本；欲流之远者，必浚其泉源。思国之安者，必积其德义。② 所以，在党风、政风不正的情况下，整个社会民风也难以清纯和敦

---

① 《马克思恩格斯选集》第 3 卷，人民出版社 1995 年版，第 55 页。
② （唐）魏徵：《谏太宗十思疏》。

厚。而要获致社会道德规范性，并树立全社会的道德自律精神，则需要利用一定的社会性运作方式，如评价、教育、示范和学习等。从道德运作角度来讲，社会成员对范例的仰慕和仿效，其实就是道德范例的群体示范过程，凸显榜样的力量是无限的这一道德范例的引领作用。故而，在领导干部不能成为社会的道德范例和楷模时，将难以对广大社会民众进行道德的熏陶和教化。而一些领导干部的贪赃谋私、渎职腐败行为，则直接导致了整个社会道德信仰的式微和社会民众道德情感的缺失。所以，只有领导以身作则，才能实现社会民众道德情感的培育、唤醒和重塑。

其次，加强社会舆论监督，形成道德威慑力。从本质上讲，舆论反映的是所有公民的利益，直接展现出社会的价值导向，所以并不具有中立性。在进行道德事件的传播时，舆论就会使公众产生善恶倾向，并影响公众的道德观念。所以，应该进行正面的道德行为的舆论宣传，以便使见义勇为和大公无私等行为受到社会成员的尊重。而针对社会上的丑恶行为和现象，则可以进行批评和揭露，以便通过舆论监督对不道德者进行约束。而这样一来，就便于促使良好道德环境的建立。

最后，强化公民公德意识。在现实的社会生活实践中，每个公民都应该尽到自身应尽的义务，维护社会公德。在对公民道德意识培养时，要注重公民主体意识的发挥，在全社会树立法治思维，通过多种渠道和形式，教育社会成员履行起自身应尽的权利和义务。所以，随着社会空间的不断扩大，公民意识将变得越发重要。而树立良好的社会公德，就便于助推社会道德环境的优化。

五　我国社会诚信机制的建立

在社会飞速发展、信息交流频繁的情况下，熟人社会向陌生人社会转变的趋势，不以人的意志为转移。所以，在进行中国社会构建时，需要进行适应陌生人社会的治理模式的构建。而之所以会出现这种趋势，主要是因为受到当下社会经济发展形势影响。在构建陌生人社会治理模式过程中，由于各国的治理模式和诚信机制具有一定的共通性，所以可以进行借鉴和学习。但是，由于每个国家有着各自的特点，所以需要根据实际情况进行机制的建立。而对于中国来讲，中国尊崇儒家文化，中国人口和民族较多，且城乡发展差异较大。所以，在中国陌生人社会治理模式与诚信机制建立时，需要考量以下因素：

首先，在进行个人信仰文化建设时，需要遵循实事求是的原则。具体来讲，就是真实地面对人性，以免对个人提出过高的道德要求，继而避免成为道德的"卫道士"。就社会发展实际而言，只要个人能够做好自身管理，就对他人和社会做出了贡献。所以，应该在一定范围内，容纳人性邪恶的一面，并进行抑恶扬善的文化宣传。

其次，在进行社会制度的建设时，需要使制度对人性和文化进行包容。具体来讲，就是保持人与人之间的适当距离，从而构建社会的诚信机制。但是，制度的建设需要以法律为基础。正如罗尔斯所讲，在进行权力和义务的公开规范体系的建立时，人性的邪恶得到了尽量的抑制，继而形成了制度诚信①。

结合当下我国社会发展实际，我们需要从以下几个方面来构建我国社会的诚信机制：

第一，要大力发展市场经济，并为公民私有财产权提供保障。因为，在陌生人社会治理模式和诚信机制建立时，需要社会经济基础的强力支撑。而在陌生人社会里进行契约关系的构建，强大的市场经济，则可以为公民树立诚信意识提供一定的物质保障。

第二，要进行社会保障制度的建设，并进行社会生产方式和生存方式的转变。具体来讲，就是进行独立的"小家庭"社会结构的构建，以便使人从旧式社会大家族中得到解放。而在这种情况

---

① ［美］约翰·罗尔斯：《正义论》，何怀宏等译，中国社会科学出版社1988年版，第54页。

下，一定程度上，就能避免"清官难断家务事"现象的出现，继而为诚信机制的建立提供家庭基础。

第三，要进行权力制衡的完善和改革，以便为制度的建设提供权力基础。具体而言，就是对公权力进行遏制和对私权利予以释放。而这样一来，则可以达成两种目的。首先，可以减少人的依附性，以便使人从单位或组织的"内耗"中脱离出来，继而为诚信机制的建立打下社会基础。其次，强化政府的公信力，可以使政府走出"塔西佗陷阱"①。因为，公信力的丧失，将使社会诚信丧失。所以，进行公信力的树立，是诚信机制建立的政治基础。

第四，需要对全体公民进行公正、透明的法律制度的构建。因为，公正、透明的法律制度构建以后，社会的"潜规则"将不复存在，继而使双重道德标准得以改变。而在统一的道德标准下，人与人的交往和国家治理将具有一定的法律依据。总之，想要使法律具有一定的公信力，从而使社会诚信得以产生，就要进行诚信机制的法律基础的建设。

第五，进行信仰文化的推行，并进行社会自治组织的发展，从而使公权力转化成私权利。无论是儒家文化还是西方马克思主义理论，都是建立在人性基础上。正如习近平总书记所说，只有遵循"正本清源，去伪存真"的信仰，才能使人们敢于说真话，并进行自我反思。在中国现今社会生产力发展水平下，想要进行民族文化的复兴，就要在马克思主义理论指导下，在社会主流意识形态规制中，在民族和宗教文化的继承和发展中，逐步扩大私权利的作用范围。一定意义而言，而一个国家和民族只有勇于进行自我反思，并进行不同民族文化间的包容，才能够促进民族文化的发展。在这样的民族文化氛围中，才会生成信仰文化和诚信机制。此外，信仰文

---

① 所谓"塔西佗陷阱"，是指古罗马历史学家塔西佗在其巨著《罗马史》中提及古罗马衰落时曾经说道："一旦政府失去公信力，无论政府做不做事，是做好事还是做坏事，民众皆以是坏的可能性揣摩政府的动机，直到政府毁灭。"尽管是否是塔西佗所言存有争议，但原理是相通的。

化的传承，还要法律提供相应的保障，而二者之间又具有相辅相成的关系。所以，在进行诚信机制构建时，要注重社会文化氛围的培养，以此来确保建立的诚信机制具有长期效应。

就实际情况来看，信仰文化具有两方面作用。一方面，信仰文化的出现，可以使人在精神上产生道德底线，以便达成抑恶扬善的目的。另一方面，信仰文化的建立，可以使良好的制度和公共生活秩序自然而然地形成，继而为诚信机制的建立提供保障。所以，信仰文化的培育，可以为诚信机制的建立打下文化基础。

在进行"道德先行"式的诚信倡导时，如果没有预先完成以上工作，则会使倡导过程变成一种舍本逐末的形式。所以，在进行诚信倡导时，需要进行以上问题的综合考虑、协同发力。

综上所述，在构建社会诚信机制的同时，必须要以法律作为基本保障。在陌生人社会中，人和人要保持适度的距离，并具有一定的法律信仰。如此的话，人就能够进行真实情感的流露，以便进行热情、亲情和友情等美好情感的获得。所以，只有这样的诚信，才能符合人性和公平正义的价值理念。而这样的诚信机制的建立，才能使人自觉进行自身素质的提高，继而具有道德自觉。而民间诚信文化和诚信信仰的推动，从本质上来说，是一个互动过程。

一定意义而言，进行诚信建设，需要对我国的传统文化进行一定的反思，让社会个体从复杂的人际关系中解脱出来，让社会民众间增强信任感，这对于实现中华民族伟大复兴，推进经济社会发展来说，具有重要意义。

第三节　共同体的建构与完善

一　公民社会共同体的理想

作为公共生活的主体，每个人都有权利实现自己的社会权利，尽管权利实现的程度和方式因人而异。主体对权利的拥有与行使是其社会存在不可让渡的权利。权利植入社会机制，是人们社会存在的最初缘起，也是最后归宿。不存在权利不涉及的话语实践，权利的实现是在现实的社会交往实践的诸多繁杂的关系中展开的，必然发生在公共领域之中。当公共性意愿以排挤个性生成的方式呈现时，个体的沉默与拒斥都体现了其自身明确的态度。在承载人之社会性的公共生活世界，个人不是生产场所的机器或戴着枷锁的囚徒，而是在社群中追求自由的主体。

完善的理想共同体是人类实现生活的基本方式。理想共同体包括完善的政治社会，但其范畴较之政治社会更为宽泛。"政治生活并非就是公共的人类存在的唯一形式……它不可能表达或囊括人的所有其他活动"，而人的公共活动大多是一种形式，主要依赖于政治生活。但是，虽然人们的公共生活不具有独立历史，却具有一定的目的和价值①。作为进行民主公共氛围诉求的一种概念，理想共同体可以具有明确"公民"身份。在满足互惠准则理由下，公民可以将自身当做是立法者。所以，在合理的认同下，公民将进行破坏公共理性的官员候选权利抛弃，继而成为维持民主制度活动的重要力量②。

成为自愿的"公民社会共同体"，成为了社会主义市场经济实践的主要价值目标。而这一目标，主要建立在群体互惠理念的基础上。作为一种现代社会组织形式，公民社会共同体被德国社会学家滕尼斯（F. Toennies）当做是生机勃勃的有机体③。所以，进行这一组织形式的构建，可以使人们享受单纯的公共生活，在进行相互责任建立的同时，进行共同财产的共享④。

作为一种个人与群体合作的统一体，社会共同体不同于个人集

①　［德］恩斯特·卡西尔：《人论》，甘阳译，上海译文出版社1985年版，第81—82页。
②　［美］罗尔斯：《万民法》，张晓辉等译，吉林人民出版社2003年版，第145—146页。
③　［德］斐迪南·滕尼斯：《共同体与社会——纯粹社会学的基本概念》，林荣远译，商务印书馆1999年版，第54页。
④　同上书，第52页。

合，也不同于临时性的人群聚集。从本质上来讲，其具有持久的内在凝聚力，可以分成血缘共同体、地缘共同体和精神共同体这三类。其中，精神共同体则可以看做是真正的人和最高形式的共同体①。滕尼斯的"共同体"事实上还不是真正意义上的"公民共同体"，而是更类似于传统的家族或村落共同体。在现代社会，随着市场经济的迅猛发展、个体人格的不断觉醒，人们的生产生活更具开放性特征，很多传统的观念被打破，成为了"我们无法再栖息其中的天堂"②。它被现代性意义上的"公民共同体"所取代。

按照齐格蒙特·鲍曼的理解，现代社会的个体化生存方式已经注定了传统"共同体"梦想的流产，如果说在这个个体化的世界上仍然存在着共同体的话，那么它只可能是"一个相互的、共同的关心编辑起来的共同体；一个由做人的平等权利，和对根据这一权利行动的平等能力的关注与责任编辑起来的共同体"③。这事实上正是鲍曼心中所思的"公民共同体"，这个共同体所区别于传统共同体的首要特征即它是以相互的关心以及平等的权利与责任为基础的，它倡导的是人与人之间平等的公民权利与公民责任。显然，鲍曼所理解的公民共同体更加符合现代性社会的基本特征。

从性质上讲，一种社会共同体形式——"道同而相与谋"，是自愿的"公民社会共同体"。人们在情趣、爱好、利益、信仰、生理等方面，不同的人之间，差异也比较大。如果试图将人们打造成整体划一体制和规则的标准化产品，无视人们各方面的差异，将会对个性和创造性造成很大的压抑和遏制。即使最好的世界真的存在，那么在这个世界中，一部分人觉得最好，但另一部分人可能就

---

① ［德］斐迪南·滕尼斯：《共同体与社会——纯粹社会学的基本概念》，林荣远译，商务印书馆1999年版，第65页。

② ［英］齐格蒙特·鲍曼：《共同体》，欧阳景根译，江苏人民出版社2003年版，第5页。

③ 同上书，第186页。

不会觉得好。① 可以假设，在现实的社会生活中，即便很多人都具有同样的需求，而持有不同态度的人很少。那么为了更好地保护人权，对于少部分人的需求，也不应该予以无视，更不能如同功利主义者一样，不顾少数人的利益，只注重大部分人的利益。此外，人类是一种社会性的动物，因此需要在特定的社会关系中生存。在群体的互动当中，需要充分保障个人的自由。在社会关联当中应当获得有归属感的个体生活。在社会和文化的认同当中，应当过一种受到意义感共享的个体生活。

在历史唯物主义视域中，人们无法完全独立地享有一种不受社会影响的存在。因此，人们应当探索能够对个人自由进行最大限度保护和维持并相互合作的最大有效性的社会组织形式，到底是什么样的。显而易见的是，对于这项任务，并不是所有的社会共同体都能够很好地完成。对于个人自由的保护，是非自愿共同体无法实现的。因此，"公民社会共同体"的建立，是以群体资源合作为基本条件所形成的社会组织形式。也正因如此，马克思、恩格斯才认为真正的共同体是不包括非自愿共同体的。他们认为一些非自愿共同体的国家，其实是冒充的、虚幻的共同体形式②。而真正自愿的"公民社会共同体"，就是基于物质条件十分理想的共产主义社会联合体。

二　公民社会共同体的身份认同

公民共同体所要重建的自我认同，与传统共同体所建立的自我认同是有本质差异的。在以血缘、地缘和情感关系为基础的传统共同体中，人们往往把自我看作是共同体的一个天然组成部分，共同体成了一个温暖而舒适的场所，体现着人与人之间的脉脉温情，

---

① ［美］诺齐克：《无政府、国家和乌托邦》，何怀宏等译，中国社会科学出版社1991年版，第308页。

② 《马克思恩格斯选集》第1卷，人民出版社1995年版，第83—84页。

"它就像是一个家（Roof），在它的下面可以遮风避雨；它又像是一个壁炉，在严寒的日子里，靠近它，可以暖和我们的手"①。这种共同体满足了人们追求确定性与安全感的渴望，给予了人们情感上的归属。

但是，这种共同体的生活同时也在剥夺着人们的个性和自由。因为，传统的共同体作为人们"生于斯长于斯"的聚合体，它一直试图泯灭人们的自我意识，要求人们将自我的个性和自由转让给共同体。所以，在传统共同体的生活中，人们总是面临着两难的抉择，"失去共同体，意味着失去安全感；得到共同体，如果真的发生的话，意味着将很快失去自由"②。因此，传统的共同体生活往往也就成为了人的自我意识以及公民意识的阻碍力量。

在现代性社会与共同体生活中，我们所称的"公民共同体"已经超越了传统共同体对于人的自我认同的定位。现代社会要求人成为自主的公民，而不再是成为共同体生活链条中的一个"零部件"，不再是成为一个缺乏个性与自由能力的人。现代公民共同体已经不是以血缘、亲缘或情感来维系共同体生活，而是从传统共同体生活中解放出来，重新塑造人们的自我意识和公民意识的共同体。

公民共同体对于人们的自我意识塑造是通过自己与自己的内心进行对话来完成的，这样一来，人们可以认识到自我在共同体中的定位，自我不是共同体的附属物，自我是一个公民主体，是一个有个性、有权利，同时也有责任的公民。这种自我与自我的对话可以引导社会个体重新认识共同体的生活方式，重新看待自我在共同体中的公民角色，从而重建自我认同与自我体验的模式。

基于此，人们将逐渐形成公民的自我意识，他们将意识到公民

① ［英］齐格蒙特·鲍曼：《共同体》，欧阳景根译，江苏人民出版社2003年版，第1—2页。
② 同上。

共同体不是一个以血缘、亲缘和情感等关系为纽带的空间，而是一个以公民的理性和法则为基础的空间。在公民的共同体生活中，人们将认识到自我是共同体的公民，是公民共同体的践行者、推进者。作为一个由理性与法则双重架构的生活空间，公民共同体将保障个体的自由、个性与权利。这些都将使人们重新认识自我的公民身份，最终重建自我在公民共同体中的角色认同，形成正确的公民意识。

三　公民共同体与他者的关系

公民共同体的生活不仅确证了自我的个性、自由和权利，同时也要求个体去关注他者，关注其他公民的个性、自由和权利，形成自我与他者之间合理的交往关系。公民共同体事实上通过公民生活实践引导着个体去关怀他者的存在，理解他者的需要和他者的立场，宽容他者的差异性与多元性，尊重他者的公民身份。公民共同体对工具主义、功利主义、自我中心主义意识观念展开了反击，它要求以宽容与开放的姿态来对待他者以及他者的价值选择。

正如哈贝马斯所说，在现代性社会中，"具有普遍的道德约束力的道德法则随着社会经济的发展，被印上了社会属性"①。换言之，价值观的多元化、精神生活的多样性已经成为了当代社会的事实，普遍性的伦理要求和有效性主张已经失去了说服力。在这种背景下，公民共同体的生活不是为了寻找"唯一的真理"、"唯一的正确答案"、"唯一的生活理想"，而是要对作为他者的其他公民保持一种开放性的伦理态度，尊重多元与差异。因此，我们在共同体生活中，都应对价值的宽容进行保持，对待他人，要采用开放、宽容的姿态。这不仅仅是回应多元社会，同时也是尊重他人的价值选择和人格平等。

---

① ［德］哈贝马斯：《包容他者》，曹卫东译，上海人民出版社2002年版，第11页。

公民共同体对待他人的态度是宽容、开放的，在公共生活中，不但能够对公共关怀、公共民主的伦理氛围进行保持，同时也可以将自主选择和道德判断的权利赋予他人。不过，人们生活在公民共同体当中，对于价值引导和价值教育，仍然不能抛弃，只不过是需要以对他人的包容和尊重为原则。对他人的包容，并不是对他人的消灭或同化，而是要对其差异性和价值选择的不同给予允许。① 公民共同体生活坚持肯定他者的权利、他者的需要，重新赋予他者以权利、强调与他者之间展开平等的、相互尊重的协商对话，在平等尊重和协商对话之中形成一种民主的交互关系。

通过这种民主的形式，公民共同体将更加注重私人空间，尊重他者、关怀他者。这意味着，他者不再是异己的存在，不再是实现自我利益的手段或者工具——他者永远是目的。把他者永远当作目的，意味着他者的权利是不可剥夺的，这种权利不仅是作为人的权利，同时也是作为公民的权利。通过对他者的公民身份与公民权利的尊重，自我实现了与他者的平等交往、价值共享，从而形成共同体生活中的紧密的公民关系。

四　基于契约的社会共同体

我们知道，家元共同体中的人们生活在固定的地域，亲缘、地缘等因素把人们联系在一起。因此，人们在一个较为熟悉的圈子中生活，在这样的圈子当中，人们的交往通常以熟人的交往半径展开，通过熟人来扩大自己的交往实践范围。随着社会经济的发展，人们的交往范围也将不再局限在一个区域，城市中人口的流动大大增加，从而瓦解了原有的亲缘体系。因此，人们生存的社会变为了一个陌生人的社会。

在新的交往实践际遇下，人与人之间就需要对具有保障性、稳

---

① 叶飞：《"他者"道德视角与道德教育的"他性"建构》，《江苏高教》2012 年第 2 期。

定性的中介因素进行利用，才能够实现更好的交往。最具代表性的中介因素就是契约，当其得到权力体系的支持或法律制度的认可时，在人与人之间，就能发挥出更稳定的纽带作用，使人们消除对陌生人的顾虑。因此，在熟人社会瓦解和陌生人社会产生的阶段，在城市化和工业化发展过程中，基于陌生人之间交往的需求，契约得以应运而生。因此，契约关系成为工业社会中基本的社会关系内容，而从本质上来说，工业社会法律的建立，也就是对契约关系的反映和维护。在这样的社会中，陌生人之间交往活动的展开，是在契约和法律的约束下进行的。在实际交往过程中，契约文化和契约精神得以产生，对社会治理体系进行建立和健全。从契约原则的角度观之，这样的治理体系提供了默契的保障来促成契约的执行，确保社会在反映和体现契约特性当中，得以顺畅的运行。

陌生人社会构成了当前的族阈共同体，因此，在这样的社会中，人们相互之间的联系和交往只能通过对一些中介因素的利用。即便一些人之间存在着一定的血缘关系，他们之间也会存在着物质、法律等方面的因素。而这些因素的影响，使得一些血缘关系变得陌生。通常来说，在族阈共同体当中，人们之间的联系是通过大量无形或有形的契约建立起来的。在对族阈共同体的理解当中，最为基本的出发点就是契约。对于一切族阈共同体现象，想要更好地理解，都需要对契约进行参考和归纳。如果没有一定的约束条件，人们想要实现交往也根本不可能，所以在契约履行中的法律设置，更能够促进人们之间交流活动的正常、有序、合理开展。

人与人之间信任关系的物化就是契约，正是由于契约的出现，使得人与人之间产生了理性的信任。同时，人们与陌生人之间的交往，渐渐得到了推广，并且得到了一定的信任，促进了人际交往，契约的创造是为了对陌生人社会进行适应。因此，如果合理性超越了工具理性，将会改变信任的内容和形态，人与人之间可以摒弃其他的中介因素，从而直接的进行交往和联系。

相比于熟人社会的交往形式，人们的合作行为较为相似。不过，在熟人社会中，并不存在理性化的合作行为，理性化的合作行为是在陌生人社会中得以存在的。因此，人们普遍和健全地发展合作行为与合作关系，并不代表人们回归到了农业社会中的交往类型，而是代表了更高阶段人类社会的发展成果，也是人类合作社会形成的标志。

总之，完善公共性视域的理想共同体应该规避公共生活的理论假设可能导致乌托邦的实践境遇，而在推动人的公共性的实践生成的维度考量公共生活的现实呈现方式。对公共性视域的理想共同体的完善，使一定程度的"自由人的联合体"成为可能。作为在政治实践经验基础上建构的理想共同体，"自由人的联合体"使每个人的自由发展成为一切人自由发展的条件。

这种状况终结了以往公共生活的历史性弊端，开启了人的自由个性与其社会存在的公共性内在融通的理想方式。对马克思政治哲学期望的未来理想社会的认同，使当代公共生活的实践努力朝向人类社会的"真正的历史"的前景，致力于改变以往共同体的历史形态，在诉求平等、自由的公共生活实践中得以完善。未来理想社会的共产主义建构将在完全的意义上，实现公共生活主体的共同诉求。当代社会公共性的重构是通向未来理想社会的重要路标，是当代人类生活根本性的组成和运作方式。

第四节　非政府组织的化育和扶持

一　建构自上而下与自下而上相结合的自觉化道路

哈贝马斯所描述的现代欧洲公共生活的理想范型基本上是自发的和由多元力量互动的结果，并不是发展在简单的上下一线的逻辑关系基础上的。最初，这种形式在宫廷之中存在，进而发展到贵族的论坛和沙龙，最终逐渐发展到社会中，形成了互动的公共权力。它与西方市民社会或市场经济体制的形成一样，基本上是一个自然历史过程，具有自发性的特点。而中国社会的历史特点和当今政治经济社会现状就决定了公共生活的建构不可能走西方国家的自发化道路，而在很大程度上需要人为的积极培育，通过理性设计走自觉形成的道路。

建构公共生活的自觉化道路也有不同的选项：一种选项是自上而下的建构方式，也就是国家利用对开放、独立社会的培养和对政权的简化下放，对公共生活进行积极主动的发展和引导。另一种选项则是构建从下到上的方式，也就是在不违反国家政治和法律的基础上，通过社会自身的力量，对公共舆论空间和公共交往空间进行开拓，从而促成了自己公共生活的产生。

在实际应用中，以上两种构建方式都存在着各自的问题。其中，在第一种方式中，公共生活的构建受到了公共权力的影响与阻碍。这是由于构建出的公共生活所形成的社会力量，实际上是一种在国家和政治之外独立壮大的力量。意味着国家权力能力的不断下降，意味着国家在政治、经济和社会上固有优势的损伤，意味着公共生活对国家权力监督能力的提高和公共权力的不"自由"。因而，在官僚集团和既得利益集团庞大的现代社会公共生活的形塑是非常困难的；后者的不足是来自国家和社会的双重困难，在公共权力面前显得非常弱小的社会力量，因此，如果构架对公共生活的建立，并不是在万般无奈的情况下时，如果要对公共生活进行自发的构建，将会受到无法抵抗的公共权力的打压，从而无法实现。由此可以看出，以上两种构建方式都存在着自身的不足。那么，当今中国公共生活的建构应该走什么样的道路呢？

从历史与现实出发，中国公共生活的建构应该走自上而下与自下而上相结合的自觉化道路。一方面，中国几千年封建专制传统和计划经济时代的高度集权使国家与社会的分离不足，社会力量非常弱小，公共生活一直受到政治国家的挤压而发展不足。所以，在构建公共生活的过程中，需要对社会和国家之间的距离进行扩大，对市民社会进行有限发展，通过从下到上的道路使公共生活得以壮大；另一方面，近代以来中国社会的政治、经济、文化以及公共生活的发展历史表明，如果没有国家的积极促进，就不可能有良好的现代化建设和发展。同样，如果没有国家权力的支持，我国也无法充分地建立和发展公共生活。而且，在我国社会主义社会当中，个人和国家具有根本一致的利益。因此，我国公共生活地构建具有很大的现实性、可能性和主动性。所以，在我国当前的社会中，要想构建公共生活，就应当将从上到下和从下到上的发展道路相结合，使社会和国家在两个维度上共同发展，使公共生活、市民社会和国家权力之间，能够得到和谐的共存。

二　采取渐进性的分步走策略

基于我国当前的实际国情，构建公共生活需要很长时间的发展。首先需要培育市民社会。查尔斯·泰勒在《公民与国家的距离》一文中指出：人们应当对自己共同体成员的身份进行认识，在共同体当中，应当存在所有成员共同分享的目的。应当重视人们的心声，使其对辩论产生影响。这样，才能够做出符合人们要求的决定。[①] 因此，需要社会和国家的共同努力，才能进行正确的民主决策。同样，需要国家和社会的共同努力，才能更好地构建市民社会。在从上到下的改革和发展过程中，国家对政府职能进行加速转换，在不应当进行干涉的社会经济领域当中，国家应该逐渐地主动撤出。社会成员对改革的有利条件进行充分的利用，从下到上理性的、有意识的构建市民社会。[②] 这也是促进社会中坚力量的形成、私人交往空间的扩展和市场经济的大力发展的大势所趋。当然，适当的分离市民和国家之间的权力边界，保持二者之间适当的张力和间距平衡，给公共生活的公共舆论和公共交往提供稳固的社会

---

① 查尔斯·泰勒：《公民与国家的距离》，载汪晖、陈燕谷：《文化与公共性》，生活·读书·新知三联书店 2005 年版，第 205 页。
② 邓正来：《市民社会理论的研究》，中国政法大学出版社 2002 年版，第 5 页。

基础。

另外，应当用自为的市民社会来替代自在的市民社会，在社会监督和公共舆论的形成当中，融入公共生活的各类要素，从而在体制外影响国家法律、政策、方针的制定，对国家和社会之间良性的互动进行促进。也就是对非正式的权力系统和正式的权力系统进行调整，优化公共生活之间的结构性关系。在我国，制度性的权力系统指的是人民代表大会制度，它架起了国家政权机关与人民之间关系的桥梁，也为人民当家做主提供了制度基础。在我国的政治体系当中，它的任务主要是监督和授权，将人民授予的抽象性政府权力转换为具体的政府权力进行集中行使，使其与授权的目的相符合。不过，在社会现实生活中，人民代表大会监督职能的行使还有诸多欠缺。对此，应当将人民代表大会在公共生活中的作用进行充分发挥，利用非正式权力系统的公共生活，对国家行使政治权力进行监督，促进社会和国家之间良性互动的发展，从而完善和成熟当下我国的公共生活。

三　培育发展和规范管理社会组织

在人类社会发展过程中，除了家庭、政党、宗教集中组织形式以外，还包括其他三种基本的制度和社会组织形式，例如社会、企业、政府等。在一个相对较为成熟的社会当中，社会、企业和政府等组织三者基本均衡。质言之，功能各异的社会组织构成了现代社会的主要基础。作为一种基本的社会组织制度形式，从狭义来看，其指的是由法人、自然人以及其他组织共同构成，对部分社会成员或社会的需求进行满足，而设立的非营利性组织。例如民办非企业单位、基金会、社会团体等即为此类。

在党的十六届六中全会决议上，初步提出了社会组织的概念。决议对社会组织的监督、管理、发展等进行了一系列阐述，确立了社会组织是一个重要的范畴。党的十七大以后，国家民政部门作为社会组织主要的登记和管理部门，对全新的社会组织概念进行了应用，而摒弃了传统民间组织的说法。自此，站在国家的角度，在学术界和实践界当中，过去所使用的公民社会组织、民间组织、志愿者组织、第三部门、非营利性组织、非政府组织等说法，都被社会组织的概念所替代。

随着改革开放的深入进行，社会阶层逐步分化，在我国社会转型加剧的历史过程中，我们的社会出现了很多不和谐的现象：如群体性冲突事件增多、社会矛盾加大、贫富差距现象日渐严重等问题。要有效化解这些问题，政府需要拥有更强的治理能力，才能够很好地解决这些问题。对此，在创新社会管理方面，政府应当将原有的治理方式进行积极地转换，对社会管理体制进行创新，重新塑造社会与政府间的关系。这种情况，在一定程度上促进了我国社会组织的发展，在关涉社会的卫生、体育、文化、教育、科技、社会福利、扶贫开发等社会基本民生方面，发挥着越来越大的作用。更重要的是，社会组织在推进社会和谐发展，缓解体制转型过程中的社会危机扩大起着黏合剂作用。

首先，社会组织利用社会资源为人民群众提供特定的公共服务，对社会发展的差异化以及多样化起到了一定的积极作用，并且弥补了政府在公共服务中存在的不足。改革开放以来，我国政府的角色逐渐由"划桨者"转向"掌舵人"，逐渐由社会管控转向了社会服务。但它的服务仍然满足不了各个阶层群众的需求。社会组织在组织力度上更加具有弹性，行动力较强，更能贴近群众；在性质上具有一定的慈善性和志愿性，能够凝聚人心，依靠道义力量广泛吸引、开发、整合社会资源，并且在提供公共服务的品种和方式上，它与政府又有很大差别，社会组织能提供更加丰富多样的、差异化的服务。另外，通过社会组织能够有效弥补政府部门所无法提供，但民众却十分渴望得到的公共服务。社会组织的融入进一步提高了公共服务质量，完善了我国社会公共服务形式。例如，在我国发生自然灾害时，如地震、洪水等灾后重建等公共服务时，政府部门主要提供硬件设施和救助物资等方面，社会组织则提供的多为软性公共服务，更加关注和侧重的是灾后心理救助和心理疏导。在提高农村基础教育水平上，政府的主要精力是加大对农村教育经费、师资力量、办学条件的支持，而社会组织更多关注的是培育农村学生的学习氛围和精神状态。

其次，社会组织能够提升公民参与公共决策的积极性，帮助弱势群体进行利益表达，缓和政府和群众的关系，在促进政府和民众的沟通等方面起到重要的桥梁作用。社会组织对于公民参与政治具有重要意义，是公民参与政治的主要渠道。有的时候公民无法直接与政府进行有效沟通，便需要借助社会组织与政府建立对话进行沟通和协商，来实现以一种合法化、组织化、制度化的形式，参与政治活动及公共政策的制定。这种模式构建了：人民群众—社会组织—政府这一联动的公共政策制定和决策机制，提高政府政策的可接受性和民众的认同度，有利于政府政策的顺利有效实施。实践中，公民通过社会组织参与政府决策也是政府对公民政治权利的尊重，各种不同形式与内涵的社会组织能够照顾到不同利益诉求的群众，使得他们的合法权益能够得到合理的表达，有利于维护社会的和谐稳定。比如在大学生支教事情上，不仅促进了和谐社会的构建，而且使广大的大学生朋友起到了体验生活、开阔视野的作用。同时，政府部门在大学生群体的第一手支教调研素材和实证调研报告的基础上，使政府部门的教育改革更具针对性和可行性。

最后，在应对公共突发事件过程中，社会组织与政府形成紧密的有效互动，有助于预防和化解社会矛盾。在消除社会矛盾过程中，社会组织恰恰充当了政府预防和化解社会矛盾的黏合剂。缓解了社会矛盾的严峻形势，起到了社会矛盾预警作用，有效避免了一些潜在社会矛盾的发生，推动了社会和谐，排除了影响社会稳定的不利因素。另外，当政府与群众的矛盾突出时，社会组织可作为第三方对其进行调解，缓和并解决矛盾，防止矛盾激化。因此，各类社会组织的良性发展，有利于构成一种社会内在的稳定结构和平衡机制，这是社会发展机制的需要，也是实现社会和谐稳定的需要。

四　社区公共生活秩序的建构与促动

在现代社会管理中，社区是现代社会的细胞，是社会赖以存在和发展的重要基础，它的发展状况一定程度上标志着国家的现代文明程度和公共生活质量，对社会发展具有深远的影响。在社会学视域下，现代意义上的社区是一个相对独立的地域性生活共同体。20世纪30年代初，社区理论在理论界开始提出，就是指由社会群体或社会组织聚集形成的一个生活上相互关联的大集体，是宏观社会的缩影。对于社区的定义尚未有统一的定论，当前社区理论研究中社会学家对其的定义多达一百四十余种。尽管学者对其定义不尽相同，但对于社区基本组成要素和功能认识基本保持一致，通过以下几点来分析社区的功能：

第一，秩序认同的引领。从社会公共秩序及道德准则形成的层面而言，不论是属于自发或人为形成的秩序，想要实行的前提是必须得到人们的认同和肯定，才会自觉遵守该秩序或道德准则。秩序认同是和谐社会建设的前提条件。

中国社会的深刻变革对原有社会关系、规范体系、利益博弈等基本公共生活秩序产生重大冲击，社会秩序感的缺失导致人们的社会安全感下降，对未来生活的不确定性日益加深。处于社会基层的社区理应是人们物质和精神的家园，为人们提供安居乐业、宁静生活的领地。社区公共秩序建构的根本目的是使社区居民对社区公共生活建立起确定性的可预期性，以最大限度地确保居民群众有序、方便、安全、保障等公共需求和公共权益，实现基层社会的和谐"善治"。

治理意义上的"善"所代表的公平与正义，正是社区公共秩序的价值内核。作为社区公共秩序的主要建构者，公共权力要"让人有尊严的幸福生活，让人民感到安全可靠，让社会充满公正，让人对未来充满希望"①。前国务院总理温家宝在这里提出的尊严、安全、公正和希望，充分表达了一个合理的社会公共生活秩序。或者用波坦斯基的话说，一个"城邦"的精神，在生存论层面上，尊严和希望给人以有吸引力的生活前景，安全可靠给人以经济物质上的稳定性，公正赋予人们检验和评价社会制度的基本标准和规范。

　　用公平正义的核心价值联系起社区居民的共同需要和共同目标，达成社区各方利益主体互信的共同价值基础，使居民心有所属、心有所安。具体地说，就是要在党的领导下，政府与社会协调，以法律作为保障，在公众积极参与的总体框架下，进一步加强和改善党对社会的领导，推进政府职能转变，扩大社会组织和居民群众的社会参与，把公平正义作为价值追求转化为社区公共生活秩序形成的共识基础，创新社会管理体制机制，凝聚各方共识，激发基层活力，来保障社区居民的各项权益，寻求基层政权的"善治"，建设和谐社区，实现社区治理的秩序与公平、效率与公正的辩证统一。

　　第二，利益协调的制度导向。利益的满足或平衡是社区公共生活秩序的核心。马克思指出，人类在生产活动中必然产生相互交往，从而形成相互依存关系，由此产生了共同利益。随着个人的出现及其对共同利益的挑战，这种共同利益就抽象为与个体的私人利益相对立的公共利益，并"以国家的姿态而采取一种和实际利益（不论是单个的还是共同的）脱离的独立形式，也就是说采取一种虚幻的共同体的形式"②。社区作为生活共同体，是由在社区日常交往实践中维护社区共同利益的行动主体构成。社区公共秩序存续的前提，是社区内的各行动主体之间存在并认同确定的公共利益。

---

　　① 《温家宝受 CNN 记者专访谈政改让每个人活得有尊严》，《新京报》2010 年 10 月 12 日。

　　② 《马克思恩格斯全集》第 3 卷，人民出版社 1960 年版，第 37—38 页。

各方利益的博弈是社区公共秩序得以实现和存续的条件。由此，制度的存在使社区公共秩序得以固化，而如何平衡利益正是秩序供给制度化的切入点。

随着改革的不断深入，市场经济机制日益成熟，社会自主性的增强，基层社会利益关系失衡的现象日趋明显。社会民众权利意识的唤醒，个体利益表达、诉求伸张已经衍生为社会的公共需要。如何界定共同利益？这就需要对社区现存的利益格局进行梳理。

首先，看作为公共利益代表的公共权力组织。作为执政党的基层组织的社区党组织，不是自身利益的代表，而代表的是最广大人民的根本利益，在社区建设中发挥着领导核心作用；社区（街道）办事处以及社区内行政组织行使行政权，诉求的基点是通过基层民主建设，加强基层政权建设，管理社区的公共事务，为居民提供公共服务，获得百姓的认同。在改善自然环境方面，需要政府加大对社区外部环境建设的投入，确保社区人与外部世界的和谐衔接。同时对社区内部环境营造提供必要的示范和引导。在改善社会环境方面，政府部门应强化社区治安治理，优化社会文明环境，通过警察与社会的协调合作，来减少和控制社区犯罪事件的发生，形成社区犯罪预警机制及举报机制，建立健全矛盾纠纷排查、调解、处理机制，做好社区群体性治安事件的预防控制工作，加强社区流动人口的管理，做好社区刑事案件先期处理工作，建立完善的社区治安防控体系建设评估指标，预防突发性、群体性事件的发生，为社区创造一个良好的社会环境。

其次，看社会的协同性。社区内的组织，主要是俗称"三驾马车"的居委会、业委会、物业公司等组织，也包含一些草根性的组织如文体团队等，参与社区公共事务的管理和公共资源的配置，是社区公共治理的重要主体。培育一个成熟的社区需要加强社区文化建设。政府应指导社区以建立图书室、阅览室、流动放映车，或以邀请专家学者举办社区文化讲座等形式，来满足社区居民的文化需求。通过文化建设不仅丰富了社区居民的精神生活，使其能够积极参与到社区活动中，更让居民找到了归宿感，使其对社区制度、秩序、文化产生认同，这样会有更多的居民，愿意参与到对社会维护和建设中来。另外，通过社区文化建设，能够使社区居民知晓党和国家的大政方针以及符合社会主义核心价值观的文化符号，使居民远离庸俗的、低级趣味的、对人与社会有害的文化，使社区形成一个健康、积极向上、良好的文化氛围，为社区经济、政治的发展营造良好的文化氛围。

最后，看公众参与度。这是个体利益在社区内表达的一种有效方式。住房的商品化，使社区利益主体分化、利益诉求分散。其中既有居民民主参与的利益诉求，也包括就业生活困难、老弱病残等特殊群体、弱势群体的利益诉求，以及中高档商品房小区居民的个性化需求。在基层党组织的引导下，基层政府或社区把社会闲散资源加以整合，对社区的人力、物力、财力加以优化，建立社会单位与社区交流协商互动的工作机制，让社会组织参与到社区的建设和发展过程中，共同开展社区公益事业建设，共谋社区发展，形成资源共享、优势互补、相互支持的良好的社会联动环境，促进社区民众自主意识的提高，让社会外部力量参与到社区监督、社区治理上来，形成一个良性共驻共建的和谐氛围。

面对多元复杂的利益格局，社区党、政组织应关注利益差别，在一定程度上超越各种具体的实际利益，把追求和实现公共利益的最大化看作公共秩序建构的目标，通过社区公共秩序的提供来关注社区中最大多数成员的普遍利益诉求（公共利益）。在整合各方利益的基础上，建立包括利益表达与协商机制，权利保障机制、权力监督机制以及社会保障机制等，及时回应老百姓的利益表达和诉求，要代表不同群体的具体利益关系，尽可能公正地确保每个社区成员正当的权益和诉求的实现。

第三，秩序维持中的互惠合作。社区公共秩序确立后，作为一项公共物品，其得以存续仍需要依赖以秩序供给与维持为天然职能的公共权力。转型带来的体制转轨，使社区公共权力结构正经历由单一结构向多元结构的重组，体制内的党、政组织在社区内的运作空间一定程度上受到来自后发市场和社会力量的挤压，公共权威有被消解的趋势。杨雪冬认为，秩序维持的基本条件有四项：一是防止共同体或社会内部冲突无限扩大；二是能对行为者行为产生必要的约束和引导；三是能够把社会关系控制在可控范围内；四是能够将社会个体协调发展，避免双方利益冲突失衡，超出其中一方承受范围内，使双方利益诉求形成相对稳定的预期①。就社区整体权力架构看，社区党组织具有庞大而严密的基层组织体系、优质的组织资源和历史悠久的群众工作经验，为党的领导在社区与其他主体互动创造了良好的先天条件；社区（街道）办事处以及社区内行政组织以国家强制力量作坚强后盾，拥有强大的行政资源优势，以行政领导、政权建设、资源动员、政策执行，以及公共服务提供、公共财政支持、培育社会组织的参与等方式介入社区的生活之中，以实现政府对社区的治理。由此可见，公共权力在社区公共秩序形成供给中依然有着明显的竞争优势。

同时，我们应注意到，社区处在国家政权的基层末端，社区公共秩序先天存在权威不足的缺陷。尽管公共权力在社区各行动主体的力量对比中占据优势。但实际上在社区公共权力行使时，社区党、政组织是难以仅凭体制内的力量来承担社会内秩序维持与责任维护的。为了促进社区的发展和建设，实现政府和市民的合作行动，1960 年联合国颁布了《社区发展和经济发展》文件，其中强调社区公共权力行使的基础是以公共利益为基础，该文件明确了政府与社区的关系，为社区良性发展提供了指导方向。因而，公共权力要在社区公共秩序维持中有效地发挥其职能，首要的是要构建有利于社区各行动主体建立在市场原则、公共利益和认同之上的以协商、协调、协作为核心的合作互惠的制度环境；其次是要形成促进社区公民事务有序参与的良性机制。

① 参见杨雪冬《秩序是一种公共品》，《学习时报》2006 年 3 月 29 日。

五　公共精神的培育和养成

一定意义而言，公共精神指的是人们在社会活动中对公共活动及相关事项表现出的态度。公共精神也是现代和谐社会建设的必备条件，是公共利益实现的基础，只有公民具备公共精神才会认同公共秩序，同时为公共利益做出让步。质言之，公共精神是现代社会公民最基本、最重要的美德①。建设一个"好政府"，当下，建构良善的公共生活要求每个参与者都必须具有公共精神。任何良性运行的现代社会与现代政治都需要营造公民的公共理性精神。同样，建构现代政治信任，塑造民众与政府体系之间的互动、合作和支持性关系，也需要公民的公共理性品质作支撑。中国公共精神的培育需要从制度、观念和行动几个层面来展开，需要我们在开展公共教育、开放公共领域、参与公共生活等方面进行努力。

其一，开展公共教育。公共教育主要是对公民进行政治知识、观念、技术、情感和实践的传授和导引，核心是培养公民意识。列宁说："只有当群众知道一切，能判断一切，并自觉地从事一切的时候，国家才有力量。"② 现代政治理论表明，要建设完善的民主制度，必须有成熟的公民文化，要建设成熟的公民文化，必须要有理性的人民，要塑造理性的人民，必须有健全的公共教育。只有通过系统的公共教育，广大民众才能够确立现代公民意识，形成民主、自由、法治、正义等观念和参与、宽容、友善、自主等品质，并外化为公民理性的行动。就公共精神化育的形成和培养而言，公共精神形成的前提条件是：公民能够受到一定的文化教育，具备一定的文化素养和思想觉悟，能够对公共精神有一定的认识。若公民不能理解公共精神的内涵，自然不会养成公共精神，而教育系统则

---

① 龙兴海：《大力培育公民的公共精神》，《光明日报》2007 年 9 月 12 日。

② 《列宁选集》第 3 卷，人民出版社 1995 年版，第 347 页。

是公共精神养成的最大影响因素。① 另外，理性的批判对广大民众有着积极的导向作用，其作用甚至在某种程度上高于教育系统，具有了理性批判的人格特征，才能成为建构现代公共生活的重要力量。

严格地讲，公共教育是近现代历史发展的产物，与民主共和制度密切相关。比如在美国，公共教育的一个重要目标是培养合格的能够参与民主政治生活的负责任的公民，即不仅是有私人理性而且具有公共理性的现代公民。这是因为，"如果每个人总是根据他（或她）自己的私利办事，那就可能造成无政府状态或混乱状态。人们必须学会如何表现为政治的动物。他们必须学会如何成为一个集团的成员，如何像记住自己的利益那样去记住别人的利益，这是一种教育上的职责"②。

尽管中国传统社会虽然也有一些公共文化元素的宣扬和传播，如"先天下之忧而忧，后天下之乐而乐"、"天下兴亡，匹夫有责"等，但中国传统社会的教育更多的是一种伦理说教而非公民教育。历史地看，新中国成立以来的公民教育，存在严重的"先天不足"，或者说已有公民教育无法从根本上发挥塑造现代公民的功能，主要表现为教育内容乏味、教育方法单调、教育过程死板、教育效果不佳等。这种状况无助于现代公民社会培育和推进民主政治建设。公民教育的根本使命在于培养民众的国家观念、权利意识、契约精神、互助协作的品格等，目的是要塑造一个健全的现代公民。随着政治文化从臣民文化向现代公民文化的转型，中国民众的进取精神、权利意识、责任意识、法治意识等已开始逐步孕育并成长起来，但与日渐成熟的公共精神相比还存在很大距离。因此，大力推行公共教育是培育中国公共精神的重要责任。

---

① 王人博、程燎：《法治论》，山东人民出版社1998年版，第192页。
② ［美］哈罗德·F. 戈斯内尔、理查德·G. 斯莫尔卡：《美国政党和选举》，复旦大学国际政治系译，上海译文出版社1978年版，第328页。

公共教育是将感性公共精神提升为公共理性的必由之路。当前，建设一个以公共精神为指导的公共教育体系，首当其冲的是应从理念层面确立公民精神在公共教育中的基础地位，使其成为政策设计和直接施教者的思维方式与行为模式。在历史唯物主义看来，任何形式的教育都会受到统治集团意志的左右，与意识形态糅合在一起，具有其阶级性，但教育同时还具有公共性，特别是现代义务教育的公共性已经成为一种国际共识。[1] 中国的义务教育的公共性缺失非常严重。因而有学者疾呼：保卫教育的公共性，培养公民的公共精神，是中国教育变革的生命线。[2]

21 世纪以来，党和政府对教育政策的调整正说明了义务教育向公共性的复归。推行公共教育可能还需要从如下环节展开：从教育内容看，应加大公民教育的份额。我们知道权利和义务是一对孪生兄弟，没有义务的履行就难有权利的保障，任何一个权利主体都应该是一个责任单位。因此应培养公民的责任意识，在个体、社会与国家关系格局中，公民应积极履行相应的义务，如积极纳税政策、保护环境、维护社会公德等。公民意识教育还应包括公民自主意识，独立人格、爱国主义、慈善精神和遵法、守法等法治观念。从教育手段看，公民教育必须逐步改革以往那种灌输方式，要充分发挥诸如电视、广播、报纸、杂志等现代传媒的作用，特别是运用现代网络技术，进行远程教学，通过舆论宣传、新闻报道等多样化的形式和手段，扩大受教育范围，提高人们的政治意识、法治观念、深化教育程度并提高教育效果，逐步培育现代公民品格。

其二，开放公共领域。通常而言，公民意识的养成，公共精神的发育成长不可能自发生成，也不可能出于私人生活演变而来。理论与历史表明，公共领域是现代民主政治发展的重要基础，其主要

① 邵泽斌、张乐天：《从意识形态到公共精神——对新中国 60 年义务教育治理方式的政策考察》，《社会科学》2008 年第 12 期。
② 金生鈜：《保卫教育的公共性》，《教育研究与实验》2007 年第 3 期。

作用介于国家权力与私人领域之间具有相对独立性，并能够对公共事务进行自主讨论，对国家权力进行理性批判的社会公共空间、公共组织和公共力量。在数千年以"家国同构"为主轴的中国传统社会，随处可见的是国家或家族权力，公共领域始终没有得到很好发育而处于缺位和发育不良状态。正如林语堂所言："'公共精神'为一新名词，'公共意识'一词亦然，'社会服务'一词亦然，中国原来没有这种东西。"① 不难想象的是，一旦公共领域和公共精神状态相吻合，形成的只能是传统人格政治信任，盛行的必然是政治迷信和愚忠。从现实看，中国社会长期以来形成了一种泛政治主义的文化传统，改革开放前中国民主政治和公民文化成长步履蹒跚，其重要原因就是公共领域中公共意识的缺席。

改革开放以来，随着传统整体社会的式微与集权政治的解体，社会转型为公共领域的成长提供了契机，公共精神由此步入了现代性的成长期，其现代性的韵味日益凸显。公共生活更多融入了经济理性、科学理性和人文理性，讲求以人为本、科学决策，闪烁着理性的光芒；公共精神逐渐实现了其公共性的还原，政治权力越来越彰显其公共性，人们越来越关心、参与公共事务、承担公共责任等。如汶川地震救援和北京奥运会举办中显现出来的志愿精神、爱国精神、人道精神、奉献精神等，都体现出公共精神的发育和成长的态势。

但应该清楚，时下中国社会的公共精神发育还很不成熟、不完善，其缺失状况并没有根本改观。由此不难理解现实中的诸多现象：随着公民权利意识和环保意识的觉醒，人们向政府提出改善生存环境的要求，甚至通过群体行动向政府表达不满；在资本的暴政下，一些公民和法人无视法律禁止，大肆破坏生态环境，掠夺性地开采资源，成为生存环境的恶性破坏者。随着利益意识的觉醒，其

---

① 林语堂：《吾国与吾民》，黄嘉德译，陕西师范大学出版社2006年版，第160页。

至出现了一种"利益饥渴症"，人们向政府提出了诸多的福利性权益要求；但一些公民和企业想方设法偷税漏税，个人所得税自主申报遭遇严重尴尬；随着公权的异化和腐败的"泛滥"，人们唾骂腐败，痛恨贪官；但很多人在参与投票、选举和监督政府时只是应付，对公共事务持冷漠态度，主人翁意识缺乏；一些人要求政府清廉，但自己却无时不在行贿受贿，甚至遗憾自己无权腐败。一方面人们抨击政府违法，另一方面很多民众则没有守法意识，法律空子无处不钻。"史上最牛的钉子户"虽说明了公民权利意识的兴起，但同样凸显了公共责任失落的不良现象。

诸如此类的矛盾心理与社会行为足以表明，"权利"的内涵已异化为"权衡利弊选择对自己有利的"，"天下兴亡、匹夫有责"已成为过时名言，"各人自扫门前雪，莫管他人瓦上霜"已成为人们普遍性的生存逻辑。一些极端行为所反映的公民公共意识和公共精神缺失令人震惊。这一切对现代公民文化的培育构成了巨大挑战。正因为如此，中共十七大报告提出："加强公民意识教育，让广大人民群众建立法治观念，树立平等、自由、公平正义理念。"①

随着中国社会公共空间的不断扩大，公民参与公共生活的时间与机会越来越多，在这种情境下，借助于公共生活塑造现代公共精神就成为当下一种恰当的选择。从基本形态看，当前中国公共领域大致包括慈善机构、非政府组织、社区组织、宗教团体、专业协会、工会、自助组织、商业协会，以及新兴网络空间中的公共舆论和公共力量等。公共领域的成长体现了中国社会的整体进步。但很多公共组织还是经由政府自上而下扶持的结果，或者说，政治权力对公共领域的渗透和影响依然存在，公共领域成长的政治羁绊还有很多，这不符合现代公共领域成长的规律，也有碍于中国社会现代公共意识的培养。

所以，要加快公共领域建设，让人们更多地参与到公共生活中

---

① 《十七大以来重要文献选编》（上），中央文献出版社 2009 年版，第 23 页。

来，为孕育当代公民意识创造更宽阔的平台。一方面，公民通过公共领域的通道，可以进行快捷、多元化的公共意见表达和传输。这种开放性、民主化的"输入"对于政府的公共决策大有裨益，或者说一定意义上形成了"社会制约权力"的格局。另一方面，公共领域具有文化传播和观念整合的功能。通过公共领域中的沟通互动、协商对话、公开讨论，社会中多元的利益诉求、多元的价值观念都可以进行表达，并能相当程度上达成一致，实现价值整合。特别是在现代大众传媒为通道的公共领域中，广大民众可以通过法治在线、网络博客、爱心传递等形式进行观念传播和意识培养，有助于推进公共精神的健康成长。

其三，拓展公共参与。实践出真知。公共精神的形成不仅要对社会民众进行公共精神的教育，而且还要通过公共参与的实践养成，如果缺乏公民活动实践的环节，公共精神可能像在沙土上建筑大坝，其基础不牢固。亚里士多德曾提出了"人天生是政治动物"的命题，认为人在本质上具有政治属性，需要经常性地参与公共生活，才能摆脱兽性具有人性。在西方历史演进中，形成了两种公民观：一种是共和主义公民观念，倡导公民积极主动地参与公共生活的意义，认为参与公共生活是公民的一种美德；另一种是自由主义公民观，强调参与公共生活是公民可选择的消极行为，认为免受他人、社会和国家的干预才能实现真正的个人自由，保障公民权利。

历史上，自由主义公民观长期占主导地位。但是，在历史唯物主义看来，人的本质是一切社会关系的总和，社会性是人的本质属性，因此参与公共生活就成为人必然的选择。事实上，消极公民观也并非就完全否认公民对公共生活的介入，而只是强调公民在公共生活中的自主性。有学者指出："一个人若是不参加任何的公共生活，单独一个人生活在这个世界，他的人格就会不健全。"① 所以，

---

① ［美］汉娜·阿伦特：《公共领域和私人领域》，见汪晖《文化与公共性》，生活·读书·新知三联书店1998年版，第70页。

任何一个心智成熟的公民都应积极地参与公共生活，否则很难说他是一个完整的人，更谈不上其公共精神的养成。

社会民众参与公共生活是涵养整个社会公共精神的实践训练场和免费的大学校。托克维尔曾针对美国社会指出："每个人都投入到公共生活建设当中，为政府管理提出自己的建议，关心国家建设，这对于国家发展来说，将起到无法估量的巨大作用。"①

从社会公众参与形式上看，可以将公共参与分为狭义和广义两种，前者仅指公民对政治生活特别是公共政治过程的参与，后者则指对所有社会公共领域的参与。公共政治生活与公共领域的运行方式是自由、平等、协商、宽容，无论参与哪种公共生活，都可以从根本上推动公民在参与活动中认知公共精神内容、体认公民精神意义、领悟公共精神真谛，形成适合民主政治以及现代政治信任建设的公民意识和观念，并从实践中提升公民素质和技能，养成公共生活的习惯。

从公民参与公共生活的目的看，主要有两种：一种是为了维护和实现自身利益，保障自己权利；另一种是为了履行社会责任，维护公共利益。前者体现的是公民的权利意识，后者彰显了公民的公共精神和责任意识。其中，权利意识是根据宪法和法律的规定，公民在获得、享有和维护权利的过程中形成的基本观念。在现代人民主权成为公认的政治准则前提下，公民权利获得了法理的合法性和道义的至上性。责任意识则是指公民在教育和公共生活的实践中形成的一种公共精神，如环保意识、祖国情感、遵法守法的观念等。这些都是公民在享有权利的同时应该承担的义务和责任。无论权利意识还是责任意识，都是现代民主政治和公民精神之必需。

改革开放以来，公民参与公共生活的进路在制度设计、渠道拓宽，以及参与的合法化和程序化等方面都有了长足进步。但是，公

---

① ［法］夏尔·阿列克西·德·托克维尔：《论美国的民主》（上卷），董果良译，商务印书馆1988年版，第270页。

民参与公共生活还存在着社会强烈的参与需要与政治体系不能满足这种需求之间的根本性矛盾。费孝通曾认为："我们与西方比，缺了'文艺复兴'的一段，缺乏个人对理性的重视，这个方面，我们也需要补课，这决定着人的素质。"① 为了能够使公民参与权得到实现，促进我国社会进步及和谐发展，党的十八大强调，各级地方政府应积极鼓励民众有序参与政治，为我国经济管理、文化建设、社会事务等众多方面出谋划策。在公共决策参与中，居民参与权不仅得到了实现，更通过参与公共活动，满足了个人精神需要，获得了社会尊重。在公民权利行使时可通过协商、投票、选举等方式来实现。这种群众参与的政治形式，是社会民主的体现，是未来政治发展的必然趋势。另外，在公共活动参与过程中，民众能够逐步意识到自己与共同体之间的恰当关系，时刻感到国家的繁荣和社会进步与自己应尽社会责任间的关系，进而养成公共意识。

同时，还要鼓励民众参与各种公共生活，尤其是社会自治和社区事务的管理。这样，社会生活的细胞由此就转化为与社会民众自身活动紧密相关的日常活动，而维系社会生活的规范也成为具有普遍约束力的法律，这有助于培养人们的法律观念，而且参与公共生活还会使公民产生感性的公共责任意识、平等观念和自律精神等。特别是，公民经常参与公共政治生活，可以更好地了解国家发展形势与趋势，并且对国家政策具有一定的理性认识，形成理性怀疑的心智习惯，不断提高理性怀疑和批判建构能力。总之，让公民参与到公共活动中来，并使之成为民众生活活动中不可或缺的内容，是养成公民公共精神的必要手段。

---

① 引自吴增基等《理性精神的呼唤》（扉页），上海人民出版社 2001 年版。

结语 在反思中追问转型时期
公共生活秩序建构

秩序是人类社会发展的永恒话题。建立和谐、稳定的公共生活秩序，是人们追求的理想和目标。一个国家或地区进步与发展的过程，在一定程度上讲，就是社会秩序的不断演变与进化的过程。当代中国社会处于快速发展进程中，快速发展带来了当代中国社会的整体变革，这是一个从传统社会向现代社会转变的过程、从"实然"到"应然"过渡的过程，是社会制度变迁、机制转换和观念转变的过程。伴随着社会各方面的变革，必将引起社会民众在社会生活、思想意识、需求期望、行为模式以及国家制度化进程等诸方面深刻的转变。

新中国成立以来，党在不同时期对于如何塑造和引领有序的公共生活这一命题有着不同的理解和认知，并采取了不同的治理举措：从最初的推动社会单元化并建立起某种"总体性支配模式"①到逐步开始依托社会各方力量，强调不断提高科学的社会化管理水平和有效协调社会不同利益诉求，推动以民生为重点的社会建设。这种治理转型的历史性过程与中国经济发展模式的转变、社会资源配置结构的变化，以及社会利益结构的分化都有着重要的因果关

---

① 这种总体性支配主要是通过自上而下的制度规训、群众动员以及政治运动来实现国家对社会生活诸领域的支配。相关研究可参见孙立平等《改革以来中国社会结构的变迁》，《中国社会科学》1994 年第 2 期。

联。以某种方式来看，这一进程也体现了党和国家审时度势，适应历史发展客观规律，在经济社会诸领域各种自主性纷纷彰显的背景下重建新型公共生活秩序的努力。然而，每种治理模式的有效运转都与一定的结构性支撑因素密切相连，[①] 因此，不同治理模式之间的转变并非一个"水到渠成"的自然过程。当今，我国在建设开放性的现代社会过程中，必须要改变传统的观念，让人民群众更加广泛地参与到公共政治生活当中，这对于提升公民的政治素养而言，具有积极意义，同时对于推进国家的现代化和工业化进程而言，其重要性自不待言。

一 当代中国治理转型与公共性

为了从根本上应对快速市场化引发的社会经济诸领域内出现的种种矛盾，2004 年以来党和政府逐步形成了以建设"社会主义和谐社会"为核心的治国新理念，强调通过社会政策和改革社会管理模式，协调不同利益群体间的关系，在不断推动全社会创造活力的条件下构建和谐的公共生活新秩序。这意味着，党和国家越来越重视如何在社会自主性多维萌发的背景下，开创"坚持人民主体地位，发挥人民首创精神，紧紧依靠人民群众"的新型社会治理格式。

中共十七大进一步明确了"要建立党委领导、政府与社会相协调，民众积极参与的新型社会管理格局。"在党的十七大会议上，胡锦涛总书记指出："要坚持中国共产党领导下的社会主义市场经济发展，加强政府在经济建设以及社会服务中的作用，强化公民参与公共生活的意识，发挥人民群众在社会建设中的重要作用。"一定意义而言，社会管理模式也可以被看作是社会建设的基本模式。在这方面，加强社会组织自身建设，提升服务能力，扩大

---

① 参见渠敬东等《从总体支配到技术治理——基于中国 30 年改革经验的社会学分析》，《中国社会科学》2009 年第 6 期。

其职能的基础作用是对"社会协同和公众参与"这个命题的具体化。这些都表明国家开始意识到社会自身组织化力量在社会管理中的重要性。

随着党和政府社会管理理念的变化,这几年,中央以及地方各级政府在社会管理的制度上不断探索创新,为形成新的社会发展格局起到了积极的促进作用。例如,政府部门的重要管理活动越来越强调引入社会听证;社区建设中加强基础部门的网格化管理;村庄治理中越来越强调村民的民主参与;各级地方政府都把社会组织参与本地区公共服务和公共管理视为社会管理改革与创新的重要内容等。可以说,从制度变革的层面,人们已经可以比较清晰地看到自上而下行政管理与自下而上社会参与相互结合、良性互动的新趋势。

然而,从最近几年社会管理创新的实践过程来看,"社会协同,公众参与"的有效实现,不仅与制度安排密切相关,而且还涉及相应的主体意识和参与意愿。一些深入的研究表明,单纯的制度保障和激励并不足以营造社会多元参与的管理格局,① 例如,在有关部门的推动下,城市社区中相关民主参与的制度不可谓不健全,各类监督会、评议会、恳谈会纷纷被制度性地设计出来,但居民的实际参与热情却并未得到同步快速增长,许多民主制度常常呈现出"空转"的态势;"十一五"以来,各地都推动民间社会组织的发展,但这些民间组织的出现,并没有取得理想的效果,常常停留于"自娱自乐"的状态之中。由此可见,治理转型不仅会涉及制度层面的变革,而且还涉及社会多元参与公共管理的自主性和主体性问题。以某种方式来看,这里提出的问题在深层次上涉及的是开放背景下的公共生活及公共领域的建设问题。

---

① 参见黄荣英《我国城市社区参与不足的一种理论解读》,《求索》2010 年第 3 期,王瑞华《社区自组织能力建设面临的难题及其成因》,《城市问题》2007 年第 4 期;赵巍、齐绩《中国城市社区非营利组织面临的问题与发展趋势》,《社会主义研究》2004 年第 4 期。

　　公共生活不仅包含了社会历史发展过程中沉淀的思想，同时也承载了人们对未来理想生活的向往。但若是简单地来看，其实公共生活就是人们的一种群居生活，在交往实践中，每一个人都融入到群体生活当中，并且为了更好地实现群体生活，公民需要积极参加到公共生活的管理当中，为公共生活建设奉献自己的一份力量。正因如此，公众对公共生活的参与意识得到了加强，为公共性的生产创造了有利条件。如果没有公共性的生产，那么多元化的社会治理结构建设将面临"无源之水"的问题。因此，党和政府要推动现代国家治理转型，我们不应该只着眼于制度层面的建设，还要积极倡导、培育和建构整个社会的公共性。

二　当前中国社会的公共生活困境

　　公共生活困境在今日中国普遍存在，其症结主要可以从以下三个维度予以审视：

　　第一，工具主义和利己主义消解了中国社会团结机制，阻碍了公共生活的生长。当前，中国社会同时存在两方面的趋势：一方面是为了实现经济利益而不顾道德底线，另一方面是市场经济条件下个人利益显得尤为突出。这两个趋势是一个硬币的两面，其招致的后果是整个社会物质主义化和利己主义化。在市场和资本的话语霸权下，利己主义和差序格局交织在一起，助长了私利入侵公德的利益。总而言之，在当下中国，这种利己主义影响了公共利益，并且对社会良性发展产生十分不利的影响。

　　一方面，独立的"个人"（individual human being）没有涌现。而尊严、权利、责任、自由、平等、独立、稳定的物质生活基础，即私有财产权等基本权利意识尚付阙如；另一方面，个人上述的基本权利和责任在制度上得不到有效保护，由此进一步造成政治、经济、文化和学术领域普遍主义的、专业化的、情感中立的游戏规则难以建立和运行。因此，问题的关键不是中国社会中个人主义的出现，而是社会中某些人为了占有更多的经济利益，不惜以牺牲他人利益为条件，这种利己主义随着市场经济的发展已经愈演愈烈。①在这种情形下，不仅个人主义缺乏必要的生长土壤，而且"公共生活"秩序也不可能得到重建。

第二，高度技术化的社会管理制度以及社会碎片化阻碍了公共生活的发展。从管理和控制的效率视角分析，社会碎片化很显然是最容易管理和控制的；但是，从社会建构的角度来看，由于个人之间的交互和联合不再是可能的，个体组织化建设与社会管理能力不可避免地萎缩。但可以肯定的是，虽然公众在具体社会建设和社会生活中难以公共性地行动，但这并不能抹杀公共性作为现代社会本质内涵的性质。因此，当社会民众的这种诉求在现实生活中得不到呼应和满足时，虚拟网络就会提供一个满足民众这种诉求的平台。所以，在今日之中国，就出现了现实生活中公共生活缺失而网络公共空间发达，阳光下公共生活消隐而地下公共性发达的矛盾状态。

第三，政府腐败致使公众对政府不信任，培育公共生活困难。近年来，尽管我国政府在民生和社会建设方面的投资增加，民生不断得到改善，但是，民众与政府配合推动社会建设的动力仍显不足，原因之一在于一些地方政府和职能行政部门及其领导的腐败。这种腐败不仅仅表现在直接地利用职权捞取部门和个人的不正当利益，而且表现在一些部门为了短期利益、部门利益甚至个人利益不尊重和保护私人财产，有意无意地践踏法律，并尽可能采取多种方式拒绝社会组织和公民的有效监督。当民众对这些现象无法监督、无法纠正时，对政府的信任也就逐渐消失了，而与其一同消失的就是整个社会的"公共性"。

三　走出社会建设中的公共生活困境

在此，需要着重指出的是，公共生活的培育不是一个通过政治

---

① 参见肖瑛《把个人带回社会》，见应星、李猛《社会理论与社会学中国化》，生活·读书·新知三联书店 2011 年版。

和行政力量干预就可以实现的，而是一个公共生活自我循环、自我修复、自我建构的过程。在这里，我们提出的建设性建议主要是为公共生活的发育创造一些基本的条件。

首先，必须回到积极的个人主义。所谓积极的"个人主义"，不是霍布斯意义上的原子的、纯粹以私人物质利益为谋的人，而是指那些不可剥夺的物质财富和不可侵扰的私密空间，追求自身在精神和身体上的统一，形成自己独立的、有价值的、高贵的和负责任的生活，成为一个具有自我评价的能力，并且能自我抉择、自我行动和自我负责的"公民"。这种意义上的个人知道自身的价值需要在社会团结和互动中方能实现和持久，因此就会积极地参与公共活动，营造公共价值和公共利益。这就是个人主义和公共性之间悖论性的相互促进关系，因此，个人主义是公共生活发育的意识和精神前提。

其次，必须通过社会体制改革促进公共生活的培育。社会制度是建立在对公共产品配置和设置的一系列制度安排的基础上。在政治、经济和社会相互分离的前提下，社会体制的建设应该遵循社会本身的目标以及相应的运行逻辑。在构建社会主义和谐社会的背景下和中华民族走向伟大复兴的历史际遇下，我国社会建设的基本目标是法治和谐、诚信友善、公平正义，而怎样确保公共产品分配的公平正义，是当前我国社会体制建设的核心价值追求。这就需要从中国发展的实际国情出发，从建立全民性的社会保障体系出发，构建自我协调机制以及形成多次分配间的互补机制，遏制贫富差距逐步扩大的趋势。

最后，要注重社会共识对于营造社会公共生活的前提性作用。公共生活的建设，关系到人们未来的生活水平，也关系到每个人的切身利益。公共生活要想朝着更好的方向发展，就必须形成一种社会共识，以此来维系社会公平正义的存在，并以此促进社会公共利益的实现与发展。社会共识是绝大多数人认可的社会理念，是社会利益结构配置的关键，并且对社会经济发展、政治发展、文化进步、社会和谐都表征出一种核心的预设性条件，必须予以高度重视。

值得注意的是，上述三个方面同公共生活发育之间不是一个简单的谁先谁后的因果关系序列，而是一个相互促进的正向循环。我们在本书结束时讨论公共生活如何建设及其对中国社会公共生活秩序重建的意义，在于为中国未来的社会建设和社会管理提供一些启发性的思考和前瞻性的导引。

参考文献

一 中文著作

1. 《马克思恩格斯选集》1—4 卷，人民出版社 1995 年版。

2. 《马克思恩格斯全集》第 2、4 卷，人民出版社 1972 年版。

3. 《马克思恩格斯全集》第 3 卷，人民出版社 1960 年版。

4. 《马克思恩格斯全集》第 21 卷，人民出版社 1965 年版。

5. 《马克思恩格斯全集》第 30 卷，人民出版社 1995 年版。

6. 《马克思恩格斯全集》第 46 卷，人民出版社 2003 年版。

7. 《列宁选集》第 3 卷，人民出版社 1995 年版。

8. [古希腊] 柏拉图：《理想国》，黄颖译，商务印书馆 1986 年版。

9. [古希腊] 亚里士多德：《政治学》，颜一、秦典华译，中国人民大学出版社 2003 年版。

10. [古希腊] 亚里士多德：《尼各马科伦理学》，苗力田译，中国人民大学出版社 2003 年版。

11. [古希腊] 亚里士多德：《亚里士多德选集——政治学卷》，颜一、秦典华译，中国人民大学出版社 2003 年版。

12. [美] E. A. 霍贝尔：《初民的法律——法的动态比较研究》，周勇译，中国社会科学出版社 1993 年版。

13. [美] 迈克尔·舒德森：《好的公民：美国公共生活史》，郑一卉译，北京大学出版社 2014 年版。

14. [美] 贝思·J. 辛格：《实用主义、权利和民主》，王守昌等译，上海译文出版社 2001 年版。

15. ［美］哈罗德·F. 戈斯内尔、理查德·G. 斯莫尔卡：《美国政党和选举》，复旦大学国际政治系译，上海译文出版社 1978 年版。

16. ［美］丹尼尔·W. 布罗姆利：《经济利益与经济制度：公共政策的理论基础》，陈郁等译，上海生活·读书·新知三联书店和上海人民出版社 2007 年版。

17. ［美］费正清：《美国与中国》，张理京译，商务印书馆 1987 年版。

18. ［美］罗斯：《社会控制》，秦志勇、毛永政译，华夏出版社 1989 年版。

19. ［美］库利：《人类本性与社会秩序》，包凡一等译，华夏出版社 1989 年版。

20. ［美］亨廷顿：《变化社会中的政治秩序》，王冠华等译，生活·读书·新知三联书店 1989 年版。

21. ［美］格伦·蒂德：《政治思维：永恒的困惑》，潘世强译，浙江人民出版社 1988 年版。

22. ［美］诺齐克：《无政府、国家和乌托邦》，何怀宏等译，中国社会科学出版社 1991 年版。

23. ［美］彼得·德鲁克：《工业人的未来》，余向华、张珺译，机械工业出版社 2006 年版。

24. ［美］A. 麦金太尔：《德性之后》，龚群、戴扬毅译，中国社会科学出版社 1995 年版。

25. ［美］托尼·朱特：《沉疴遍地》，杜先菊译，新星出版社 2012 年版。

26. ［美］肯尼斯·米诺格：《当代学术入门：政治学》，龚人译，辽宁教育出版社 1998 年版。

27. ［美］汉娜·阿伦特：《人的境况》，王寅丽译，上海人民出版社 2009 年版。

28. ［美］伯尔曼:《法律与宗教》,梁治平译,中国政法大学出版社 2003 年版。

29. ［美］赫伯特·马尔库塞:《单向度的人》,刘继译,上海译文出版社 1989 年版。

30. ［美］约翰·罗尔斯:《正义论》,何怀宏等译,中国社会科学出版社 2009 年版。

31. ［美］汉娜·阿伦特:《马克思与西方政治思想传统》,孙传钊译,译林出版社 2007 年版。

32. ［美］理查德·桑内特:《公共人的衰落》,李继宏译,上海译文出版社 2008 年版。

33. ［美］伯尔曼:《法律与革命》,袁瑜琤、苗文龙译,中国大百科全书出版社 1996 年版。

34. ［美］泰格、利维:《法律与资本主义的兴起》,纪琨译,学林出版社 1996 年版。

35. ［美］贝勒斯:《法律的原则》,张文显等译,中国大百科全书出版社 1996 年版。

36. ［美］斯蒂格利茨:《自由、知情权和公共话语——透明化在公共生活中的作用》,宋华琳译,载《环球法律评论》2002 年秋季号。

37. ［美］詹姆斯·施密特:《启蒙运动与现代性 18 世纪与 20 世纪的对话》,徐向东、卢华萍译,上海人民出版社 2005 年版。

38. ［美］巴泽尔:《产权的经济分析》,费方域、段毅才译,上海人民出版社 1997 年版。

39. ［美］迈克尔·桑德尔:《民主的不满 = Democracy's discontent 美国在寻求一种公共哲学》,曾纪茂译,江苏人民出版社 2012 年版。

40. ［英］杰费里·亚里山大、邓正来编:《国家与市民社会——一种社会理论的研究路径》（增订版）,上海人民出版社 2006 年版。

41. 〔美〕莱斯利·里普森:《政治学的重大问题——政治学导论》,刘晓等译,华夏出版社 2001 年版。

42. 〔美〕明恩溥:《中国人的素质》,秦悦译,学林出版社 1999 年版。

43. 〔美〕奥斯特罗姆:《复合共和制的政治理论》,毛寿龙译,上海三联书店 1999 年版。

44. 〔美〕博登海默:《法理学——法哲学及其方法》,邓正来等译,华夏出版社 1987 年版。

45. 〔美〕丹尼尔·贝尔:《资本主义文化矛盾》,赵一凡等译,上海三联书店 1992 年版。

46. 〔美〕罗尔斯:《万民法》,张晓辉等译,吉林人民出版社 2003 年版。

47. 〔美〕大卫·雷·格里芬:《后现代精神》,王成兵译,中央编译出版社 1998 年版。

48. 〔美〕乔·萨托利:《民主新论》,冯克利、阎克文译,东方出版社 1997 年版。

49. 〔英〕齐格蒙特·鲍曼:《流动的恐惧》,谷蕾、杨超等译,江苏人民出版社 2012 年版。

50. 〔德〕齐格蒙特·鲍曼:《流动的现代性》,欧阳景根译,上海三联书店 2002 年版。

51. 〔英〕齐格蒙特·鲍曼:《流动的生活》,徐朝友译,江苏人民出版社 2012 年版。

52. 〔英〕齐格蒙特·鲍曼:《个体化的社会》,范祥涛译,上海三联书店 2002 年版。

53. 〔英〕齐格蒙特·鲍曼:《生活在碎片之中——论后现代道德》,郁建兴等译,学林出版社 2002 年版。

54. 〔英〕齐格蒙特·鲍曼:《共同体》,欧阳景根译,江苏人民出版社 2003 年版。

55. 〔英〕亚当·斯密:《道德情操论》,蒋自强、钦北愚译,商务印书馆 2010 年版。

56. ［英］边沁：《政府片论》，沈叔平等译，商务印书馆 1995 年版。

57. ［英］梅茵：《古代法》，沈景一译，商务印书馆 1984 年版。

58. ［英］哈耶克：《法律、立法与自由》第 2、3 卷，邓正来等译，中国大百科全书出版社 2000 年版。

59. ［英］霍布斯：《利维坦》，黎思复、黎廷弼译，商务印书馆 1985 年版。

60. ［英］洛克：《政府论（下篇）》，瞿菊农、叶启芳译，商务印书馆 2003 年版。

61. ［英］约翰·基恩：《公共生活与晚期资本主义》，马音等译，社会科学文献出版社 1999 年版。

62. ［英］约瑟夫·拉兹：《公共领域中的伦理学》，葛四友译，江苏人民出版社 2013 年版。

63. ［英］安东尼·吉登斯：《民族—国家与暴力》，胡宗泽、赵力涛译，生活·读书·新知三联书店 2002 年版。

64. ［英］J. S. 穆勒：《代议制政府》，汪宣译，商务印书馆 1984 年版。

65. ［英］安德鲁·甘布尔：《自由的铁笼——哈耶克传》，王晓冬、朱之江译，江苏人民出版社 2002 年版。

66. ［英］安东尼·吉登斯：《现代性与自我认同》，赵旭东、方东译，生活·读书·新知三联书店 1998 年版。

67. ［德］雅斯贝斯：《历史的起源与目标》，魏楚雄、俞新天译，华夏出版社 1989 年版。

68. ［德］恩斯特·卡西尔：《人论》，甘阳译，上海译文出版社 1985 年版。

69. ［德］康德：《历史理性批判文集》，何兆武译，商务印书馆 2005 年版。

70. ［德］康德：《宇宙发展史》，上海人民出版社 1972 年版。

71. ［德］黑格尔：《法哲学原理》，范扬、张企泰译，商务印书馆 1979 年版。

72. ［德］马丁·海德格尔：《存在与时间》，陈嘉映、王庆节译，生活·读书·新知三联书店 2000 年版。

73. ［德］斐迪南·滕尼斯：《共同体与社会》，林荣远译，商务印书馆 1999 年版。

74. ［德］马克思：《1844 年经济学哲学手稿》，刘丕坤译，人民出版社 1979 年版。

75. ［德］哈贝马斯：《公共领域的结构转型》，曹卫东等译，学林出版社 2002 年版。

76. ［德］哈贝马斯：《合法性危机》，刘北成、曹卫东译，上海人民出版社 2000 年版。

77. ［德］哈贝马斯：《交往与社会进化》，张博权译，重庆出版社 1989 年版。

78. ［德］哈贝马斯：《在事实与规范之间——关于法律和民主法治国的商谈理论》，童世骏译，生活·读书·新知三联书店 2003 年版。

79. ［德］哈贝马斯：《包容他者》，曹卫东译，上海人民出版社 2002 年版。

80. ［德］乌尔里希·贝克、伊丽莎白·贝克——格恩斯海姆：《个体化》，李荣山、张惠强译，北京大学出版社 2011 年版。

81. ［德］西美尔：《货币哲学》，陈戎女、耿开君、文聘元译，华夏出版社 2002 年版。

82. ［法］卢梭：《社会契约论》，何兆武译，商务印书馆 1980 年版。

83. ［法］弗朗索瓦·佩鲁：《新发展观》，张宁译，华夏出版社 1987 年版。

84. ［法］夏尔·阿列克西·德·托克维尔：《论美国的民

主》，董果良译，商务印书馆 1988 年版。

85. ［法］涂尔干：《社会分工论》，渠东译，生活·读书·新知三联书店 2000 年版。

86. ［法］菲利浦·阿利埃斯、［法］乔治·杜比：《私人生活史：星期天历史学家说历史——从私人账簿、日记、回忆录到个人肖像全记录》，宋微微、刘琳译，北方文艺出版社 2007 年版。

87. ［匈］阿格妮丝·赫勒：《日常生活》，衣俊卿译，重庆出版社 1990 年版。

88. ［荷］伯纳德·曼德维尔：《蜜蜂的寓言：私人的恶德，公众的利益》，肖聿译，中国社会科学出版社 2002 年版。

89. ［日］川崎修：《阿伦特——公共性的复权》，斯日译，河北教育出版社 2002 年版。

90. ［日］沟口雄三：《中国的公与私·公私》，郑静译，生活·读书·新知三联书店 2011 年版。

91. ［日］佐藤学：《学习的快乐——走向对话》，钟启泉译，教育科学出版社 2004 年版。

92. ［加］菲利普·汉森：《历史、政治与公民权：阿伦特传》，刘佳林译，江苏人民出版社 2004 年版。

93. ［印］穆霍帕德西亚：《西方政治思想概述》，姚鹏等译，求实出版社 1984 年版。

94. ［挪威］何美德、鲁纳：《"自我"中国：现代中国社会中个体的崛起》，徐烨芳等译，上海译文出版社 2011 年版。

95. ［波兰］彼得·什托姆普卡：《信任：一种社会学理论》，程胜利译，中华书局 2004 年版。

96. 赵汀阳：《论可能生活》，中国人民大学出版社 2004 年版。

97. 郭湛主编：《社会公共性研究》，人民出版社 2009 年版。

98. 李强：《自由主义》，中国社会科学出版社 1998 年版。

99. 尹田：《法国现代合同法》，法律出版社 1995 年版。

100. 马俊峰：《马克思社会共同体理论研究》，中国社会科学出版社 2011 年版。

　　101. 贾英健：《公共性视域：马克思哲学的当代阐释》，人民
出版社 2009 年版。

　　102. 徐贲：《通往尊严的公共生活——全球正义和公民认同》，
新星出版社 2009 年版。

　　103. 李佃来：《公共领域与生活世界——哈贝马斯市民社会理
论研究》，人民出版社 2006 年版。

　　104. 李建华：《罪恶论——道德价值的逆向研究》，辽宁人民
出版社 1994 年版。

　　105. 郑永年：《改革及其敌人》，浙江人民出版社 2011 年版。

　　106. 陈建华：《中国社会问题报告》，石油工业出版社 2002
年版。

　　107. 林吉：《权力腐败与权力制约》，法制出版社 1997 年版。

　　108. 林语堂：《吾国与吾民》，黄嘉德译，陕西师范大学出版
社 2006 年版。

　　109. 马新福：《法社会学原理》，吉林大学出版 1999 年版。

　　110. 应星、李猛：《社会理论与社会学中国化》，生活·读
书·新知三联书店 2011 年版。

　　111. 吴增基等：《理性精神的呼唤》，上海人民出版社 2001
年版。

　　112. 顾昕：《以社会制约权力》，载《市场逻辑与国家观念》，
生活·读书·新知三联书店 1995 年版。

　　113. 邓正来：《市民社会理论的研究》，中国政法大学出版社
2002 年版。

　　114. 杨国枢：《华人社会心理学》（上册），重庆大学出版社
2008 年版。

　　115. 杨国枢：《中国人的社会取向：社会互动的观点》，载
《中国社会心理学评论》，社会科学文献出版社 2005 年版。

　　116. 阎云翔：《私人生活的变革：一个中国村庄里的爱情、家

庭与亲密关系（1949—1999）》，龚晓夏译，上海书店出版社 2006
年版。

117. 柯武刚、史漫飞：《制度经济学：社会秩序与公共政策》，
韩朝华译，商务印书馆 2003 年版。

118. 韦政通：《伦理思想的突破》，台湾水牛图书出版公司
1987 年版。

119. 刘泽华：《中国的王权主义》，上海人民出版社 2000
年版。

120. 熊培云：《有理想的人海阔天空——〈重新发现社会〉后
记》，新星出版社 2011 年版。

121. 汪晖、陈燕谷：《文化与公共性》，生活·读书·新知三
联书店 2005 年版。

122. 浦兴祖：《从〈理想国〉到〈代议制政府〉——西方政
治学名著释评》，四川人民出版社 1990 年版。

123. 黄宗智：《中国革命中的农村阶级斗争：从土改到文革时
期的表达性现实与客观性现实》，载《中国乡村研究》（第二辑），
商务印书馆 2003 年版。

124. 赵震江：《法律与社会》，时事出版社 1985 年版。

125. 汪行福：《现代社会秩序的道义逻辑对中国改革价值取向
的思考》，复旦大学出版社 2013 年版。

126. 高兆明：《中国市民社会论稿》，中国矿业大学出版社
2001 年版。

127. 高兆明：《社会变革中的伦理秩序》，中国矿业大学出版
社 1994 年版。

128. 郑振铎：《文学大纲》第 3 卷，商务印书馆 1927 年版。

129. 钱乘旦：《现代文明的起源与演进》，南京大学出版社
1991 年版。

130. 孙立平：《转型与断裂：改革以来中国社会结构的变迁》，
清华大学出版社 2004 年版。

131. 秦德君：《公共生活的地平线》，中国社会科学出版社2007年版。

132. 汪建达：《参与还是分离——从超越性维度看中国公共生活的建设》，浙江大学出版社2010年版。

133. 邹永贤：《国家学说史》（上），福建人民出版社1999年版。

134. 程树德：《论语集释》，程俊英、蒋见元点校，中华书局1990年版。

135. 钱永详：《民粹政治、选举政治与公民》，载许纪霖主编：《公民性与公民观》，江苏人民出版社2006年版。

136. 高清海：《社会发展哲学——中国现代化的理性思考》，高等教育出版社1999年版。

137. 杨仁忠：《公共领域论》，人民出版社2009年版。

138. 杨仁忠：《公共领域理论与和谐社会构建》，社会科学文献出版社2013年版。

139. 涂文娟：《政治及其公共性：阿伦特政治伦理研究》，中国社会科学出版社2009年版。

140. 廖申白：《交往生活的公共性转变》，北京师范大学出版社2007年版。

141. 吴沁芳：《伦理困境与和谐诉求——当代社会变迁下的伦理现象透视》，中国社会科学出版社2012年版。

142. 孔繁斌：《公共性的再生产——多中心治理的合作机制建构》，中国社会科学出版社2012年版。

143. 李佑新：《走出现代性道德困境》，人民出版社2006年版。

144. 胡群英：《社会共同体的公共性建构》，知识产权出版社2013年版。

145. 费孝通：《乡土中国》，人民出版社2011年版。

146. 费孝通：《乡土中国生育制度》，北京大学出版社1998

年版。

147. 王晓升：《历史唯物主义的当代重构》，社会科学文献出版社 2013 年版。

148. 袁祖社：《市场经济与现代社会的公共理性研究》，中国社会科学出版社 2011 年版。

149. 梁漱溟：《中国文化要义》，上海人民出版社 2003 年版。

150. 王南湜：《从领域合一到领域分离》，山西教育出版社 1998 年版。

151. 许纪霖：《公共性与公民观》，凤凰出版传媒集团 2006 年版。

152. 陈乔见：《公私辨：历史衍化与现代诠释》，生活·读书·新知三联书店 2013 年版。

153. 黄建跃：《先秦儒家的公私之辨》，广西师范大学出版社 2013 年版。

154. 郑永年：《保卫社会》，浙江人民出版社 2011 年版。

155. 陈新汉：《怎样认识社会——社会调查的理论与方法》，华东师范大学出版社 1992 年版。

156. 孙凤仪：《公民社会与公共财政　良政与善治的政治经济学分析》，知识产权出版社 2014 年版。

157. 魏淑艳：《转型时期中国公共政策转移研究》，商务印书馆 2013 年版。

158. 文远竹：《转型中的微力量　微博公共事件中的公众参与》，世界图书出版公司 2014 年版。

159. 张翠梅：《公民身份认同研究》，中国政法大学出版社 2013 年版。

160. 尹岩：《现代社会个体生活主体性批判》，上海人民出版社 1963 年版。

161. 王同新：《马克思恩格斯政府公共性思想与公共服务型政府构建》，中央编译出版社 2014 年版。

162. 熊建文：《当代中国社会公共权力的德性研究》，南京大学出版社 2013 年版。

163. 吴理财：《公共性的消解与重建》，知识产权出版社 2014 年版。

164. 霍福广：《马克思主义哲学原理》，中国人民大学出版社 2013 年版。

165. 张民安：《侵扰他人安宁的隐私侵权　家庭成员间、工作场所、公共场所、新闻媒体及监所狱警的侵扰侵权》，中山大学出版社 2012 年版。

166. 张康之：《寻找公共行政的伦理视角》，中国人民大学出版社 2012 年版。

167. 李仙飞：《马克思主义视域之西方公共服务有效供给理论》，社会科学文献出版社 2012 年版。

168. 朱仁显：《传承与变革　从君主民本到民主宪政》，中国社会科学出版社 2012 年版。

169. 李石：《自由公共领域的私人空间》，广东教育出版社 1979 年版。

170. 马新晶：《唯物史观视阈中的交往理论研究》，中国社会科学出版社 2013 年版。

171. 孙立平：《转型社会生活的基础秩序——守卫底线》，社会科学文献出版社 2007 年版。

172. 杨耕：《马克思主义历史观研究》，北京师范大学出版集团 2012 年版。

173. 陈晏清、王南湜、李淑梅：《马克思主义哲学高级教程》，南开大学出版社 2012 年版。

174. 王虎学：《人的社会与社会的人——马克思哲学的革命变革与现代视域》，山东人民出版社 2012 年版。

175. 杜玉华：《马克思社会结构理论与当代中国社会建设》，学术出版社 2012 年版。

176. 贺来：《边界意识和人的解放》，上海人民出版社 2007 年版。

177. 宫志刚：《社会转型与秩序重建》，中国人民公安大学出版社 2004 年版。

178. 何新：《中国文化史新论——关于文化传统与中国现代化》，黑龙江人民出版社 1987 年版。

179. 李冰：《当代中国政治社会化中的公民认同研究》，中国社会科学出版社 2013 年版。

180. 刘鑫淼：《当代中国公共精神的培育研究》，人民出版社 2010 年版。

181. 陈弱水：《公共意识与中国文化》，新星出版社 2006 年版。

182. 彭立群：《公共领域与宽窄》，社会科学文献出版社 2008 年版。

183. 王人博、程燎：《法治论》，山东人民出版社 1998 年版。

184. 杨树达：《词诠》，中华书局 1954 年版。

185. 刘泽华、张荣明：《公私观念与中国社会》，中国人民大学出版社 2003 年版。

186. 刘泽华：《中国传统政治哲学与社会整合》，中国社会科学出版社 2000 年版。

187. 崔卫平：《积极生活》，中国人民大学出版社 2002 年版。

188. 张文喜：《历史唯物主义的政治哲学向度》，江苏人民出版社 2008 年版。

189. 徐贲：《人以什么理由来记忆》，吉林出版集团有限责任公司 2009 年版。

190. 中国社会科学院语言研究所词典编辑室编：《现代汉语词典》，商务印书馆 2005 年版。

191. 《十七大以来重要文献选编》（上），中央文献出版社 2009 年版。

192. 《温家宝受 CNN 记者专访谈政改　让每个人活得有尊严》，《新京报》2010 年 10 月 12 日。

193. 《辞海》，上海辞书出版社 1999 年版。

二　中文期刊论文

1. 郭湛：《哲学视域中的公共性及其当代诠释》，《齐鲁学刊》2005 年第 1 期。

2. 张康之、张乾友：《从共同生活到公共生活》，《探索》2007 年第 4 期。

3. 赵志勇：《论犹太人问题》中的批判逻辑——兼论个人生活与公共生活的关系》，《国外理论动态》2009 年第 6 期。

4. 曹现强：《公共性的现代回归：从统治到治理》，《山东社会科学》2007 年第 1 期。

5. 龚群：《论公共领域与公德》，《中国人民大学学报》2008 年第 1 期。

6. 夏国锋：《村庄公共生活：历史变迁与外力形构——鲁西南夏村的个案考察》，《甘肃行政学院学报》2010 年第 5 期。

7. 周平：《社会转型与政治稳定：对发展中国家的考察》，《云南社会科学》1995 年第 3 期。

8. 刘俊：《公民社会视野下的和谐社会内涵透视》，《求实》2008 年第 2 期。

9. 黄荣英：《我国城市社区参与不足的一种理论解读》，《求索》2010 年第 3 期。

10. 王瑞华：《社区自组织能力建设面临的难题及其成因》，《城市问题》2007 年第 4 期。

11. 赵巍、齐绩：《中国城市社区非营利组织面临的问题与发展趋势》，《社会主义研究》2004 年第 4 期。

12. 李庆钧：《霍布斯的秩序解说与转型期社会秩序的构建》，《江海学刊》2003 年第 6 期。

13. 叶飞：《"他者"道德社角与道德教育的"他性"建构》，《江苏高教》2012 年第 2 期。

14. 陈志兴：《道德学习共同体：当代德育的情境构建》，《南昌大学学报》（人文社会科学版）2011 年第 5 期。

15. 郭于华：《农村现代化进程中的传统亲缘关系》，《社会学研究》1994 年第 6 期。

16. 邵泽斌、张乐天：《从意识形态到公共精神——对新中国 60 年义务教育治理方式的政策考察》，《社会科学》2008 年第 12 期。

17. 金生鈜：《保卫教育的公共性》，《教育研究与实验》2007 年第 3 期。

18. 张继焦：《差序格局：从"乡村版"到"城市版"》，《民族研究》2004 年第 6 期。

19. 王锡锌：《利益组织化、公众参与和个体权利保障》，《东方法学》2008 年第 4 期。

20. 陈国战：《大众传媒的兴起与公共生活的衰落》，《阴山学刊》2012 年第 6 期。

21. 吴玉军：《共同体的式微与现代人的生存》，《浙江社会科学》2009 年第 11 期。

22. 河清：《也谈卢梭》，《读书》1997 年第 6 期。

23. 李沛良：《论中国式社会学研究的关联概念与命题》，《东亚社会研究》，北京大学出版社 1993 年版。

24. 马戎：《"差序格局"——中国传统社会结构和中国人行为的解读》，《北京大学学学报》（哲学社会科学版）2007 年第 2 期。

25. 杨善华、侯红蕊：《血缘、姻缘、亲情与利益——现阶段中国农村社会中"差序格局"的"理想化"趋势》，《宁夏社会科学》1999 年第 6 期。

26. 孙立平、王汉生、王思斌、林彬、杨善华：《改革以来中国社会结构的变迁》，《中国社会科学》1994 年第 2 期。

27. 渠敬东、周飞舟、应星：《从总体支配到技术治理——基于中国 30 年改革经验的社会学分析》，《中国社会科学》2009 年第 6 期。

28. 吴理财：《乡村文化"公共性消解"加剧》，《人民论坛》2012 年第 10 期。

29. 温锐：《农民平均主义？还是平均主义改造农民——关于农村集体化运动与中国农民研究的反思》，《福建师范大学学报》（哲学社会科学版）2003 年第 5 期。

30. 贺来：《"道德共识"与现代社会的命运》，《哲学研究》2001 年第 5 期。

31. 邱梦华：《中国农民公私观念的变迁——基于农民合作的视角》，《内蒙古社会科学》（汉文版）2008 年第 6 期。

32. 谭清华：《公共存在论纲——唯物史观视野下的公共性研究》，《天府新论》2012 年第 1 期。

33. 林尚立：《在有效性中累积合法性：中国政治发展的路径选择》，《复旦学报》（社会科学版）2009 年第 2 期。

34. 胡朝：《公共生活的"主体间性"探讨》，《实事求是》2011 年第 3 期。

35. 卞绍斌：《公共生活的批判与重建：从黑格尔到马克思》，《社会科学研究》2009 年第 6 期。

36. 严学钧：《公共生活的追忆与良序社会的可能》，《理论建设》2011 年第 3 期。

37. 夏维中：《市民社会：中国近期难圆的梦》，《中国社会科学季刊》（中国香港）1993 年第 4 期。

38. 周光辉：《政治文明的主题：人类对合理的公共秩序的追求》，《社会科学战线》2003 年第 4 期。

39. 张康之：《公共生活发生的路径》，《学海》2008 年第 1 期。

40. 高兆明：《公共权力：国家在现时代的历史使命》，《江苏社会科学》1999 年第 4 期。

41. 贾英健：《公共性的出场与马克思哲学创新的当代视域》，《湖南社会科学》2008 年 4 月。

42. 吴育林：《公共生活理论范式对构建中国公民社会的启示》，《中山大学学报》（社会科学版）2006 年第 3 期。

43. 晏辉：《公共生活与公民伦理（上）》，《河北学刊》2007 年第 2 期。

44. 李永刚：《公共生活中的妥协：必要与可能》，《探索》2007 年第 3 期。

45. 张继亮：《公共性：从精神世界到社会生活》，《闽江学刊》2011 年第 4 期。

46. 张斌：《公共生活的本质与矛盾探析》，《常州大学学报》（社会科学版）2013 年第 2 期。

47. 张康之：《共同生活与公共生活的兴衰史》，《学术研究》2009 年第 10 期。

48. 吴育林：《论公共生活及其主体性品质》，《江海学刊》2006 年第 6 期。

49. 杨仁忠：《公共领域的分析性意蕴及其政治哲学意义》，《社会科学辑刊》2006 年第 5 期。

50. 刘铁芳：《精致的利己主义症候及其超越：当代教育向着公共生活的复归》，《高等教育研究》2012 年第 12 期。

51. 张康之：《考察"公共"概念建构的历史》，《人文雅志》2013 年第 4 期。

52. 杨晗旭：《劳动破坏了公共生活？——评汉娜·阿伦特对马克思劳动观的批判》，《湖北社会科学》2013 年第 4 期。

53. 李海青：《理想的公共生活如何可能——对"公共理性"的一种政治伦理学阐释》，《伦理学研究》2008 年第 3 期。

54. 沈湘平：《历史性转折与公共性吁求——马克思主义哲学的视域转换》，《哲学动态》2008 年第 6 期。

55. 朱国伟：《领域融合社会公共生活之愿景与隐忧——兼论一场新的启蒙》，《华中科技大学学报》（社会科学版）2012 年第 6 期。

56. 许耀桐、傅景亮：《当代中国公共性转型研究》，《上海行政学院学报》2007 年第 4 期。

57. 张康之：《领域融合与公共生活的重建》，《中国人民大学学报》2008 年第 6 期。

58. 张恒道：《论当代中国社会公共人际道德》，《重庆科技学院学报》（社会科学版）2012 年第 8 期。

59. 张天潘：《好的公共生活何以成为可能?》，《中国图书评论》2012 年第 10 期。

60. 吴光芸：《论公共精神的培育与和谐社会的构建》，《四川行政学院报》2009 年第 1 期。

61. 吴光芸：《公民公共精神与民主政治建设》，《理论探索》2008 年第 1 期。

62. 刘泽华：《天人合一与王权主义》，《天津社会科学》1996 年第 4 期。

63. 杨仁忠：《论公共领域对构建社会主义和谐社会的独特作用》，《理论探讨》2012 年第 1 期。

64. 张翀：《马克思公共性思想的政治哲学意蕴及其当代价值》，《理论探讨》2010 年第 6 期。

65. 刘东丽：《公共性——马克思思想的原初阐释》，《理论探讨》2011 年第 4 期。

66. 田静：《公共领域与私人领域的界限：从历史到现实》，《重庆理工大学学报》（社会科学）2011 年第 7 期。

67. 陶东风：《"艳照门"事件显示公共领域和私人领域的双重危机》，《花城》2008 年第 5 期。

68. 赵全红：《论我国公共领域的现代生长》，《理论探讨》2004 年第 3 期。

69. 邹吉忠：《自由与秩序的文化解答》，《江海学刊》2002 年第 3 期。

70. 杨仁忠：《论公共领域对培养当代中国公民意识——马克思主义社会公共性思想的现实意义初探》，《理论探讨》2013 年第 1 期。

71. 胡启勇：《论公共生活中的公共信用构建》，《贵州民族学院学报》（哲学社会科学版）2007 年第 1 期。

72. 乔法容：《论国家理性与公共生活秩序——学习马克思、恩格斯关于国家的论述》，《马克思主义研究》2011 年第 11 期。

73. 杨仁忠：《论康德的"公共性"及其理论价值》，《学海》2009 年第 1 期。

74. 刘增明：《论马克思对个人生活与公共生活关系的批判和重构——从〈论犹太人问题〉的文本解读来看》，《哲学动态》2009 年第 3 期。

75. 乔姗姗：《论在公共生活中实现人的类本质——基于马克思劳动异化的视角》，《无锡商业职业技术学院学报》2013 年第 3 期。

76. 白春阳：《论现代公共生活对社会信任的高度依赖性》，《北京行政学院学报》2008 年第 1 期。

77. 蔡晓兰：《论转型社会期民众公德伦理与公民意识培养》，《理论导刊》2005 年第 7 期。

78. 谭清华：《马克思公共性思想初探——基于阿伦特、哈贝马斯和罗尔斯的比较视角》，《中国人民大学学报》2013 年第 3 期。

79. 陈付龙：《民主模式、公共生活与公共意识》，《江西财经大学学报》2011 年第 1 期。

80. 陈付龙：《历史与现实：公共领域发展的中国考量》，《甘肃社会科学》2012 年第 5 期。

81. 卞桂平：《前主体性·主体性·公共性——基于马克思人的发展"三形态"的理解》，《唯实》2012 年第 3 期。

82. 林尚立：《有机的公共生活：从责任建构民主》，《社会》2006 年第 3 期。

83. 彭善民：《社会工作与公共生活建构》，《学习与实践》2013 年第 7 期。

84. 陈王月：《社会转型时期日常生活和公共生活的伦理冲突与调适》，《昭通师范高等专科学校学报》1999 年第 1 期。

85. 魏姝：《社区公共生活质量——中国城市社区发展目标的理论分析》，《江苏行政学院学报》2009 年第 5 期。

86. 王友良：《现代公共生活伦理建设的基本路径》，《道德与文明》2011 年第 6 期。

87. 陈国战：《讨论"好生活"是为了凸显公共生活的危机——兼与韩东屏教授商榷》，《学术争鸣》2011 年第 12 期。

88. 陈潭：《网络时代的微博问政》，《南京社会科学》2012 年第 11 期。

89. 杨仁忠：《希腊城邦文明与古典公共领域——公共性的历史源头及其启示》，《新乡学院学报》（社会科学版）2013 年第 2 期。

90. 金友渔：《现代"公民社会"公共生活之意义彰显与民众公共人格的养成》，《人文杂志》2007 年第 6 期。

91. 刘东升：《正义规则在公共生活中的确立——对休谟正义理论的解读》，《社会科学辑刊》2013 年第 3 期。

92. 白春阳：《政府公信力：现代公共生活秩序的核心问题》，《天津社会科学》2008 年第 1 期。

93. 王友良：《中国传统公共生活伦理思想及其现代启示》，《求索》2012 年第 1 期。

94. 彭定光：《制度伦理：建构当代公共生活秩序的优先课题》，《马克思主义与现实》2011 年第 1 期。

95. 潘修华：《中国公共领域"存在"问题探析》，《辽宁工业大学学报》（社会科学版）2008 年第 6 期。

96. 赵红全：《公共领域研究的回顾与反思》，《广东青年干部学院学报》2004 年第 57 期。

97. 胡涤非：《市民社会与公共领域》，《广西社会科学》2003 年第 10 期。

98. 舒也：《中西文化分殊与公共生活差异》，《宁夏社会科学》2007 年第 1 期。

99. 陈先达：《唯物史观视野中的 "以人为本"》，《中国人民大学学报》2004 年第 4 期。

100. 王晓升：《"公共领域" 概念辨析》，《吉林大学社会科学学报》2011 年第 4 期。

101. 詹世友：《公共领域·公共利益·公共性》，《社会科学》2005 年第 7 期。

102. 卢阳、郎翠艳：《当代中国公共领域论析》，《黑河学刊》2008 年第 4 期。

103. 杨仁忠：《公共领域理论范式何以可能》，《社会科学辑刊》2011 年第 1 期。

104. 张念：《犬儒主义与中国式的启蒙逆子》，《上海文化》2009 年第 6 期。

105. 任剑涛：《论公共领域与私人领域的均衡态势》，《山东大学学报》（哲学社会科学版）2011 年第 4 期。

106. 郭湛、王维国：《公共性论纲》，《兰州大学学报》（社会科学版）2004 年第 6 期。

107. 任辉：《论社会结构、道德实践和道德有效》，《伦理学研究》2014 年第 3 期。

108. 龙静云、熊富标：《当前我国道德领域的突出问题及其深层原因探析》，《伦理学研究》2013 年第 1 期。

109. 袁祖社：《公共哲学与当代中国的公共性社会实践》，《中国社会科学》2007 年第 3 期。

110. 袁祖社：《全球化时代类群本位的公共生活理念与新 "公

民文化"及其价值观》,《哲学研究》2005 年第 8 期。

111. 袁玉立:《公共性:走进我们生活的哲学家范畴》,《学术界》2005 年第 2 期。

112. 李海青:《理想的公共生活如何可能:对公共理性的一种政治伦理学阐释》,《伦理学研究》2008 年第 3 期。

113. [德] 哈贝马斯:《关于公共领域问题的答问》,梁光严译,《社会学研究》1999 年第 3 期。

114. 王维国:《公共性理念的现代转型及其困境》,中国人民大学 2004 年博士学位论文。

115. 曹鹏飞:《公共性理论的哲学研究》,中国人民大学 2005 年博士学位论文。

116. 赵志勇:《论市民社会与国家二分架构》,吉林大学 2010 年博士学位论文。

117. 钟英法:《罗尔斯公共理性思想研究》,复旦大学 2007 年博士学位论文。

118. 葛红梅:《桑德尔公共哲学思想研究》,复旦大学 2009 年博士学位论文。

119. 邓晓臻:《社会分层论》,中国人民大学 2006 年博士学位论文。

120. 白春阳:《现代社会信任问题研究》,中国人民大学 2006 年博士学位论文。

121. 廖加林:《现代视域下公共道德基础的研究》,湖南师范大学 2008 年博士学位论文。

122. 卞绍斌:《现代性视域中马克思的"社会"概念》,吉林大学 2008 年博士学位论文。

123. 敬海新:《在理想和现实之间——社会转型我国公共领域理论研究》,中共中央党校 2007 年博士学位论文。

124. 李昊:《物象与意义——社会转型期城市公共空间的价值建构》,西安建筑科技大学 2011 年博士学位论文。

125. 董嫱嫱：《社会主义和谐社会建设中的公共性问题》，中国人民大学 2010 年博士学位论文。

126. 秦楼月：《马克思主义共同需要思想与社会主义基本公共服务建设》，中国人民大学 2009 年博士学位论文。

127. 戴烽：《场域视野下的公共参与研究》，中国人民大学 2008 年博士学位论文。

128. 张翀：《公共领域的基本理论问题研究》，黑龙江大学 2010 年硕士学位论文。

129. 管翠静：《公共生活道德建设新论》，山东大学 2010 年硕士学位论文。

130. 韦昌海：《论我国现代公共精神的构建》，广西师范大学 2012 年硕士学位论文。

131. 孔祥伟：《社区公共生活与公共空间的互动》，东南大学 2005 年硕士学位论文。

132. 董海宁：《浙东农村社区公共生活现状的考察》，华中师范大学 2004 年硕士学位论文。

133. 宋小磊：《转型期中国民主政治发展的动力机制研究》，陕西师范大学 2011 年硕士学位论文。

134. 余小丽：《公共政策制定过程中的公民参与》，中国人民大学 2008 年硕士学位论文。

135. 冯雪峰：《转型期政府公共危机的管理问题与对策建议》，中国人民大学 2009 年硕士学位论文。

136. 周颖：《寻找失落的空间　生活世界视角下的城市公共空间研究》，中国人民大学 2009 年硕士学位论文。

137. 张菊枝：《培育公共领域　对新型社区自治实践的分析研究》，中国人民大学 2009 年硕士学位论文。

138. 杨雪冬：《秩序是一种公共品》，《学习时报》2006 年 3 月 29 日。

139. 龙兴海：《大力培育公民的公共精神》，《光明日报》2007 年 9 月 12 日。

140. 王中江、张宝明、梁燕诚：《活力与秩序的理性基础：关于互动的对话》，公法评论网，http：//www. gong fa. com，2003 - 01 - 03。

141. 《2014 年中国网民数量和分布》，http：//xxzjzb1. blogchina. com/2227122. html，2014 - 08 - 15。

142. 《舆论监督是一项重要的民主制度》，http：//www. do-cin. com/p—522694197. html，2012 - 11 - 09。

143. 《我对我持有的北京 C 类暂住证的声明》，http：//bbs. ifeng. com/viewthread. php？tid = 3102760，2008—04—02。

144. 杜君立：《道德、信仰与社会》，http：//dujunli. blshe. com/post/16372/769413。

145. 德国之声：《德学者点评中国社会发展》，www. singtao-net. com，2007。

146. 何鸣：《当代犬儒主义》，http：//news. ifeng. com/histo-ry/zhongguogudaishi/special/ruguonishiquyuan/detail＿2011＿06/03/6797541＿0. shtmlh。

147. 徐贲：《当代中国大众社会的犬儒主义》，http：//www. 21ccom. net/articles/sxpl/sx/article＿2010081015361. html。

148. 徐贲：《九十年代中国知识分子的民粹政治和后现代犬儒主义》，http：//www. doc88. com/p—114817964532. html。

三 国外英文原著

1. Hannah Arendt：*The Human Condition*. Garden City & New York，1959.

2. John Rawls，*Political Liberalism*，New York：Columbia University Press. 1996.

3. "The Public Sphere in Modern China," in *Modern China*, vol. 16, no. 3 (July, 1990).

4. David Hollenbach. *The Global Face of Public Faith*, Washington D. C. : Georgetown University Press, 2003.

5. Richard Sennett, *The Fall of Public Man: on the Social Psychology of Capitalism*, New York: Vintage Books, 1978.

6. Bauman, Zygmunt (2001) *The Individualized Society*, Oxford: Polity. Beck, Ulrich and Elisabeth Beck – Gernsheim (2003) *Individualization: Institutionalized Individualism and its Social and Political Consequences*. London: Sage.

7. Zhou, Kate (1996) *How the Farmers Changed China: The Power of the People*. Boulder: Westview Preess.

8. Hurst, W. 2009. *The Chinese Worker after Socialism*. Cambridge: Cambridge University Press.

9. Sun, L. H. (1993) "Freedom has a price, Chinese Discover", *International Herald Tribune*, 14 June.

10. Yan, Y. 2003. *Private Life under Socialism: Love, Intimacy, and Family Change in a Chinese Village*, 1949 – 1999, Stanford: Stanford University Press.

11. Hoffman, L. 2001. "Guiding College Graduates to Work: Social Constructions of Labor Markets in Dalian. " In N. N. Chen, C. D. Clark, S. Z. Gottschang, and L. Jeffery (eds.) China Uraban: *Ethnographies of Contemporary Culture*, Durham, NC: Duke University Press.

12. *China News Analysis* 1993. Issue no. 1480, March 1, p. 2.

13. Davis, Deborah and Julia Sensenbrenner. 2000. "Commercializing Childhood: Parental Purchases for Shanghai's Only Child. " *In Deborah Davis* (ed.) *The Consumer Revolution in Urban China*, pp.

54 – 79. Berkeley: University of California Press.

14. Giddens, Anthony (1991) Modernity and Self – Identity: *Self and Society in the Late Modern Age.* Cambridge: Polity Press.

15. Beck, Ulrich and Elisabeth Beck – Gernsheim (2003) Individualization Institutionalizaed Individualism and its Social and Political Consequences. London: Sage.

16. George, M. and Bettenhausen, K. Understanding Prosocial Behavior, Sales Performance, and Turnover: *A Group Level Analysis in a Service on Text.* Journal of Applied Psychology, 1990, (75): 698 – 709.

后　记

这本书是在我博士论文的基础上修改而成的。在书稿付梓之际，回首往昔，点点滴滴上心头……可能追求本身就是一种快乐，这种快乐伴随着常人无法理解的痴心与执著，坚守与赤诚，毅力与信念，卓绝与艰辛……但当苦尽甘来，各种滋味，唯有自己可以独享。

这本书能够出版，是众多人帮助的结果。首先我要衷心地感谢我的导师郭湛先生对我细致入微的指导与教诲。从最初的选题、拟纲、确定研究角度、结构安排、到最后修改定稿，都离不开先生高屋建瓴的指点，常常是先生画龙点睛的几句话使处于苦苦寻路的我茅塞顿开。先生不仅是一位学识渊博、思维敏捷的理论大家，更是一位德高望重、爱"生"如子的慈善长者。能够投师先生门下习染先生的人生境界、学问情怀、责任意识实乃我之幸甚。求学期间，师母王晓东也在生活、学习、工作等方面对我关爱、照顾有加，令我十分感动，终身难以忘怀。

其次，我要衷心感谢中国人民大学的陈先达教授、郝立新教授、马俊峰教授、张文喜教授、安启念教授、张立波教授、罗骞副教授、臧峰宇副教授等诸位老师，正是他们的肯定和鼓励，为我坚定这一选题的研究提供了强大的精神动力。我要衷心感谢北京大学杨学功教授等诸位老师，他们提供的许多宝贵意见使我受益匪浅，少走了许多弯路。

再次，我要感谢我所在的单位——河南财经政法大学马克思主义学院和学院的同事。马克思主义学院为我的工作和生活提供了很好的条件，使我能够安心地科研和教学，而正是学院的大力支持，本书才得以出版。

最后，感谢我的家人，感谢他们的默默奉献与操劳，这是对我最大的支持与厚爱。我的母亲，多年来任劳任怨，物质上和精神上总是不遗余力，支持着我在泅渡学海中不断前行；感谢我的爱人李西泽，16 年来我们同舟共济、相濡以沫、互相鼓励、互相支持，从郑州至昆明，从昆明到北京，从北京回新乡，最后重新落脚郑州，几乎展转了大半个中国，一路走来，筚路蓝缕，风风雨雨，完成了人生的几件大事：结婚、生子、读书、工作。博士期间，虽然很辛苦，但有我可爱的儿子陪伴在身边，给我以心灵慰藉，他始终是催我奋进的动力。

质言之，由于自己的能力不足，本书在谋篇布局、观点分析、逻辑论证等多方面，可能还很浅薄，不是很完善、很成熟。因此，我真诚地希望得到学界前辈的指正，期待着大家的批评、沟通与交流。对我而言，本书也只能算是我对公共生活研究的起点，尽管不能做到"完美"，但确实进行了比较系统的探究和尝试，并为之付出了心血，做出了努力，可视为对自己博士期间学习生涯的一个学术交代。

学术作为人类生存形态最具生机的部分，使得我们总是挟带着沛然鼓荡的青春力量走向未来，学术履痕最深刻地体现了人类思想的本质行程。"路漫漫其修远兮，吾将上下而求索"。就我而言，学术之路只有新的起点，没有也不应该有终点。我将在新的起点上，在以往学术积累的基础上，力所能及地继续探索、坚毅卓绝、风雨兼程、勇往直前。

崔丽娜

2019 年 2 月于郑州寓所砥砺斋